JN260093

組織論レビュー I

組織学会 [編]

組織とスタッフのダイナミズム

東京　白桃書房　神田

まえがき

　この本は，組織論のごく最近の文献までを丁寧にレビューしている論文を集めたものである。組織論の学徒にとっては，どの論文も読みごたえがあり，かつ面白い。この本は，確実にロングセラーになるだろうし，いつまでも読み継がれる組織論の必読書となることも間違いない。

　読者の理解を助けるために，まずは「レビュー論文」とは何なのかについて説明しておこう。われわれ研究者が学会などで研究発表をする際には，どうしても調査やデータ分析等のいわゆる「リサーチ」が主体になってしまう。そのため，『組織科学』等のジャーナルに掲載されている研究論文にしても，博士論文・修士論文にしても，自分のリサーチの貢献を示すために文献レビューが行われたり，あるいは，リサーチに使うモデルやフレームワーク，仮説群を導き出すために，文献レビューが行われたりすることが常になっている。それは，いわゆる「リサーチ」の論文としては全く当たり前の作法なのだが，しかし，本書は，そのようなリサーチの付属物的な，お作法的文献レビューを集めたものではない。まさに，「レビュー論文」単独で，一人で立っていられるような正真正銘の「レビュー論文」を書くことを執筆者に求めた。

　それは，たとえていえば上質のプレーン・ヨーグルトのような「レビュー論文」である。素材そのものの上質さが伝わってきて，その旨さがギュッと凝縮されていれば，それでいい。「レビュー論文」の執筆者の仕事は，できるだけ上質な素材を探し出してきて，その素材の持つ旨さを引き出してあげることである。リサーチの付属物的な文献レビューのように，人によっては美味しいかもしれないけれど，人工的に変な味付けをする必要は全くない。むしろ，それをしてしまってはいけない。できるだけ，上質の研究が揃っている分野をレビューし，なおかつ，そのポイントとなる業績が引き立つような軽重をつけてもらえば，それで十分なのである。

より具体的にいえば,「レビュー論文」を読んだ大学院生が,その分野から自分の研究テーマを選んでみたいと思えるようだと素晴らしいし,その読者が自分の論文を書くときに,せめてこれだけは引用しておかないと,その分野の研究者からは認知されないよ,というような重要な業績が数点,明確になっていると,新規参入者にとっては安心である。さらに,その分野の研究者が口癖のように使っているキー・ワード,概念についても,その意味やそれがどのような取り扱いをされてきたのかについて,学説史的に筋の良い説明がなされていると,後続の研究者にとっては,大いに助けになる。

さきほどのヨーグルトのたとえでいえば,中途半端な味付きヨーグルトでは研究のチャンスを損なうことになってしまうのである。読者が自分の好みでトッピングを楽しめるような上質のプレーン・ヨーグルトを目指すことを執筆者にはお願いした。

本書に収録された論文は,いずれも2012年10月20日・21日に国士舘大学で開催された組織学会年次大会で報告されたものである。ただし,そこにたどりつくまでの道のりは決して平坦ではなかった。

思えば,組織論の丁寧かつ最新の文献レビューをしてくれる勉強熱心な中堅・若手を公募したのは,大会本番のなんと1年半も前のことであった。32件あった応募者の中から絞りに絞って13人の報告予定者を2011年6月に決定したが,報告予定者決定から本番までの準備期間が16ヶ月もある,組織学会初の育成型の企画であった。

その間,2011年10月の年次大会(京都大学)の折には,顔合わせも兼ねて,A4版用紙1〜2枚程度の主要文献リストを持ち寄ってもらって,報告予定者全員による第1回のミーティングを行った。この段階で,文献リストの形式を統一し,多分,世界で最も標準的に使われているAPAスタイルを採用することにした(*Publication Manual of the American Psychological Association*に準拠)。

次いで2012年6月の研究発表大会(立命館大学)の際には,2万字程度のドラフト原稿を持ち寄ってもらい,テーマ別に3グループに分けて,報告予定者の第2回ミーティングを行った。この第2回ミーティングの主な目的は,「想定している読者」をイメージしてもらうことと,その読者の知的欲

求をはっきりと認識してもらうことにあった。組織論レビューで「想定している読者」とは，

- その分野に興味は持っている
- 組織論の基礎的な知識くらいはある
- でも，その分野について勉強したことがない

という読者である。そういう読者に「○○論ってそうだったのか！」と分かるような内容にしてもらえると，読者の知的好奇心が満たされ，なおかつ，新規参入をしたくなる研究者も増えるだろうという趣旨であった。実際，私はどのグループにも参加したが，この程度の長さのドラフト原稿になると，どの話を聞いても十分に楽しめた。ただし，この段階で，進捗にかなりの遅れが出ていた報告予定者に関しては，ご本人とも相談して，最終的に報告者を10人にまで絞らせてもらった。

このミーティングの直後に，ドラフト原稿をコメンテーター予定者に送って，コメンテーターになっていただけるように依頼している。報告者が中堅・若手中心ということもあり，コメンテーターには「大物」を配した。同時に，コメンテーターからは，お盆前の8月10日をめどにして，細かい点ではなく，大きなコメントをもらい，それも参考にしながら，9月末までには報告予定者に原稿を完成させてもらった。この段階では字数制限を特に設けていなかったので，完成原稿の中には6万字を超えるものも多かった（本書収録までには6万字以内に抑えてもらっている）。この完成原稿をコメンテーターに送って，その完成原稿に対して，年次大会の会場でコメントをもらうことにした。そのコメントは3000字程度の原稿としてもまとめてもらっており，この本に，そのまま収録されている。

2012年10月の年次大会本番は，大会担当理事である私にとって，非常に印象深いものとなった。組織学会としてはかなり早めの朝9時からの報告スタートだったが，会場である大教室が，終日，あれほどの数の学会員で埋まっている光景を，私はかつて見たことがない。実は，組織論レビューの各報告者には，報告時間60分を確保し，それに加えて，さらにコメンテーターのコメント枠として20分（大学院生セッションの報告時間よりも長い時間），そして質疑10分で合計90分，大学の講義なみの時間枠で進行させ

てもらった。私が知る限り，1報告の時間枠が60分を超えるのは，組織学会史上初めてではないかと思うのだが，聴衆は誰も文句を言わなかった（少なくとも私の耳には聴こえてこなかった）。代わりに，客席で一聴衆として組織論レビューを聴いていた私の耳に，こんな学会員の私語が聞こえてきた。

　「なんか楽しいね」。

　そう。私もそう感じていた。みんな楽しかったのである。90分があっという間だった。組織論を勉強するのは楽しい。組織学会員にとって，そんな当たり前のことを再認識させてくれた「組織論レビュー」であった。大会当日には，報告を聞いた学会員から，「組織論レビュー」が出版されることを待望する声が数多く挙がったが，それは，われわれにとってもありがたい声援であった。

　ここに至るまでの間の私の仕事は，主に，本書の出版までのスケジュール管理等のお世話をすることであり，当初の宣言通り，2013年6月の研究発表大会（専修大学）までには出版できる運びとなり，関係者のみなさんには心から御礼申し上げたい。特に，この企画に賛同していただき，ミーティングにも毎回顔を出していただいた白桃書房の平千枝子さんには，お礼のいいようもないが，おそらく，当日の報告を聞いていた学会員の想像をはるかに超える質・量の論文をこうして揃えられたことが，せめてもの恩返しになれば幸いである。

　このような企画，プロジェクトで，出版までのお世話をさせていただいたことを，私は一組織学会員として光栄に感じている。そして，2年近くにわたる言い知れぬプレッシャーの中で，傍から見ていても見事な成長を遂げた10人の執筆者たちの新たなる旅立ちに，年次大会の会場以上に大きな拍手を心から送りたい。出版おめでとう。

2013年3月

　　　　　　　　　　　特定非営利活動法人　組織学会　大会担当理事
　　　　　　　　　　　　　　　　　東京大学　教授　髙橋伸夫

目次

まえがき

1
国際人的資源管理論における日本企業批判
日本人海外派遣者問題の再検討　　大木 清弘

1-1 はじめに　*1*

1-2 海外派遣者の役割　*3*

1-3 日本企業の国際人的資源管理の特異性　*5*
- 1-3-1 1980年代までの研究：Negandhi & Baliga（1979），Tung（1982）　*5*
- 1-3-2 1990年代の研究：Kopp（1994a, 1994b），Rosenzweig（1994b），Harzing（1999a, 1999b）　*7*
- 1-3-3 2000年代の研究：白木（2006），Tungli & Peiperl（2009）　*11*
- 1-3-4 小括　*13*

1-4 日本企業の国際人的資源管理批判　*14*
- 1-4-1 国際人的資源管理に関する古典的議論　*14*
- 1-4-2 日本企業への批判：1980年代　*16*
- 1-4-3 日本企業への批判：1990年代　*20*
- 1-4-4 日本企業への批判：2000年代　*24*

1-5 日本企業批判の再検討　*26*
- 1-5-1 研究の整理　*26*
- 1-5-2 欧米企業の国際人的資源管理との比較　*28*
- 1-5-3 パフォーマンスとの関係　*32*
- 1-5-4 日本企業批判の問題点　*35*

1-6 結論　*36*

Comment : *43*
国際人的資源管理論の全体像と課題　　吉原 英樹

2
海外派遣帰任者のキャリア・マネジメント
帰国者一般の議論から
　企業や組織でのマネジメントの議論まで

内藤 陽子

2-1 はじめに　*47*
 2-1-1　海外派遣帰任者の特徴　*48*
 2-1-2　海外派遣帰任者に関する議論で用いられる理論や概念　*48*

2-2 海外からの帰国者一般に関する研究　*49*
 2-2-1　カルチャー・ショックと帰国ショック　*50*
 2-2-2　異文化適応と再適応　*52*
 2-2-3　期待の一致・不一致　*55*
 2-2-4　帰国者一般の再適応モデル　*56*

2-3 企業や組織の海外派遣帰任者に関する研究　*58*
 2-3-1　海外派遣帰任者に関わる帰任問題　*58*
 2-3-2　企業や組織の海外派遣帰任者の再適応モデル　*63*
 2-3-3　海外派遣帰任者の再適応と再適応に影響を与える要因　*70*
 2-3-4　組織的支援としてのキャリア支援　*71*
 2-3-5　帰国者一般と海外派遣帰任者の再適応モデルの比較　*72*
 2-3-6　企業や組織の帰任者の知識移転　*73*

2-4 今後の展望　*75*
 2-4-1　再適応モデルの再検討（1）：
   組織社会化の点からの再考　*75*
 2-4-2　再適応モデルの再検討（2）：
   再適応と再適応要因の検討　*76*
 2-4-3　海外派遣帰任者の再適応・知識移転の統合モデル構築　*78*

2-5 おわりに　*79*

  Comment : *90*
  多国籍企業における帰任者の戦略的活用の観点から　浅川 和宏

3
組織研究の視座からのプロフェッショナル研究レビュー
専門職従事者から知識の担い手への転換と
その影響および意義

西脇 暢子

- 3-1 はじめに　*95*
  - 3-1-1 本稿の目的　*95*
  - 3-1-2 本稿で扱うプロフェッショナル研究の範囲と対象　*97*
  - 3-1-3 本稿の構成　*98*
- 3-2 プロフェッショナル研究のフレームワーク　*98*
  - 3-2-1 プロフェッショナル研究の課題　*98*
  - 3-2-2 プロフェッショナルの定義　*100*
  - 3-2-3 プロフェッショナル研究の2つの潮流：
    官僚制ベース研究と知識ベース研究　*102*
- 3-3 官僚制ベース研究の基本アイディア　*105*
  - 3-3-1 コスモポリタン／ローカル　*105*
  - 3-3-2 官僚機構におけるプロフェッショナルの管理　*109*
  - 3-3-3 初期の官僚制ベース研究の意義と限界　*112*
- 3-4 知識ベース研究の基本アイディア：
    プロフェッショナル研究の転換点　*113*
  - 3-4-1 知識ベース研究登場の背景　*113*
  - 3-4-2 知識の担い手としてのプロフェッショナル　*114*
  - 3-4-3 知識利用方法の共有による集団的差別化　*117*
- 3-5 プロフェッショナル研究の展開　*118*
  - 3-5-1 キャリア研究　*118*
  - 3-5-2 プロフェッショナル組織研究　*123*
- 3-6 まとめ　*128*
  - 3-6-1 プロフェッショナル研究の成果と課題　*128*
  - 3-6-2 プロフェッショナル研究のインプリケーション　*130*
  - 3-6-3 今後の研究に向けて　*132*

Comment : *141*
「プロフェッショナル研究レビュー」を読んで　小林 敏男

4
心理的契約研究の過去・現在・未来
50年間にわたる研究の到達点と課題

服部 泰宏

- 4-1 はじめに　*147*
- 4-2 心理的契約の起源　*147*
  - 4-2-1 心理的契約概念の登場：1989年以前　*148*
  - 4-2-2 初期の研究群の限界　*151*
  - 4-2-3 Rousseauによる再定義　*152*
- 4-3 心理的契約研究の全般的な動向　*154*
  - 4-3-1 研究トピックのバラエティとその推移　*155*
  - 4-3-2 調査対象（調査実施国と調査対象）　*158*
  - 4-3-3 調査方法とデザイン　*159*
  - 4-3-4 分析手法　*159*
  - 4-3-5 測定尺度　*160*
- 4-4 研究トピックごとの展開　*160*
  - 4-4-1 内容指向の研究の展開　*161*
  - 4-4-2 内容指向研究の貢献と問題点　*167*
  - 4-4-3 評価指向の研究の展開　*169*
  - 4-4-4 評価指向研究の貢献と問題点　*172*
  - 4-4-5 日本企業における研究動向　*173*
- 4-5 心理的契約研究の挑戦　*175*
  - 4-5-1 要約　*175*
  - 4-5-2 さらなる深化のために　*176*

Comment : *187*
今，心理的契約研究にとって必要なこと　守島 基博

5
組織成員のアイデンティフィケーション

高尾 義明

5-1 はじめに　*193*

5-2 組織アイデンティフィケーション研究の再興　*195*
　5-2-1 古典的研究における定義　*195*
　5-2-2 概念の再定義　*196*
　5-2-3 組織コミットメント概念との関係　*200*

5-3 組織アイデンティフィケーション研究の基本モデル　*204*
　5-3-1 測定尺度　*204*
　5-3-2 先行要因　*205*
　5-3-3 結果要因　*207*

5-4 組織アイデンティフィケーションの複雑性　*210*
　5-4-1 研究の展開の方向性　*210*
　5-4-2 ディスアイデンティフィケーション　*211*
　5-4-3 組織アイデンティティの多重性　*214*

5-5 アイデンティフィケーションの対象の多重性　*217*
　5-5-1 アイデンティフィケーションの対象の多重性への注目　*217*
　5-5-2 複数のアイデンティフィケーション間の関係とその変化　*221*

5-6 今後の研究に向けて　*225*
　5-6-1 概念の定義と研究の意義の確認　*225*
　5-6-2 有望な研究領域　*226*

Comment : *236*
根底的に深くかつ大きなテーマに導く欧州発の知　金井 壽宏

1 国際人的資源管理論における日本企業批判

日本人海外派遣者問題の再検討

大木 清弘

1-1 はじめに

　本稿の目的は，日本企業の国際人的資源管理を中心とした文献レビューを通じて，その特異性，およびその批判がどのように議論されてきたのかを検討することである．特に国際人的資源管理の中でも，海外派遣者[1]の活用に関する議論に焦点を当てる．

　日本企業の人的資源管理制度は，早くから特異なものとして指摘されていた．Abegglen（1958）は日本の工場への調査を行い，学業を終えるとともに一生その会社で働くという「終身の関係（lifetime commitment）」，報酬の広い部分が年齢などの社会的基準にもとづいて決まる「報酬の形態」など，日本企業に特徴的な経営形態を明らかにした．これらはやがて「終身（生涯）雇用」「年功賃金」と称され，「企業内労働組合」と合わせて日本的労使関係の「三種の神器」として，日本の経済成長に貢献するものと考えられるようになった（高橋，1997，p.76）．さらに，こうした人的資源管理制度に日本企業に特徴的な意思決定の仕組み（集団的意思決定）が合わさったものが「日本的経営」として，日本企業の強みの源泉として認識されるようになった（Ouchi, 1981）．そのため，国際経営の分野では，日本的経営を海外

1　海外派遣者（expatriate）とは，海外子会社に対して異なる国の会社から派遣される社員のことである．本国本社から派遣されることが多いが，第三国から派遣されることもある．海外派遣社員，海外駐在者とも同義である．本稿では，海外子会社から本国本社に派遣される社員については「受入派遣者（inpatriate：受入出向者・逆出向者と同義）」と呼び，海外派遣者と区別する．

に移転できるかどうかが活発に議論されてきた (Cool & Lengnick-Hall, 1985；市村, 1980, 1988；石田, 1985；Putti & Chong, 1985).

しかし本稿では，こうした日本企業に特徴的な人的資源管理の各種制度や意思決定方式の国際移転に関する議論に主眼はおかない．本稿が注目するのは，「どの国の人材をどのように活用するか」という国際的な人材配置の議論であり，その中でも海外派遣者の活用に関する議論である．その理由は2つある．

1つ目の理由は，この分野において日本企業が批判されてきたという議論の興味深さである．日本企業は欧米企業よりも，本国本社からの海外派遣者に頼るという特徴的な国際人的資源管理をとってきた．しかしこうした日本企業の国際人材配置は，1980年代から様々な問題点が指摘されてきた．この日本企業への批判がどのようなものだったのかを整理することは，批判への再批判という新たな議論を生み出す可能性がある．そのため，研究的な意義が大きいと考えられる[2]．

2つ目は現実からの要請である．2012年現在，海外で活躍できるグローバル人材育成の重要性が産官学で掲げられている[3]．そうした人材の活用先のニーズとしては，海外派遣者が多いことが，日本経済団体連合会から報告されている．また一方，本国人材だけでなく，海外子会社の海外人材を育てることも，日本企業の課題として取り上げられている（小池, 2008）．海外で活躍できる人材の育成・活用の議論は現在の日本で活発に行われている議論であり，その活用に関する既存研究の議論をまとめることは，現実からの要請にも応えるものとなるだろう．

以下ではまず，海外派遣者の役割に関するレビューを行う．続く第3節では，日本企業の国際人的資源管理，それも海外派遣者の活用マネジメントの

---

[2] もちろん，日本企業に特異な人的資源管理制度（終身雇用，年功賃金）も，必ずしも海外にそのまま導入できるわけではないという点で批判にさらされてきた．しかし，これらについては，現地に入るかどうかはケースバイケースであり，多くの日本企業の海外子会社の人的資源管理制度は日本方式と現地方式のハイブリッドになっていることが実証されている（Abo, 1994；市村, 1980；石田, 1985；Putti & Chong, 1985；Rosenzweig & Nohria, 1994）．そのため，この議論については現実的に一定の結論が出ていると考えられるため，本稿では取り上げない．

[3] たとえば，経済産業省では「グローバル人材育成委員会」が2009年11月4日から計4回行われ，日本国内でグローバルに活躍できる人材を育成するための方策が議論されている．また，日本経済団体連合会は11年6月14日に「グローバル人材の育成に向けた提言」を出し，グローバル人材への期待を寄せている．

特異性がどのように指摘されてきたかを明らかにする．第4節では，そうした国際人的資源管理はどのような理由によって批判されてきたのかをレビューする．そして最後に，そうしたレビューを受けて，日本企業の国際人的資源管理批判をどのように評価すべきかを議論する．

1-2 海外派遣者の役割

　国際的なマネジャーの移動がなぜ起こるのかについて，初期に議論したのは Edstrom & Galbraith（1977）である．彼らは国際的なマネジャーの移動が起きる3つの理由をあげた[4]．

　1つ目は「ポジションを埋めるため（fill position）」である．海外子会社の現地従業員が持っていないような技術的知識を海外子会社に提供することが，海外に人を派遣することの第1の理由である．

　2つ目は「組織を発展させるため（organizational development）」である．これは，組織の構造や意思決定のプロセスを変化させたり，維持させたりすることが目的である．具体的には，海外に人を派遣することで，現地子会社を社会化させたり，コントロールしたりすることが，第2の理由である．

　3つ目は「マネジメント能力を鍛えるため（management development）」である．マネジャーに海外経験を積ませ，将来重要な仕事につけさせるために，海外子会社に人を派遣するのである．そのため，現地に優秀な人がいるかいないかにかかわらず，海外に人が送られる．これが第3の理由である．

　こうした海外派遣の3つの理由から，海外派遣者の役割は3つに集約できる．

　1つ目は，「知識移転の役割」である．海外派遣者が派遣されることによって，移転元の組織が持っていた技術，知識，ノウハウを円滑に移転することができる（Delios & Bjorkman, 2000；Fang, Jiang, Makino, & Beamish, 2010；Fucini & Fucini, 1990；Gupta & Govindarajan, 2000）．たとえば

---

[4] Edstrom & Galbraith（1977）で提示された3つの目的は，様々な研究でも支持されている（Harzing, 2001, p.141）．なお，彼らの研究では "fill position" "management development" "organizational development" の順番で説明されていたが，本稿では文章構成の都合上，"organizational development" と "management development" の順番を変えて説明している．

Delios & Bjorkman（2000）は，技術やマーケティングに関する知識を移転するために，日本企業が中国に海外派遣者を送っている可能性を示した．海外派遣者は移転元の国の組織が保有する知識を深く理解していることに加え，移転元の組織との間にフォーマル・インフォーマルなコミュニケーションのネットワークを持っているため，知識移転に有利である（Edstrom & Galbraith, 1977；Gupta & Govindarajan, 2000）．さらに，海外派遣者が海外子会社と移転元組織の間の同一性（価値観，コミュニケーションのやり方等）を上げることで，海外子会社の吸収能力を上げることもできる（Fang, Jiang, Makino, & Beamish, 2010）．

　2つ目は，「コントロールの役割」である．まず海外派遣者が現地組織にいることで，現地にお目つけ役ができることになり，ファイナンスのコントロールが効きやすくなる（Peterson, Napier, & Shul-Shim, 2000）．加えて，海外派遣者の存在によって海外子会社とのコミュニケーションを円滑にすることができるため，派遣元からのマネジメントのコントロールが効きやすくなる（Rosenzweig, 1994a）．さらに，海外派遣者が現地にいることで，海外子会社の目的を企業全体と合わせることができる（Kobrin, 1988）．

　3つ目は「学習の役割」である．上記2つは海外子会社に関する役割だが，これは全社に関する役割である．まず，知識移転と同一の理由で，海外派遣者によって海外子会社が持つ知識の移転も容易にできる（Gupta & Govindarajan, 2000；Lam, 2003）．近年は海外子会社が持つ知識や技術といった優位性への注目が集まっている（Doz, Santos, & Williamson, 2001）．これらを組織全体で共有する際に，海外派遣者が重要となる．さらに，海外子会社でのマネジメント経験を積むことで，人材として成長することができる（Edstrom & Galbraith, 1977）．Cassiday（2005）では，海外子会社での経験を積むことで，様々な文化からベストプラクティスを集める能力が鍛えられることが明らかにされていた．実際に高橋（2005）では，日本の大企業の社長の多くは海外子会社でのマネジメント経験があることが明らかにされていた．

　以上，海外派遣者は多国籍企業において少なからぬ役割を担っている．そのため，海外派遣者が海外子会社のパフォーマンスに与える効果についても，様々な議論が行われてきた（Fang, Jiang, Makino, & Beamish, 2010；Gong, 2003；Hebert, Very, & Beamish, 2005；白木, 2006；吉原, 1996）．

1-3 日本企業の国際人的資源管理の特異性

上記のような重要な役割を担う海外派遣者が，日本企業においてどのように活用されてきたのか．そこに，どのような特異性があるのか．本節ではこの点を明らかにするために既存研究をレビューする．特に日米欧企業の比較を行った代表的な研究を時系列順にレビューしていく．

1-3-1 1980年代までの研究：Negandhi & Baliga（1979），Tung（1982）

(1) Negandhiらの研究

戦後から1960年代まで，海外展開の中心は米国企業だった（Hymer, 1976；Jones, 2005；Vernon, 1966）．しかし敗戦国である日本企業やドイツ企業の海外進出が活発化すると，米国企業，欧州企業，日本企業の海外展開を比較しようとする研究群が現れだした．たとえばFranko（1973）は，米国企業と欧州企業の海外派遣者の推移の相違点について議論している．こうした中，日米欧の多国籍企業に対して大規模な調査を行った先駆的な研究がNegandhiらの研究である（Negandhi & Baliga, 1979）．

彼らは米国企業，欧州企業，日本企業のブラジル，インド，マレーシア，ペルー，シンガポール，タイの海外子会社124社をランダムに選び，その海外展開に関する質問票調査を行った．そうした調査に合わせて，構造的なインタビュー調査も各企業のシニアマネジャーに対して行った．さらに，6つのホスト国の50の政府機関に対してもインタビューを行った．データは1974年9月～76年8月の間に集められた．

彼らの調査の目的は進出元（母国）と進出先（ホスト国）の間の様々なコンフリクトについて，日米欧で比較することである．その調査項目の中には，各国企業における国際人的資源管理の違いを明らかにする項目として，トップマネジメント層の現地化比率が含まれていた[5]．その結果を記したも

5　トップマネジメント層とは「the top-level executive position（またはtop-level management）」の訳であるが，具体的にどのような職位かは定義がない．

**表1　Negandhi & Baliga（1979）における
日米欧企業のトップマネジメント層の現地化比率**

	米国企業 (N = 44)		欧州企業 (N = 33)		日本企業 (N = 19)	
	N	%	N	%	N	%
100%	12	27.3	3	9.1	0	0.0
75-99%	14	31.8	13	39.4	0	0.0
51-74%	7	15.9	4	12.1	2	10.5
1-50%	10	22.7	8	24.2	2	10.5
0%	1	2.3	5	15.2	15	78.9

出所：Negandhi & Baliga (1979) p.54

のが表1である．また，データでは示されていなかったが，下位のマネジャーまで日本人であることが多く，一番下の管理者（first-line supervisor）まで日本人であることも珍しくなかったという．

この結果から，日本企業は他の国の企業よりも海外派遣者に頼った海外展開をしていることが明らかになった．また，日本企業は現地に対して終身雇用，年功賃金といった日本的経営を導入しようとしている傾向にあったという．そうした海外展開の結果，日本企業では海外派遣者と現地従業員のコンフリクトが生じ，モラールの低下，高い離職率や欠席率，生産性の低下といった問題があることが明らかにされていた．特に下位のマネジャーまで海外派遣者であることが，オペレーション上の問題を引き起こしていると説明されていた．

(2)　Tung の研究

Negandhi らと同じ頃に日米欧の国際人的資源管理の比較を行ったのがTung である．Tung（1982）は海外派遣者の活用の実態，選抜プロセス，育成プロセス，失敗率とその理由に関する各国の差を調査した．調査は質問票によって行われ，105 の米国企業，29 の欧州企業，35 の日本企業の情報が集まった．海外子会社の進出先は，西欧，カナダ，東欧，中東，ラテンアメリカ，極東，アフリカ，米国である．

国際的な人材施策に関する調査では，各海外子会社の各マネジメント層（シニアマネジメント，ミドルマネジメント，ロワーマネジメント）について，本国人材（parent-country national：PCN），現地国籍人材（host-country national：HCN），第三国国籍人材（third country national：TCN）がど

表2 Tung（1982）における日米欧の人材政策の比較　　（単位：%）

		米国	欧州	日本
シニア	PCN	35.8	70.1	62.5
	HCN	52.7	27.0	34.7
	TCN	11.5	2.9	0.0
ミドル	PCN	11.1	37.9	56.8
	HCN	85.4	58.4	59.8
	TCN	3.4	3.7	0.0
ロワー	PCN	2.9	16.6	18.2
	HCN	94.3	81.7	81.8
	TCN	2.9	1.7	0.0

出所：Tung（1982）p.61をもとに筆者作成

れくらいの割合でいるかが明らかにされた[6]．その結果をもとに全世界の平均を求めたものが表2である[7]．ここから，「PCNをシニアマネジメントやミドルマネジメントでも活用している」「TCNを使わない」という日本企業の国際人的資源管理の特異性が明らかになった．

　Tung（1982）のNegandhi & Baliga（1979）に対する新規性は2つある．1つは現地マネジメントの複数階層を扱った点である．結果，日本企業はシニアからミドルまでふくめたマネジメント層において，本国の海外派遣者を投入していることが明らかになった．もう1点の新規性は，TCNという第三国籍の海外派遣者に注目したことである．結果，日本企業の海外派遣者は，ほぼ日本人で占められていることが明らかになった．

1-3-2　1990年代の研究：Kopp（1994a, 1994b），Rosenzweig（1994b），Harzing（1999a, 1999b）

(1)　Koppの研究

　こうした各国企業の国際人的資源管理を比較する研究は，1990年代に入っても活発に行われた．その中で代表的な研究が，Koppの研究である（Kopp,

---

[6] この研究では，シニア・ミドル・ロワーマネジメントがそれぞれ具体的にどのような職位なのかは説明されていなかった．ただし，シニアマネジメントとNegandhi & Baliga（1979）のトップマネジメント層は，ほぼ同じような層を示していると推察される．

[7] Tung（1982）には地域ごと，シニアマネジメントからロワーマネジメントまでのPCN，HCN，TCNの比率がまとめられている．表2ではそれらを単純に足し合わせた平均を全体平均としている．本来であれば地域ごとのサンプル数に応じて加重平均する必要があるが，サンプル数がTung（1982）には明記されていないので，全体平均にした．

1994a, 1994b).

Koppは本国中心的な国際人的資源管理が引き起こす問題を調べるために，1990年代に日米欧の企業に対して質問票調査を行った（Kopp, 1994a, 1994b）．最終的なサンプルは，日本企業34社，米国企業24社，欧米企業23社である．調査項目は，海外派遣者の活用状況に加えて，その育成や選抜の状況，およびそこにある問題などである．その中から海外派遣者に関するものを抜き出したものが，表3である．この結果はTung（1982）とほぼ同じであり，本国からの海外派遣者を多用する日本企業の傾向が見て取れる．

(2) Rosenzweigの研究

また，Rosenzweigも同時期に在米外資系企業における海外派遣者比率（従業員に占める海外派遣者の割合）を調査したRosenzweig（1994b）．彼は，海外子会社の人的資源管理の慣行が，現地に近いのか，それとも本社に近いのかを明らかにするため，在米外資系企業249社を対象とした質問票調

表3 Kopp（1994a）における海外派遣者の割合の比較 (単位：％)

海外子会社のトップマネジャーの国籍		米国企業 (N = 20)	欧州企業 (N = 21)	日本企業 (N = 26)
	PCN	31.0	48.0	74.0
	HCN	49.0	44.0	26.0
	TCN	18.0	8.0	0.2

	米国企業 (N = 22)	欧州企業 (N = 17)	日本企業 (N = 27)
海外子会社のマネジメント層におけるHCNの割合	88.0	82.0	48.0

	米国企業 (N = 21)	欧州企業 (N = 17)	日本企業 (N = 27)
海外子会社の非マネジメント層におけるHCNの割合	98.0	91.0	81.0

出所：Kopp（1994a）pp.586-587をもとに筆者作成
注1：ここにおけるトップマネジャーとはカントリーマネジャーかその国の社長（country manager or president of the overseas operation），マネジメント層とはホワイトカラー，非マネジメント層とは管理職ではない従業員をさしている．
注2：Kopp（1994a）では日本企業に対してサブサンプルを加えた分析も行っているが，ここではメインサンプルの結果を記す．

査を行った．対象となった外資系企業は，カナダ，フランス，ドイツ，日本，オランダ，スウェーデン，スイス，英国である．

彼の調査の独自性は，各海外子会社における海外派遣者比率の違いだけでなく，HRM（ヒューマンリソースマネジメント：人事），ファイナンスの両部門のトップの国籍に注目したことである．これはHRMのような部門であれば，現地に合わせる必要が高いため，そのマネジメントも現地化される可能性が高いと考えたからである．そこで，両部門のトップが米国人（現地国籍人材）か，本国人か，TCNかもあわせて調査した．

結果，日本企業の在米企業は，海外派遣者の比率が高い企業の割合が，他国の企業に比べて高いことがわかった（表4）．また，日本企業はファイナンス，HRMの両方において，他の国の企業に比べて本国人を部門のトップにしている割合が高いことが判明した．また日本企業は，TCNをトップマネジャー（現地社長等），財務管理責任者，人的資源管理責任者のいずれにも利用していないことが明らかになった．この結果もTung（1982）やKopp（1994a）と整合的である．

表4　在米外資系企業における親会社の国籍別の海外派遣者比率（サンプル数と％）

	各海外子会社の中の海外派遣者比率（％）					サンプル数 (N)
	0%	1%	2～5%	6～10%	11%～	
カナダ	14 (64)	4 (18)	3 (14)	1 (4)	−	22
フランス	4 (33)	4 (33)	3 (25)	−	1 (9)	12
ドイツ	14 (34)	10 (24)	9 (22)	2 (5)	6 (15)	41
日本	6 (16)	3 (8)	9 (24)	12 (32)	8 (21)	38
オランダ	5 (56)	2 (22)	1 (11)	−	1 (11)	9
スウェーデン	7 (50)	4 (29)	2 (14)	1 (7)	−	14
スイス	7 (47)	2 (13)	4 (26)	−	2 (13)	15
英国	26 (54)	11 (23)	7 (15)	1 (2)	3 (6)	48
総合	83 (42)	40 (20)	38 (19)	17 (9)	21 (10)	199
日本を除いた総合	77 (48)	37 (23)	29 (18)	5 (3)	13 (8)	161

出所：Rosenzweig（1994b）p.404

注：このデータは原著からそのまま引用しているが，各サンプルの割合において，小数点第1位を切り捨てるか，四捨五入するかに一貫性がないことに注意が必要である．たとえば，カナダを親会社に持ち，海外派遣者比率が6～10％の海外子会社（1社）が，カナダを親会社に持つ海外子会社（22社）に占める割合は4％とされているが，計算すると4.54％で，小数点第1位を切り捨てている．一方，カナダを親会社に持ち，海外派遣者比率が0％の海外子会社（14社）が，カナダを親会社に持つ海外子会社（22社）に占める割合は64％とされているが，計算すると63.63％で，小数点第1位で四捨五入している．

(3) Harzing の研究

1990年代後半には，Harzing が日米欧の海外派遣者の活用状況について明らかにしている（Harzing, 1999a, 1999b）．Harzing は，本社と海外子会社の性質によって海外子会社へのコントロールのやり方が変わるのかなどを問題意識において，質問票調査を行った．対象となったのは，日本，欧州（フィンランド，フランス，ドイツ，オランダ，スウェーデン，スイス，英国），米国に本社をおく多国籍企業の海外子会社である．それぞれのサンプル数は，日本38社，欧州は194社，米国は55社である．海外子会社の所在地は，アルゼンチン，オーストリア，ベルギー，ブラジル，デンマーク，フィンランド，フランス，ドイツ，香港，アイルランド，イタリア，日本，メキシコ，オランダ，ノルウェー，シンガポール，スペイン，スウェーデン，スイス，英国，米国，ベネズエラである．Harzing（1999a）では，海外子会社の中で現地社長が PCN である割合，および，海外子会社のトップ5人までのマネジメントにふくまれる PCN の人数の平均を，すべてのサンプルの平均と比較していた（Harzing, 1999a, p.258）．

Harzing（1999a）では棒グラフが表示されるだけで具体的な数値は出ていなかったが，現地 PCN 社長の割合，およびトップ5までの PCN の人数の平均のどちらにおいても，日本企業の海外子会社が多いという結論が出た．特に，日本企業におけるトップ5人までのマネジメントにふくまれる PCN

表5　現地社長が現地国籍人材である海外子会社の割合　（単位：％）

本社所在地	現地社長が現地国籍人材の海外子会社の割合
日本	38.5
ドイツ	40.0
オランダ	55.2
スイス	62.1
スウェーデン	64.7
フィンランド	65.9
英国	70.1
フランス	74.8
米国	77.0

出所：Harzing（1999b）p.73.

の人数と全体平均の差は，第2位のスイスのそれよりも2倍以上であり，日本企業ではトップ5人までの多くのポジションをPCNが専有していることがうかがえる．

また，Harzing（1999b）では海外子会社の現地社長の現地化比率が掲載されていた（表5）．ここでは，日本企業は現地社長を現地国籍人材にしている比率が他国より少ないことが明らかになった．この結果はKopp（1994a）やRosenzweig（1994b）とも整合的である．

1-3-3　2000年代の研究：白木（2006），Tungli & Peiperl（2009）
（1）　白木の研究

では2000年代の研究はどうだったのか．国際比較ではないが，日本企業における海外派遣者マネジメントの実態を明らかにした2000年代の代表的な研究として，白木（2006）があげられる．白木は1999年，2001年，2003年の3回にわけて，日本企業の海外子会社に対して質問票調査を行った[8]．サンプルはそれぞれ621社，834社，735社であり，進出先はほぼ世界中の全地域である．ここから，現地従業員における日本人派遣者（PCN）の比率（p.47），第三国国籍従業員（TCN）の比率（p.277），および現地社長におけるPCN，HCN，TNCの比率（p.54）[9]をまとめたものが表6である．ここから，少なくともこの期間に日本企業の人事施策に大きな変化はなかったことがわかる．

また白木（2006）は，欧米企業に対して大規模な質問票調査は行わなかったが，欧州企業5社，米国企業5社に対するインタビュー調査を1998年に行い，欧米企業のアジア地域における海外派遣者比率を求めていた．結果，欧州企業は平均2.9％，米国企業は1.6％であった．これは一見低い数字に見えるが，欧米企業と同規模の日本企業のアジアの海外子会社の平均と比較すると，大きな差はないことが明らかになった（表7）．しかし一方で海外派遣者の国籍を見ると，欧米企業はTCNが現地社長の企業が多かった（欧州

---

[8] なお，この調査は日本労働研究機構のもとに行われている．
[9] なお，白木（2006）のp.276にも現地法人の社長の国籍のデータが載っているが，この数字とp.54の数字は異なっている．これはp.276のデータは支社や支店を加えているためである．そのため，純粋に現地法人だけを扱ったp.54のデータを利用した．

表6　日本企業のPCN・TCN比率，および現地社長の国籍　(単位：％)

		1999年	2001年	2003年
現地従業員に占めるPCN比率	製造業	7.1	7.8	7.3
	非製造業	17.7	16.2	13.0
	全体平均	12.6	11.0	9.7
現地従業員に占めるTCN比率	全体平均	5.9	2.4	4.1
PCN現地社長比率		75.8	80.7	79.6
HCN現地社長比率		7.8	7.6	9.6
TCN現地社長比率		0.9	0.5	1.3
不明		15.5	11.2	9.4

出所：白木（2006）p.47, p.54, p.277 より筆者作成

表7　日米欧の海外派遣者比率比較　(単位：％)

	欧州企業		米国企業		日本企業（1999年）	
従業員合計人数	派遣者比率	サンプル数	派遣者比率	サンプル数	派遣者比率	サンプル数
200～500人未満	－	－	0.8	1	2.7	37
500～1000人未満	11.3	1	3.4	1	1.3	22
1000～5000人未満	0.8	4	1.2	2	0.8	31
5000人以上	－	－	1.3	1	0.3	2

出所：白木（2006）p.148, p.203 より筆者作成

表8　海外派遣者の出自と受入派遣者の割合　(単位：％)

	ドイツ	英国	日本	米国	N
PCN	79.42	55.90	98.76	67.41	121
TCN	11.86	37.45	0.47	23.11	121
受入派遣者	8.72	6.65	0.77	9.48	121

出所：Tungli & Peiperl（2009）p.160

3社，米国3社）．ここから，海外派遣者の比率よりも，その国籍に大きな違いがあるのではないかということが提起されていた．

(2)　Tungli & Peiperlの研究

　2000年代に行われた国際比較研究という意味では，Tung（1982）やKopp（1994a）と同様の調査を行ったTungli & Peiperl（2009）があげられる．彼らも，海外派遣者マネジメントの国際比較を行うために，質問票調査を2000年代に行った．サンプルは日本企業（20社），ドイツ企業（35社），英国企業（34社），米国企業（47社）の海外子会社，合計136社である．こ

こでは，海外派遣者の出自国および本国への受入派遣者の割合が明らかにされていた．その結果が表8である．ここから，日本のTCNや受入派遣者が少ないことはわかった．しかしこの研究では海外派遣者割合の国際比較は行われていなかった．

1-3-4　小括

　以上，1970〜2000年代まで，日本企業の国際人的資源管理の特異性を，国際比較から明らかにしてきた主要な研究をまとめた．これらの研究の発見に共通しているのは，日本企業が他国の企業に比べて①海外派遣者を活用する傾向にあること，②海外派遣者としてTCNを活用しない傾向にあること，③受入派遣者が少ないことの3点である．

　1980年代までの研究では，海外派遣者（主に日本人）が海外子会社のトップマネジメントはもちろん（Negandhi & Baliga, 1979），ミドル層まで占めているという特異性が明らかになっていた（Tung, 1982）．この傾向は1990年代でも変わらず，1990年代にも日本企業の海外派遣者比率は高いことが明らかにされた（Kopp, 1994a, 1994b；Rosenzweig, 1994b）．この結果はその他の研究でも，日本企業の特徴として取り上げられてきた（Bartlett & Ghoshal, 1989；Kobayashi, 1982；Rosenzweig, 1994a）．

　さらに日本企業が海外派遣者を多数使っているといっても，TCNを活用しない傾向にあることも，1980年代から指摘されている．Tung (1982) は広範囲な質問票調査を通じ，日本企業がTCNを活用していない傾向を明らかにした．その後も日本企業におけるTCNの活用比率は0ではないものの，他国の企業に比べて非常に低いという特異性が明らかにされている（Kopp, 1994a, 1994b；白木, 2006；Tungli & Peiperl, 2009）．中でも白木 (2006) は，海外派遣者の国籍こそが日本企業のもっとも大きな特徴である可能性を主張していた．こうした海外派遣者の国籍の違いも他の研究で指摘されている（たとえば，Peterson, Napier, & Shul-Shim, 2000）．

　加えてTungli & Peiperl (2009) では日本企業において特に受入派遣者が少ないという特殊性が明らかになった．2000年代に大規模調査による国際比較を通じてこの点を明らかにしたのはTungli & Peiperl (2009) であるが，同様の指摘は吉原 (1996) やPeterson, Napier, & Shul-Shim (2000) でも行

われている．

　しかし，以上であげられた日本企業の国際人的資源管理は，一部の研究から批判されることになる．次節ではそうした「日本企業批判」についてレビューを進めていく．

1-4　日本企業の国際人的資源管理批判

1-4-1　国際人的資源管理に関する古典的議論

　日本企業の問題点を指摘する研究は1980年代頃から現れる．そうした批判研究をレビューする前に，それらの研究の前提となった1970年代以前の古典的な国際人的資源管理の議論を整理する．これらの研究は日本企業を直接扱ったものではない．にもかかわらずここで取り上げるのは，古典的な国際人的資源管理論が，日本企業批判の1つの根拠となったためである．

　多国籍企業の国際人的資源管理について，初期に議論したのはPerlmutterである（Heenan & Perlmutter, 1979；Perlmutter, 1969）．彼は多国籍企業をマネジメントの志向によって類型化するという新しい試みを通じて，それぞれの志向に特徴的な国際人的資源管理を整理した．その経営志向とは，「本国志向（ethnocentric）」「現地志向（polycentric）」「地域志向（regiocentric）」「世界志向（geocentric）」の4つであり，EPRGプロファイルと呼ばれるものである[10]．

　本国志向とは，世界中で本国人を中心的におき，彼らを報酬などで優遇するような経営姿勢である．この経営姿勢のもとでは，海外子会社の主要なポストを本国人で占める体制がとられる．これは，偏見から生まれるわけではなく，外国人および外国の環境に対する経験がなく，本国人の方が知識や能力を持って信頼できると考えているために生まれる．特に，同じ社会的・歴史的背景を持っている人間との間では，重要な意思決定が容易になるため，こうした志向がとられることがある．

---

[10] 地域志向だけはHeenan & Perlmutter（1979）によって提起されたが，それ以外はPerlmutter（1969）で提起されている．

現地志向とは，現地の文化は現地が一番理解しているため，現地事業が収益を上げている限り本国本社は介入しないという経営姿勢である．そのため，親会社の人材は現地には派遣せず，現地子会社の主要なポストはほとんど現地国籍人材によって埋められる．結果，現地にはかなりの自立性が与えられることになる．

地域志向は，地域ベースで管理者を採用，訓練，評価，配置するような経営姿勢である．たとえば欧州であれば，欧州的志向を持つ人材が共同で地域内の仕事をすることになる．そのため，地域内の海外子会社の主要なポストは，地域内の人材で埋められるようになる．

世界志向は，親会社と子会社をすべて有機的な世界統一体とみなし，人材の能力において国籍を考慮しなくなる経営姿勢である．そのため各拠点の経営幹部は，国籍に関係なく，適材適所で配置されることになる．

こうした志向は，基本的には本国志向から現地志向，場合によっては地域志向を経て，世界志向と進んでいくと考えられていた．ただし，段階を踏まずに変化すること，場合によっては逆の方向に進むこともありうるため，多国籍化の過程は様々であると主張されていた．

この EPRG プロファイルの中で特に問題点が強調されてきたのは本国志向である．Perlmutter は本国志向の問題点として，「優秀な外国人人材の能力を開発・活用できないこと」「ローカルに適した組織をつくり出すことができないこと」をあげていた (Heenan & Perlmutter, 1979；Perlmutter, 1969)．本国人材が世界中の拠点のキーポジションにつくため，現地国籍人材を軽視してしまう．この状態が様々な問題を引き起こすと考えたのである．

この点について事例研究からより詳しく議論したのが Zeira を中心とした研究である．Zeira, Harari, & Nundi (1975) では，様々な国の航空会社の在米海外子会社への質問表調査を行い，現地従業員に対する満足度調査を行った．この調査の結果，現地従業員が海外派遣者を中心とした本国志向型の経営に対して様々な不満を持っていることが明らかになった．

まず，コミュニケーションと意思決定に対する不満が指摘されていた．海外派遣者がいる中での意思決定は，現地の実情を理解している現地従業員をふくんだマネジメント層では行われず，意思決定の際に現地の問題を無視す

る傾向にある．そのため，意思決定の質に対する疑問も抱かれていた．その結果，現地従業員のモラールが低下するという問題が生じていた．

さらに，海外派遣者と現地従業員の間の待遇の差への不満が見られた．海外派遣者は報酬や補償などにおいて現地従業員よりも恵まれている．さらに昇進の機会も恵まれている．こうした個人的な待遇の差が，現地従業員の不満の一因となっていることが明らかにされていた．

次にZeira & Harari（1979）では，海外子会社が海外派遣者に対してどのようなことを考え，期待しているのかを明らかにする調査を行った．この調査では，75社の海外子会社を対象とした質問調査が行われた．

結果，まず海外子会社の社長は，現地国籍人材である方が望ましいという答えが多かった．この理由としては，現地国籍人材の方が現地の環境に慣れていること，現地国籍人材の方が現地組織で良い人間関係を築けること，海外派遣者は頻繁に替わるため現地組織と安定的な関係を築くことが難しいことがあげられていた．そのため基本的には海外派遣者は望ましくないということが明らかにされていた．

その一方，海外派遣者であるならば，本国本社とつながりがあって，本国本社にものが言える人間が良いとされていた．そのため，なるべく職位が高い人間が望ましいとされていた．また，現地を理解し，現地のことを尊重したマネジメントをする人間を期待するということが明らかにされていた．しかし，こうした人材は稀有のため，育成を考えなければならないとZeiraたちは主張していた．

以上，古典的な国際人的資源管理論では，本国志向には様々な問題があると考えられ，それらが実証されてきた．このように1970年代にかけて議論された本国志向への問題を前提に，本国志向が強い日本企業の国際人的資源管理が批判されることになる．

1-4-2　日本企業への批判：1980年代

前述の通り，1970年代後半から各国企業の国際人的資源管理の差を明らかにするような研究が現れ，日本企業の特異性が明らかになった（Negandhi & Baliga, 1979；Tung, 1982）．この特異性が80年代から多くの研究で批判されるようになる．

もっとも，こうした特異性は明らかにされ次第すぐに批判されてきたわけではない．たとえば，Johnson（1977）は，在米日本企業と現地米国企業の利益率を比較して，日本企業の長所と短所を議論していた．そこでは，日本企業の欠勤率や遅刻率は高く，現地米国人が意思決定に入ることは難しいという問題はあるものの，必ずしも利益率は低くないことが主張されていた．また，人材の現地化については「現地化しないのも良くないが現地化しすぎも良くない」と中庸の立場をとり，日本本社と米国子会社の間に立つのにふさわしいのは日本人であるという主張を行っていた．また，前述のNegandhi & Baliga（1979）も，日本企業の特異性を明らかにしてその現状の問題点を指摘するも，日本企業の問題点に焦点は当てていなかった．日本企業の特異性が持つ問題点が取り立てて強調されだすのは，1980年代からである．

　もちろん，1980年以前に日本企業の国際人的資源管理を批判する主張が全くなかったわけではない．吉原（1974）によると，1970年代には在タイ日系企業における人事・労務管理への批判が，タイに関係する企業人・研究者に広く流布していたという．その批判の1つは「タイ人を登用しない傾向にある」という日本企業の本国志向への批判だった．よって，日本企業の国際人的資源管理への批判は，70年以前も行われていたと考えられる．しかし当時の日本企業批判は，本格的な調査をベースにしたものではなかったと思われる．実際吉原（1974）も，（当時の）日本企業への批判に必ずしも明確な裏づけがあるわけではないと指摘していた．定性的・定量的な調査を通じ，日本企業を批判する研究が増えていくのは，80年代以降であるといえる．

(1)　Trevor, Negandhi, Heise の研究：海外の視点

　そうした批判を初期に展開したのは，英国の日本企業を調査したTrevorと，各国企業の比較調査を行ったNegandhiたちである．

　Trevor（1983）は「日本的経営は成功を導く」と日本的経営がもてはやされる中で，日本的経営の英国での実情を明らかにしようとした研究である．彼は英国にある日本企業に対して質問票調査とインタビュー調査を行った．具体的に明らかになった代表的な問題は以下である．

　まず，ある日本企業の海外子会社では日本人と英国人の間にポジション争いのようなものがあることが明らかにされていた．日本人のミドルマネ

ジャーのポジションを，英国の現地マネジャーが将来脅かす可能性がある．しかし，日本的な昇進システム，および海外派遣者の存在のために，現地国籍人材はなかなか容易に昇進できないという問題があり，それが短期間での昇進を求める英国人にマッチしていないという問題が明らかにされていた．

その一方で，ある企業では英国人は日本本国との間のコミュニケーションから阻害されているという意見があった．たとえば，日本本国との電話によるコミュニケーションからも阻害されているという．そうしたコミュニケーションはすべて現地の日本人に任せられ，現地国籍の従業員は，本国と直接コンタクトをとることができない状態であった．この施策がとられる理由としては，現地国籍従業員には，「本国本社と人間的なつながりがないため」「日本風のビジネスのやり方がわからないため」「日本人の言葉の文脈がわからないため」といった理由があげられていた．これらが海外派遣者と現地従業員のコンフリクトを生んでいるという．

さらに日本人海外派遣者が数年で替わることが問題を生んでいるという (Trevor, 1983, p.115)．数年で替わるため，現地従業員はその度に新しいマネジャーに慣れなければならないという問題がある．現地従業員の中では，それがパフォーマンスの上がらない原因であると主張する者もいた．

以上こうした問題があるゆえに，現地従業員が必ずしも日本企業に満足していないということが明らかにされた．

Trevor (1983) が英国に限った研究によって日本企業の問題を提起したのに対して，Negandhi, Eshghi, & Yuen (1985) は Negandhi & Baliga (1979) で行った国際比較調査の結果をもとに，日本企業の問題点を指摘した．

まず，日本企業において海外派遣者が意思決定の中心であり，中央集権的であることが問題点として指摘されていた．海外派遣者は現地従業員とコミュニケーションをある程度とるものの，そのコミュニケーションが必ずしも意思決定に活かされていない．これは，海外子会社やローカルマネジャーを信頼しておらず，現地に頼っていないためであると説明された．

次に，海外派遣者がいるために，現地のローカルマネジャーが出世できないことが指摘されていた．そのために，現地の人材開発において問題が起こる可能性が議論されていた．

また，現地従業員が日本人上司をどのように思っているのかをより詳細に

調査したのが Heise（1989）の研究である．この研究では，在ドイツの日本企業において，現地国籍従業員が日本人上司に対して，「正しく個人の性格や業績を評価できていない」「現地への知識がないため現地の部下にプレッシャーをかけることができない」「意思決定のスピードが遅い」「モチベーションが上がらない」という不満を持っていることが明らかになった．ここでも，日本企業に勤める現地国籍人材にとって，日本企業が必ずしも望ましい職場ではなく，その一因が海外派遣者にあることが明らかにされていた．

(2)　Bartlett & Yoshihara（吉原）の研究：日本からの視点

以上の研究よりも明確に日本企業の問題点を批判した研究が，Bartlett & Yoshihara（1988）である．彼らは日本企業の国際人的資源管理の問題を整理した上で，それらが日本企業の「アキレス腱」であり，克服すべき課題であると主張した．

まず本国側の問題として，日本人海外派遣者が多いため，海外展開を拡大する中で人材が枯渇することの可能性が指摘されていた．その上，日本人を海外に派遣することのコストの問題があり，日本企業のコスト増になる可能性が指摘されていた．

次に，現地子会社側の問題として，海外派遣者による海外子会社での日本的な意思決定があげられていた．日本人が中心となった意思決定に対して，現地従業員が入ることは難しい．そうした海外派遣者中心の意思決定に加え，本国本社が主要な意思決定をするため，現地従業員のモチベーションが下がるという問題が指摘されていた．

さらに，日本人の海外派遣者が現地のマネジメントの要職にいるため，現地従業員が昇進できないという問題がある．そのため，現地従業員の不満を生み，さらに新たな優秀な人材を惹きつけることを難しくしているということが明らかにされていた．

なお，こうした主張は，共著者である Yoshihara（吉原）の他の著作でも共通している（Yoshihara, 1989；吉原, 1989）．たとえば吉原（1989）では，日本企業の本国中心的な経営が現地人の力を引き出せていないという問題提起が行われている．この研究によれば，現地人の動機づけのためには，現地人社長を登用するなどして，現地に自立性を持たせることが必要であるという．また開発の現地化を図ることで，市場ニーズにより適合した製品を開発

できたり，現地市場に対してクイックレスポンスができたりする可能性が示唆されていた．ただし，開発の現地化を図らないから市場に適合できていない，というような強い主張はここではなされていなかった．

このように，1980年代になっていくつかの研究によって，日本企業において海外派遣者が多いことが現地従業員の不満につながっていることが指摘されるようになった．この点が日本企業の国際人的資源管理の問題点として強調され，海外派遣者に過度に頼った海外進出を改めるべきであると主張されてきたのである．

1-4-3　日本企業への批判：1990年代
(1)　Fucini & Fuciniの研究：米国マツダ工場の調査

日本企業の問題点を指摘するような研究は1990年代も続いた．まずFucini & Fucini (1990) は，マツダの米国工場に関する調査を行った．ここでは，日本人の海外派遣者や出張者が現地社会に歓迎されているものの，そうした日本人の存在が現地の優秀なマネジャーの離職理由としてあげられていた．

たとえば，ある離職した米国人マネジャーは，日本人マネジャーに対して「勉強になった」と感謝をしていた一方，日本人がマネジメントの要職についていることに不満を感じていた．まず，すべての意思決定が日本から来ていたため，自らの経験を意思決定に活かせないという不満があった．昇進しても本国の意思決定に縛られることで，自分の力を発揮できないと考えていたのである．

次に，現地から出る報告レポートは日本語だけで，読むことができないことへの不満もあげられていた．現地子会社から本国本社にレポートするが，それは日本人向けのためレポートの内容が理解できないということが，現地の不満につながっていた．

さらに，日本人は自分の意見を採用しないという悩みがあった．自分が何か意見を行ったとしても，日本人はそれを採用せず，90％のことは日本人が決定していたことが，彼自身のやりがいを削いでいることが明らかになった．

また，別のマネジャーも同様に，米国人であるというだけで権限をもらえ

ないことに対して不満を持っていた．Fucini & Fucini（1990）は日本企業を批判することを主眼としたものではないが，このように現地に日本人が多数いることが，現地従業員の不満につながり，一部の従業員の離職理由になっていることが1社を対象とした事例ベースで明らかにされていたのである．

(2) Koppの研究：在米日本企業調査を通じた日本企業批判

1990年代に日本企業の国際人的資源管理をもっとも明確に批判したのはKoppである（Kopp, 1994a, 1994b）．KoppはPerlmutterやZeiraの研究を引用して，日本企業の本国志向型の人的資源管理の問題点を主張した．

まず，本国側の問題点として以下の3つをあげた（Kopp, 1994a）．
1. 十分な国際経験を持った本国人人材が不足している．
2. 海外で働きたいという人が少ない．
3. 帰任者が本国組織に戻ることが難しい．

さらに，現地組織の問題として以下の4つをあげた．
1. 日本人がマネジメントの上位にいるため，優秀な人材を惹きつけることが難しい．
2. 本国人が仕事の中枢を担うため，現地従業員の離職率が高くなる．
3. 海外派遣者と現地従業員との間のコミュニケーションに問題が生じる．
4. 本国人が主要なマネジメントの職につくため，現地従業員が昇進できない．

Kopp（1994a）では，こうした問題点を整理した上で，「現地国籍人材がトップになっていることと出世できないというクレームの発生率に負の相関関係がある」「日本人がトップマネジメントにいる割合の高さと出世できないというクレームの発生率の間に正の相関関係がある」「ローカルがノンマネジメントポジションにいる比率の高さと，出世できないというクレームの発生率の間に負の相関関係がある」「マネジメントにおけるローカルの人数と，現地従業員と海外派遣者の衝突（悪いコミュニケーション）の間に負の相関関係がある」といった相関関係を，定量分析から明らかにした．これらは，日本人がマネジメント層に多くいることが，現地子会社の問題と関係を持っていることを定量的に明らかにしたものである．

一方Kopp（1994b）は *The rice-paper ceiling* というタイトルをつけられた本であり，米国における日本企業において，米国人がどのような不満を

持っているかがより鮮明に描かれていた[11].

　まず，質問票調査から，日本企業の在米子会社では「優秀な現地国籍人材を雇えない」「現地従業員の離職率が高い」「現地従業員とのコミュニケーションが円滑でない」「現地従業員が出世できないことへの不満をためている」といった問題が，欧米企業よりも多いことが明らかになった．Kopp (1994b) は，こうした問題は，欧米企業がすでにやめた本国志向型の海外展開を，日本企業がいまだにとっているために生じていると主張した．当時 (1992年) の在米日本企業の利益率は低いことが報告されており，その一因がこうした本国志向型の海外進出にあると主張したのである．

　たとえば彼女は，現地の人材の採用や離職の問題は，日本人を中心とした意思決定プロセスにあると指摘した．海外派遣者と本社の日本人だけで意思決定をするため，意思決定プロセスに入っていくことができない．さらにこうした日本本社を向いた意思決定のため，仕事のスピードが遅くなるという問題がある．そのために，それまで育成してきた人材がやめてしまうことも起きているという．また，海外派遣者がいることによって，現地従業員のキャリアアップが難しいことも，現地従業員のモチベーションを下げているという．

　また，現地従業員へのモチベーションの問題だけでなく，現地市場への適応という意味でも日本企業の本国志向型の海外展開は問題を抱えている．現地市場のことは現地国籍人材の方が詳しい．しかし，日本人派遣者に頼り，そうした現地従業員の強みを活用しないため，アメリカでのオペレーションの効率性が損なわれていることが指摘されていた[12].

　また，本国志向型の問題はそれだけではない．海外派遣者にかかるコス

---

11 rice-paper ceiling とは，glass ceiling（ガラスの天井）をもじったものである．glass ceiling とは女性やマイノリティなどが企業などの昇進にあたって暗に制限を受けている状態をさす．この状態と，日本企業において日本人以外の昇進などが暗に制限を受けていることのアナロジーから，こうしたタイトルをつけたと考えられる．

12 現地市場への適応の問題は，当時の米国の中ではある程度共有されていたようである．Kopp (1994b) の中では，マッキンゼー社が当時の日本企業の低い利益率の原因について，「販売組織やマーケティング組織が弱い」「米国の市場セグメントに合わせたマーケティングアプローチをとれていない」「米国市場に合わせた製品の調整が欠如している」「米国にあった効率的なマネジメントができていない」「スピード，フレキシビリティ，敏感さがない」といった分析をしていることを紹介していた．そして Kopp は，こうした問題も米国人マネジャーを活用していないことが一因にある可能性を主張した．

ト，海外派遣者の失敗の可能性，労働環境の不満による訴訟の可能性といった問題が存在していると指摘されていた．

このように Kopp（1994b）は日本企業の特異性を明らかにした上で，本国志向型の国際人的資源管理が様々な問題を引き起こしていることを明らかにした．具体的な問題としては，意思決定やキャリアなどの問題から現地従業員のモチベーションが下がること，現地市場への適応が難しくなることがあげられており，それが日本企業の苦境の一因であると主張していたのである．

(3) 吉原の研究：日本からの視点

日本の研究者である吉原も，同時期に日本企業に対する質問票調査を行い，本国志向である日本企業の問題点を指摘している（吉原，1996）．彼は，日本企業の海外子会社の業績の悪さを前提に，日本企業の海外子会社のトップに日本人が多いこと，さらに本国本社に海外人材が入らないという現状を指摘し，その問題点を明らかにした．

まず，海外子会社の現地に海外派遣者が多数いるため，意思決定に現地従業員が入れない．さらに言語的な問題から，海外派遣者が現地従業員と上手くコミュニケーションがとれないという問題がある．こうした問題の結果，優秀な海外人材の活用が難しくなっている．さらにそうした前提のもとに，現地子会社の社長が日本人でない方が，パフォーマンスが高い，という関係を定量分析から明らかにした．

さらに彼は一歩進み，日本企業の本国本社の国際化の問題にも注目した．吉原は日本本社に海外人材が少ないことも，日本企業の国際化が未熟である理由の1つの証拠であると考えた．そして本国本社に海外人材を迎えることが，現地従業員のモラールの向上，本国本社の国際化といったメリットを生むということを説いた．

以上，1990年代になると，日本企業の本国志向型な国際人的資源管理は，現地従業員のモラールに加えて，現地市場への適用という観点からも，その問題点が強く指摘されるようになった[13]．特に当時の日本企業の海外子会

---

[13] 同時期に日本企業の問題点を指摘した他の研究としては，海外子会社のトップを日本人が占めていることがグローバルな人材獲得に悪影響をおよぼす可能性があることを説いた Reich (1991)，日本企業への質問票調査・インタビュー調査から海外派遣者に頼った海外展開が本国

社は苦境に陥っていたため（Kopp, 1994b；吉原, 1996)．こうした問題がその一因として考えられるようになった．こうした観点から，日本企業が今後本国志向的な海外展開をなくしていく傾向にあるのかどうかを調べた研究も存在している（Beamish & Inkpen, 1998)．この研究では，上記のような問題に気づいた日本企業が，海外派遣者を減少させている傾向にあるということが触れられていた．そしてこうした傾向を強めていくことで，日本企業が真のグローバルコンペティターとなる，と指摘されていた．

1-4-4　日本企業への批判：2000年代

2000年代に入ると日本企業の人的資源管理の問題点を強調する研究は減少した．しかし，日本企業を題材に使った研究の中で，海外派遣者が多いことがもたらす問題は変わらず議論されている．

Legewie（2002）は中国海外子会社を対象に，日本企業の海外派遣者中心のマネジメントシステムが問題を引き起こしていることを，既存研究のレビューから明らかにした．

まず中国においても，海外派遣者が中心となるマネジメントが現地従業員の正しい成果評価，出世などを妨げ，不満を生んでいることを明らかにした．次に，中国の国内市場を狙う場合，海外派遣者に頼ってしまえば，現地の情報が入ってこない可能性があることが指摘されていた．さらに，中国国内の情報が入ってこないことが，中国子会社から他の会社への知識移転も妨げ，グローバル全体にも悪影響をおよぼす可能性が指摘されていた．

また Lam（2003）では，イノベーションの観点から，海外派遣者に頼った日本企業のマネジメントを批判した．Lam は日本企業と米国企業の英国の海外子会社での R&D の取り組みの違いとその問題点について，インタビュー調査を通じて明らかにした．

日本企業の R&D 組織は日本本国の組織に強く埋め込まれている「本国志向型」である．そのため，海外派遣者が中心となってグローバル R&D を

側のコスト増につながることを主張した白木（1995)．香港における日本の小売企業の調査から日本企業が本国志向型の人事施策から抜け出さない理由を明らかにし，そうした体制が Kopp（1994b）が指摘したような現地従業員への問題を生むことを指摘した Wong（1997）もあげられる．

担当している．具体的には，彼らが地域における研究の進捗を管理し，地域から知識を吸収しているという．

対して米国企業のR&D組織は日本企業よりも本国志向がだいぶ薄いと説明されていた．彼らは，グローバルな人的資源システムをもとに，プロジェクトチームをインターナショナルにつくる傾向にある．また，人材の国際的な交流も行っているという．

こうした違いの結果，日本企業は米国企業よりも，知識の吸収の面で劣っているという指摘がされていた．日本企業は海外現地の労働市場を軽視し，そこから優秀な人材を採用しようということを考えない．そのため，現地のイノベーションシステム（たとえば大学など）に入り込むことが難しい．一方，アメリカは現地の労働市場も重視し，そうした人材とグローバルに交流している．そのため，現地のネットワークとつながり，新たなイノベーションに有利な側面があるとされていた．

さらに，日本企業において現地での学習がうまくいかない理由について議論したのが Wong（2005）である．この研究では，香港にある日本企業の百貨店の調査を通じて，海外派遣者が海外で学習することを妨げる要因が日本企業に存在していることが明らかになった．具体的には，本国本社への帰属意識の強さのために現地で学ぼうとしないこと，本国本社のやり方に疑問を持たないように現地に強く溶け込まないようにすること，本国本社の命令を忠実にやることを目的にしてしまうことなどがあげられていた．そのため，日本企業において海外派遣者を有効に活用するためには，本国本社が変わる必要があることが明らかにされていた．

以上，2000年代になると国際的な人的資源管理の比較を通じて日本企業の問題点を指摘する研究はなくなったが，日本企業の海外派遣者中心の人的資源管理の問題点は変わらず指摘され続けている．2000年以降は，現地従業員や現地市場での問題だけでなく，現地からの学習やグローバル全体のイノベーションの観点からも，日本企業の本国中心の国際人的資源管理の問題点が指摘されている．

1-5 日本企業批判の再検討

1-5-1 研究の整理

本稿でここまで見てきた通り，日本企業の国際人的資源管理の特異性を明らかにした研究，その特異性を批判する研究は1980～2000年代まで多数議論されてきた（表9）．こうした研究の変遷を見ると，「何を日本企業の特異性と見るか」「それによってどのような問題が引き起こされるか」が微妙に変化してきたことがわかる．

まず「何を日本企業の特異性と見るか」に関しては，一定して海外派遣者の多さ，特に日本人海外派遣者の多さが実証されてきたことがわかる．それに加えて，近年は「TCNの少なさ」や「受入派遣者の少なさ」が強調されるようになっていった．TCNの少なさ自体はTung（1982）ですでに触れられていたが，近年では海外派遣者の割合自体はそこまで変わらないことが指摘され，割合よりもその国籍に大きな違いがあることが明らかにされつつある（Peterson, Napier, & Shul-Shim, 2000；白木, 2006；Tungli & Peiperl, 2009）．同様に，受入派遣者が少ないことも，近年になって日本企業の特徴として強調されるようになっている（Peterson, Napier, & Shul-Shim, 2000；Tungli & Peiperl, 2009；吉原, 1996）．

一方，どのような問題が引き起こされるかについては，当初は現地従業員への影響が議論されていた（Bartlett & Yoshihara, 1988；Negandhi, Eshghi, & Yuen, 1985；Trevor, 1983；Yoshihara, 1989；吉原, 1989）．海外派遣者が現地にいるために，意思決定，昇進から現地従業員が阻害されてしまう．そのため，優秀な人材を獲得することも難しく，現地従業員がモチベーションを持って働くことが難しいことが説明されていた．これは，Zeiraの研究と同様の本国志向型の海外展開の批判理由である（Zeira, Harari, & Nundi, 1975）．

1990年代になるとそうした要因に加えて，現地市場への適応における問題点が議論されるようになった．この背景には，90年代の日本企業の苦境がある．現地市場のことは現地従業員が一番よく知っているので，現地従業

1 国際人的資源管理論における日本企業批判

表9　既存研究のまとめ

	1970年代の研究	1980年代の研究	1990年代の研究	2000年代の研究
日本企業の特殊性	1) 海外子会社（現地トップマネジメント）における日本人の多さ (Negandhi & Baliga, 1979)	1) 海外子会社における日本人の多さ (Kobayashi, 1982; Tung, 1982; Trevor, 1983; Negandhi, Eshghi, & Yuen, 1985; Bartlett & Yoshihara, 1988; Yoshihara, 1989; 吉原, 1989) 2) TCNの少なさ (Tung, 1982)	1) 海外子会社における日本人の多さ (Fucini & Fucini, 1990; Reich, 1991; Kopp, 1994a, 1994b; Rosenzweig, 1994b; 吉原, 1996; Harzing, 1999a, 1999b) 2) TCNの少なさ (Kopp, 1994a; Rosenzweig, 1994b) 3) 受入派遣者の少なさ (吉原, 1996)	1) 海外子会社における日本人の多さ (Peterson, Napier, & Sul-Shim, 2000; Legewie, 2002) 2) TCNの少なさ (Peterson, Napier, & Sul-Shim, 2000; 白木, 2006; Tungli & Peiperl, 2009) 3) 受入派遣者の少なさ (Peterson, Napier, & Sul-Shim, 2000; Tungli & Peiperl, 2009) 4) 海外R＆D活動における海外派遣者の関与の少なさ (Lam, 2003)
日本企業の問題点		1) 現地従業員のモラールの低下 (Trevor, 1983; 林, 1985; Negandhi, Eshghi, & Yuen, 1985; Heise, 1989; Yoshihara, 1989; 吉原, 1989) 2) 本国本社のコスト (Bartlett & Yoshihara, 1988)	1) 現地従業員のモラールの低下 (Fucini & Fucini, 1990; Kopp, 1994a, 1994b; 吉原, 1996; Wong, 1997) 2) 本国本社のコスト (Kopp, 1994; 白木, 1995) 3) グローバルでの優秀な人材の獲得 (Reich, 1991) 4) 現地市場への適応の失敗 (Kopp, 1994b)	1) 現地従業員のモラールの低下 (Peterson, Napier, & Sul-Shim, 2000; Legewie, 2002) 2) 本国本社のコスト 3) グローバルでの優秀な人材の獲得 4) 現地市場への適応の失敗 (Legewie, 2002) 5) 現地での学習の失敗とグローバル全体への知識移転の影響 (Legiwie, 2002; Wong, 2005) 6) イノベーションの停滞 (Lam, 2003)

※既存研究は年代順に並べている

27

員を重視しないとこうした現地従業員の強みを活用できず，現地市場にマッチしたオペレーションが難しくなっていると説明されたのである（Kopp, 1994b）.

また，それらに加えて1980年代後半～90年代まで，海外派遣者に頼ることでコスト負担が大きくなる問題も議論されていた（Bartlett & Yoshihara, 1988; Kopp, 1994b, 白木, 1995）. しかし，こうした問題を中心にすえて議論されることは少なく，前述であげた現地従業員や現地市場への影響といった，海外子会社への影響がより強調されてきた.

さらに近年はよりグローバル全体の学習やイノベーションの観点から，日本企業の国際人的資源管理を批判するような研究が現れている. 海外派遣者に頼った海外展開のために，現地市場や現地の技術知識の吸収が妨げられ，グローバル全体での知識共有やイノベーションにも問題を引き起こしているとされている. これは，近年活発に行われている，海外子会社に蓄積された知識をいかに活用するかの議論（Doz, Santos, & Williamson, 2001）の影響を受けていると考えられる.

なお，近年は日本企業の「TCNの少なさ」や「受入派遣者の少なさ」が強調されているが，これらをもとに日本企業を明確に批判するような研究はまだ多くはない. 白木（2006）ではTCNが少ない状況を，国籍を問わず人材を活用できる「多国籍内部労働市場」が形成されていないことの現れと見て，今後改善する必要があると指摘していた. しかし，将来の日本の人材不足を考えた上での必要性であり，TCNを使わないことがパフォーマンスを落としているとまでは強く批判されてはいなかった. また，受入派遣者の少なさについても吉原（1996）では「内なる国際化」の重要性が議論されていたものの，パフォーマンスと関連づけた強い批判はされていなかった. しかし，これらの日本企業の国際人的資源管理の特異性により注目が集まれば，日本企業が克服すべき課題として批判対象にされる可能性はある.

1-5-2 欧米企業の国際人的資源管理との比較

このように本国からの海外派遣者に頼る日本企業の海外展開は国際的に特異であり，様々な問題を抱えているとされた. しかし，これらの研究は日本企業の一面を捉えているにすぎない. その証拠に，実は日本企業よりも「本

国志向ではない」とされた欧米企業の国際人的資源管理は，日本とは異なる理由で問題点が指摘されているのである．

(1) 米国企業の国際人的資源管理の問題：減らしすぎた海外派遣者

まず，日本企業の海外子会社の進出先として扱われることの多かった米国の多国籍企業の国際人的資源管理はどのような問題を抱えていたのだろうか．日本企業の特異性を初期に明らかにした Negandhi & Baliga（1979）では，実は日本企業よりも米国企業の問題点が強調されていた．彼らの調査では，米国企業はもっともマネジメント層を現地化しており，賃金体型なども世界共通の体系をとっていることが判明した．しかし，米国企業の人材施策は日本企業や欧州企業の人材施策よりも現地従業員や現地政府から批判されていたという．それは，彼らはただ単にポジションを現地従業員に置き換えただけで，実際の意思決定の権利を現地に与えていなかったからである．むしろ日本企業の場合，たしかに日本人が海外子会社に多数いたが，彼らは意思決定権を持ち，本社とのパイプの役目を果たしていたため，現地組織から歓迎されていた．ここから，米国企業は「アメリカンジレンマ」と呼ばれるような難しい状況に陥っていることが紹介されていた．

同様に Kobrin（1988）でも，米国企業における早すぎる人材の現地化に警鐘がならされていた．米国企業では，海外派遣者から現地国籍人材へ切り替えられるようになったが，その結果，①各国拠点がグローバルな視点を持つことが難しくなる，②各国拠点をコントロールすることが難しくなる，③米国人に国際経験を積ませることが難しくなるという問題にぶつかっていた．

そもそも米国企業が海外派遣者を減らしたのは現地従業員のモチベーションや現地市場への対応といった問題ではなく，海外派遣者の失敗率の高さと関係があるとされている（Kobrin, 1988）．米国企業の海外派遣者の失敗率（途中帰任）は近年まで一定して高いことが知られている（Harzing, 1995；Tung, 1982；Tung, 1987；Tungli & Peiperl, 2009）．こうした事情が，米国企業が現地化に踏み込んだ理由としてあげられていた．この点，日本企業の海外派遣者の失敗率が低いことは上記の研究で明らかにされており，海外派遣者に頼ることのリスクは米国企業よりも少なかったといえるだろう．

このように，米国企業では日本企業とは異なる動機で海外派遣者を減らさ

ざるをえず,結果,「海外派遣者を増やすべき」という提起が行われていたのである.日本企業批判（特に在米日本企業への批判）が行われていた同時期に,その受入国では真逆の議論がなされていた点は興味深い.なお,こうした傾向を受けてか,米国ではいかに海外派遣社員を選択するか,教育するか,派遣中の面倒を見るか,派遣後の帰任者をどうするかの議論が活発に行われることになる（たとえばBlack, Gregersen, Mendenhall, & Stroh, 1999；Harvey, 1983；Konopaske & Werner, 2005）.

こうした点は近年の研究にもうかがえる.北米における海外派遣者マネジメントの近年の問題をまとめたTarique & Schuler（2008）では,本国からの海外派遣者（PCN）に頼らないことの必要性が説かれているが,ただHCNやTCNに置き換える必要性を強調しているわけではなかった.ただ置き換えるのではなく,HCNやTCNが本国人と同じような考えを持ち,行動できるような教育方策を考えるべきと主張されていた.これは,北米では本国人が持つ優位性が意識されていることを意味している.また,そうやって現地従業員やTCNに置き換えていけば,各国拠点のコントロールや調整といった点に問題が生じることも,今後の問題であると指摘されていた.近年の研究でも,決して手放しに人材の置き換えが推奨されているわけではないのである.

(2) 欧州企業の問題：本国志向型の必要性と第三の道の模索

また欧州企業でも,本国志向型が望ましくないとは必ずしもされてこなかった.Negandhi & Baliga（1979）,Tung（1982）,Harzing（1999a, 1999b）,白木（2006）では,欧州企業が日本企業ほどでなくても,米国企業に比べて本国からの海外派遣者を多用していることが明らかにされていた[14].Mayrhofer & Brewster（1996）ではこうした欧州企業における本国志向型の人的資源管理は,企業文化や技術の移転といった面で有効であり,支持される局面があることが明らかにされていた.実際,Peterson, Napier, & Shul-Shim（2000）では,海外派遣者を今後増やす予定と答えている海外子会社がドイツや英国の多国籍企業に多く見られることが明らかにされてい

---

[14] 欧州の研究者からは,「欧州企業の国際人的資源管理は米国企業のそれとは歴史的背景や実情も異なっているが,そうしたことが米国の研究者には知られていない」という主張がなされていた（Scullion & Brewster, 2001）.

た．

特に欧州の場合は本国志向型が正当化される理由として，以下の4つの欧州特有の条件があげられている（Mayrhofer & Scullion, 2002）．
1. 欧州企業の海外派遣者の失敗率は米国企業より低いこと．
2. 急速な海外展開によって近年海外に出る企業が増えており，海外派遣者の重要性が増していること．
3. 欧州内での展開を考えれば本国から海外子会社への距離が近いこと．
4. （2002年頃は）ビジネスの立ち上がり期であり海外派遣者を活用すべき時期であること．

もちろん，海外派遣者が多いことを欧州企業研究も手放しに正当化していたわけではない．彼らの場合，海外派遣者の失敗，海外派遣に行きたがる人材の枯渇，海外派遣者への補償といった，海外派遣者にかかる諸コストを問題視していた（Kuhlmann & Hutchings, 2010；Mayrhofer, Hartmann, Michelitsch-Riedl, & Kollinger, 2004）．そこで欧州の研究の中では，海外派遣者をこれまでのような長期滞在だけに限らず，1年以内の短期派遣者（短期駐在者）や，本国に所属をおきながら海外に頻繁に出張する海外出張者というような新たな海外派遣者の形を模索するものが現れている（Mayrhofer, Hartmann, Michelitsch-Riedl, & Kollinger, 2004）．それと同時に，欧州においても受入派遣者を拡大する必要があるという議論が展開されている（Peterson, 2003）．欧州では「本国からの海外派遣者を減らせ」「現地化を進めろ」という議論ではなく，新しい海外派遣の形や受入派遣者の拡大など，第3の選択肢が提案されているのが特徴的である[15]．

特に近年，短期派遣者や海外出張者に関する注目が集まっている．たとえばStarr（2009）は，短期派遣者（short-term assignee）へのインタビューを行って，彼らが本国への帰任についてどのように考えているのかを明らかにした．結果，短期派遣でも帰国後に本国で与えられる仕事が変わることと

---

[15] ただし欧州企業でも中国に進出する際には人材の現地化が重要であるという指摘がある（Kuhlmann & Hutchings, 2010）．近年の日本企業の問題点を指摘する研究（Legewie, 2002；Wong, 2005）が在中国を対象にしたものに見られるという共通点から考えると，ホスト国側の強い要因によって現地志向にしなければならない状況も推察される．実際に中国に関しては，なぜ現地化が重要であり，いかに現地化のプロセスを進めるかが企業の出自国を問わず広く議論されている（Fayol-Song, 2011；Law, Wong, & Wong, 2004；Selmer, 2004）．

期待する社員もいれば，短期派遣ゆえに帰国後も本国の仕事が変わらないことを期待している社員がいることが明らかになった．また海外出張者（frequent flyer，またはinternational business traveler）に関しては，Welch, Welch, & Worm（2007）が海外出張者へのインタビュー調査を行い，組織からのサポートも少なく，知識移転の役割を十分に果たせていない海外出張者の現状を明らかにしていた．このように，通常とは異なる海外派遣者を活用する際の諸問題が検討されだしているのである．

　以上のように，米国企業の視点では本国志向型の国際人的資源管理から脱することのデメリットが指摘され，海外派遣者の失敗をいかに防ぐかが議論されることになった．また欧州企業の視点では本国志向型がポジティブに評価されることもあり，新たな海外派遣の形が模索されていた．欧米のどちらにしても，単純な「本国人を減らせ」という議論は展開されていない．つまり，日本企業の本国志向型の国際人的資源管理は日本企業の文脈で批判されてはいたが，欧米企業では必ずしも批判対象とは限らなかったのである．むしろ欧米企業を対象とした研究では，本国志向型のメリットに注目が集まるという逆転現象が起きていたといえよう．

1-5-3　パフォーマンスとの関係

　日本企業批判におけるもう1つの論点は，日本企業における本国志向型の国際人的資源管理が，実際に日本企業のパフォーマンスを落としているかについて十分には検討されていないことである．日本企業の国際人的資源管理を批判したKopp（1994a, 1994b）や吉原（1996）では，どちらも日本企業の苦境を前提にして，本国志向型の国際人的資源管理がその苦境の一因であるという立場に立っていた．また，Beamish & Inkpen（1998）も，本国志向型の国際人的資源管理から脱することが，日本企業の国際競争力を上げることを前提にしていた．しかし，それらはあくまでも可能性にすぎず，日本企業にとってパフォーマンスを押し下げる原因かどうかは定かではなかった．

　もっとも，吉原（1996）では海外子会社社長の現地化とパフォーマンスの間に正の相関があることを定量的に明らかにしていた．しかし，この両者の因果関係は不明である．たとえばHarzing（1999a）は両者の因果関係を，

「悪い海外子会社にはテコ入れで本国本社の人間が社長として向かう」という解釈をしていた．どちらの因果関係にもとれるため，必ずしも本国志向型の人的資源管理がパフォーマンスの低下につながるとはいえないのである．

その他の研究でも，本国志向型の国際人的資源管理と企業のパフォーマンスに関する明確な結論は出ていない．吉原（1996）と同時期のIsobe & Montgomery（1998）では，日本人派遣者の数やトップマネジメントの国籍と海外子会社のパフォーマンスに関する定量分析が行われた．この研究でも，日本人が少ない海外子会社，トップマネジメントが現地国籍人材の海外子会社の方がパフォーマンスが良い傾向が見られたが，吉原（1996）と同様に両者の因果関係は明らかになっていない．近年の研究でも，「海外派遣者の割合と海外子会社のパフォーマンスに明確な関係はない（白木, 2006）」「パフォーマンスを押し上げる効果はあるが長期的には薄れる（Gong, 2003）」「状況によってはパフォーマンスを押し上げる（稲村, 2007）」「状況によってはパフォーマンスを押し下げる（Fang, Jiang, Makino, & Beamish, 2010）」といった多様な主張がなされていて，決着はついていない．しかし，本国本社からの海外派遣者の数や割合を常に減らせばいいというものではないことは，これらの研究で共通していることである．

同様にTCNや受入派遣者についても，必ずしも企業のパフォーマンスを押し上げるとは限らない．Zeira & Harari（1977a, 1977b）では，PCNをTCNに替えても，現地従業員のモラールへの影響は残ってしまうこと，TCNがPCNほどは本国本社とつながれないため，本国の言いなりになってしまう可能性などが明らかにされていた．最近の研究でも，Collings, McDonnell, Gunnigle, & Lavelle（2010）では，TCNのメリットをあげた上でTCN活用の促進要因について明らかにしているが，本質的にPCNを用いるよりもTCNを使う方がパフォーマンスを向上させるかについての議論はまだされていない．この点は，受入派遣者に関する研究でも同じである（Harvey, Novicevic, & Speier, 1999；Novicevic & Harvey, 2001；Reiche, 2006；吉原, 1996）．

こうした議論の問題点は，PerlmutterのEPRGプロファイルとパフォーマンスの関係が明らかになっていないことに起因する．Perlmutterの議論では，国際化の進展とともに本国志向から世界志向へと変化していくと考え

られていた．その中で国際人的資源管理のやり方も，本国人海外派遣者への過度な依存から離れ，TCN や受入派遣者の活用につながっていくと考えられたのである．

しかし，そもそも世界志向が常に正しいとは限らないことは，Perlmutter も主張している．実際，Pelmutter の研究を受けて 1970 年代に行われた Zeira らの研究でも，本国志向型の問題点を強調しつつも，現地志向型や世界志向型に移行しても様々な問題が残ってしまうことが主張されていた．Zeira (1979) では，現地組織の中の「本国志向」にもとづいて現地マネジャーを優遇する現地志向に移行しても，今度はコーディネーションの問題に加え，現地から本社に異動させることが難しくなることが主張されていた．また，前述の Zeira & Harari (1977a, 1977b) は，TCN を使うという世界志向型の人的資源管理をとっても，現地従業員のモラールに解決できない問題が残ることを明らかにした．この点は近年でも，倫理的な観点から見た時に世界志向型が必ずしも理想的とは限らないことが主張されている (Banai & Sama, 2000)．

このように絶対的に正しい国際人的資源管理が特定されていないことを踏まえれば，「理想的」な国際人的資源管理は状況によって異なる可能性が考えられる．たとえば Franko (1973) は，欧米企業の国際化の展開をモデル化した上で，海外子会社の成長段階に合わせて，本国人海外派遣者が重視される時期，現地従業員が重視される時期，TCN が重視される時期が変わってくることを説明した．すなわち，海外子会社の成長段階や多国籍企業としての国際化の進展状況，もしくは多国籍企業が目指す戦略などの条件によって，国際人的資源管理にもそれぞれ適している状況が存在しうるのである．

だが，EPRG を代表する国際人的資源管理が，それぞれどのような条件の時に望ましいのかについてはいまだに十分な検討はされていない．いまだに十分に検討をされていない中で，日本企業の国際人的資源管理は「世界志向から程遠い本国志向」というラベリングのもとに古くから批判をされてきたのである．日本企業の国際人的資源管理への批判は，その問題点を指摘したという意味では妥当であっただろう．しかし，日本企業が本国志向を捨て，世界志向的な国際人的資源管理に近づくことがパフォーマンスを上げるかについては，確固たる根拠を持ったものではなかったことは留意しておく必要

がある．

1-5-4 日本企業批判の問題点

　以上，欧米企業では本国志向型の国際人的資源管理のポジティブな面が評価され，また，本国志向型の国際人的資源管理とパフォーマンスとの間に明確な関係は明らかにされていなかった．つまり，日本企業の国際人的資源管理への批判は，日本企業の一面しか見ていないもので，かつパフォーマンス面での根拠に乏しいものだったのである．では，日本企業批判を行ってきた研究にどうしてこのような問題が生まれてしまったのか．この点について，最後に検討したい．

　まず，調査における回答者・調査者のバイアスの問題がある．Trevor（1983），Heise（1989），Fucini & Fucini（1990），Kopp（1994b）は，現地従業員と同じ国籍の調査者が現地従業員への調査をベースに日本企業の問題点を指摘している．これらから導き出された問題点は，日本人の研究者である林が「現地人管理者のコメント（視点）」として紹介していたものと酷似している（林，1985, p.126；吉原・林・安室，1988, p.184）．本国志向型の国際人的資源管理を行っている以上，現地従業員に不満がたまりやすいのは自明である．特に初期に議論が展開されたのは欧米の先進国の海外子会社であり，経済レベルや従業員の教育レベルも高く，現地従業員の反発が大きいことも予想される．本来であれば本国従業員への調査も行い，両者の主張をもとに研究を行うべきであったが，調査者自身の国籍の問題もあり，両者のバランスをとることが難しかったと思われる．その結果，現地従業員の主張を強調しすぎた可能性があるといえよう．

　2つ目は国際比較の視点の欠如である．もともと各国企業の国際人的資源管理の国際比較から日本企業の特異性が指摘されたが，日本企業の国際人的資源管理の問題点を，他の国の国際人的資源管理の問題点と比較した上で吟味する研究は少なかった．欧米企業には欧米企業の問題があり，そうした問題を踏まえた上で日本企業の国際人的資源管理の強み・弱みを吟味するような視点が不足していたのである．近年では，白木（2006）が欧米企業と日本企業の比較を行っているが，そこでは欧米企業は日本企業が目指すべき内部労働市場を持つ企業として紹介されて，必ずしも日米欧企業の問題点を相互

に比較するものではなかった．そうした視点の不足が，日本企業の問題点を強調しすぎた一因と考えられる．

3つ目は日本企業のパフォーマンスの低下の影響である．1990年以降，日本企業の海外展開が活発化する一方，そのパフォーマンスが低下し，その一因として日本企業の国際人的資源管理の問題点が強調されてきた（Kopp, 1994b；吉原, 1996）．こうした日本企業のパフォーマンスの低下を受け，日本企業の国際人的資源管理への批判も強調されすぎたと考えられる．企業の業績からそのマネジメントの巧拙を決めてしまう「ハロー効果」（Rosenzweig, 2007）が働いた可能性があるといえよう．

以上，日本企業批判がどうして問題を抱えているのか，その原因を検討してきた．今後の研究はこれらの問題点を克服した形で進められるべきであろう．

1-6　結論

本稿では日本企業の国際人的資源管理について，海外派遣者の活用を扱った既存研究を中心にレビューを進めてきた．レビューの結果，多くの比較研究によって日本企業の国際人的資源管理には「本国人海外派遣者が多い」という特異性があることが確認され，やがて「TCNが少ない」「受入派遣者が少ない」といった特異性にも注目が集まるようになったことが明らかになった．そしてこうした日本企業の特異性は，「本国志向」であると考えられ，初めは現地従業員へのモラールや現地市場の適応への問題，近年になってグローバル全体での学習に問題をもたらすと批判されるようになってきた．

しかし一方で，こうした批判は日本企業の国際人的資源管理の一面しか見ていないものだった．欧米企業を扱った研究では，むしろ本国人海外派遣者を減らすことの問題点，増やすことの必要性が強調されていた．また，本国志向型の国際人的資源管理に問題点が存在することが事実でも，世界志向に移行することが，常にパフォーマンスの向上につながることは証明されていない．

すなわち，日本企業への国際人的資源管理批判とは，国際人的資源管理の国際比較を端緒に，そこで明らかになった日本企業の特異性が持つ問題点を

議論する形で生まれてきたものにすぎないのである．そのため，欧米企業と比較した時，もしくは「理想的な国際人的資源管理」を明確にした時に日本企業の国際人的資源管理が批判されるべきかについては，いまだ十分には検討されていない．この点は，日本企業の国際人的資源管理の問題点を指摘してきた研究の限界であり，今後の研究課題である．

では，今後研究を行う上でどのような点を考慮すべきか．既存研究の問題点を踏まえれば，比較の視点を持って分析を行う必要がある．たとえば1つの日本企業内における本国従業員と海外子会社従業員といった多様なプレイヤーの主張の比較を行えば，日本・現地の2つの立場から，自社の国際人的資源管理に対するポジティブな評価とネガティブな評価を収集することができる．本国従業員からのネガティブな評価，現地従業員からのポジティブな評価などはこれまで注目されておらず，それらを明らかにすることに価値があるといえるだろう[16]．

もしくは日本企業・米国企業・欧米企業といった，様々な背景を持った企業間の国際人的資源管理の再度の比較が必要であろう．特に，欧米企業がどの点において本国人材を重視しているのかを明確にする必要がある．そうした分析によって，日本企業の国際人的資源管理の特異性を改めて明らかにし，その問題だけでなく，一方で存在しうる合理性を明らかにできるだろう．

そうした問題点や合理性を明確にできれば，日本企業の国際人的資源管理が適合する条件を考えられる．世界志向型が常に最適であるという従来の前提から離れ，どのような条件下では日本企業の国際人的資源管理が持つ合理性が問題点を上回るのか，逆にどのような条件下では他国企業で見られるような国際人的資源管理が望ましいのかを明らかにできるのである．本国志向型を脱すべき条件を明らかにした上で，どのようにして本国志向型を脱すべきかを議論することが望ましいだろう．

本稿は既存研究のレビューを通じ，当分野の現状の到達点を明らかにし，新たな理論をつくり上げるためのベースをつくることが目的であった．本稿

---

[16] たとえば，石田（1985）の日産自動車のケースでは，日本企業の海外子会社での経営システムについて，現地従業員と日本人マネジャーの双方の意見を掲載しており，バランスのとれた記述が見られる（p.79）．

の議論が，今後の研究に1つの示唆を与えることができれば幸いである．

謝辞

　本稿は組織学会の組織論レビュープロジェクトにおいて作成されたものです．2013年度年次大会では，コメンテーターを引き受けていただいた神戸大学名誉教授吉原英樹先生をはじめ，多くの先生方から貴重なコメントをいただきました．ここで厚く御礼申し上げます．頂いたコメントのすべてを本稿に反映できなかったことは，筆者の不徳の致すところです．また，プロジェクトのまとめ役として有益なアドバイスを下さった東京大学高橋伸夫先生をはじめ，本稿の作成をサポートしてくださった皆様にも，重ねて御礼申し上げます．なお，本研究の一部は，平成23年～24年度科学研究費補助金・研究活動スタート支援（研究課題番号：23830105）の助成によっております．

【参考文献】

Abegglen, J. G. (1958). *The Japanese factory: Aspects of its social organization*. Glencoe, Ill.: Free Press.

Abo, T. (Ed.). (1994). *Hybrid factory: The Japanese production system in the United States*. New York: Oxford University Press.

Banai, M., & Sama, L. M. (2000). Ethical dilemma in MNCs' international staffing policies a conceptual framework. *Journal of Business Ethics, 25*, 221-235.

Bartlett C. A., & Ghoshal, S. (1989). *Managing across borders: The transnational solution*. Boston, Mass.: Harvard Business School Press.

Bartlett, C. A., & Yoshihara, H. (1988). New challenges for Japanese multinationals: Is organizational adaptation their Achilles heel? *Human Resource Management, 27* (1), 19-43.

Beamish, P. W., & Inkpen, A. (1998). The decline of the Japanese expatriate. *Journal of World Business, 33*, 35-50.

Black, J. S., Gregersen, H. B., Mendenhall, M. E., & Stroh, L. K. (1999). *Globalizing people through international assignments*. Mass.: Addison-Wesley.

Cassiday, P. A. (2005). Expatriate leadership: An organizational resource for collaboration. *International Journal of Intercultural Relations, 29* (4), 391-408.

Collings, D. G., McDonnell, A., Gunnigle, P., & Lavelle, J. (2010). Swimming against the tide: Outward staffing flows from multinational subsidiaries. *Human Resource Management, 49* (4), 575-598.

Cool, K. O., & Lengnick-Hall, C. A. (1985). Second thoughts on the transferability of the Japanese management style. *Organization Studies, 6* (1), 1-22.

Delios, A., & Bjorkman, I. (2000). Expatriate staffing in foreign subsidiaries of Japanese multinational corporations in the PRC and the United States. *International Journal of Human Resource Management, 11* (2), 278-293.

Doz, Y., Santos, J., & Williamson, P. (2001). *From global to metanational*. Boston: Harvard Business School Press.

Edstrom, A., & Galbraith, J. R. (1977). Transfer of managers as a coordination and control strategy in multinational organizations. *Administrative Science Quarterly, 22* (2), 248-263.

Fang, Y. L., Jiang, G. L. F., Makino, S., & Beamish, P. W. (2010). Multinational firm knowledge, use of expatriates, and foreign subsidiary performance. *Journal of Management Studies, 47* (1), 27-54.

Fayol-Song, L. (2011). Reasons behind management localization in MNCs in China. *Asia Pacific Business Review, 17* (4), 455-471.

Franko, L. G. (1973). Who manages multinational enterprise? *Columbia Journal of World Business, 8*, Summer, 30-42.

Fucini, J. J., & Fucini, S. (1990). *Working for the Japanese: Inside Mazda's American auto plant*. New York: Free Press.

Gong, Y. P. (2003). Subsidiary staffing in multinational enterprises: Agency, resources, and performance. *Academy of Management Journal, 46* (6), 728-739.

Gupta, A. K., & Govindarajan, V. (2000). Knowledge flows within multinational corporations. *Strategic Management Journal, 21* (4), 473-496.

Harvey, M. G. (1983). The multinational corporation's expatriate problem: An application of Murphy's law. *Business Horizons, 26* (1), 71-78.

Harvey, M. G., Novicevic, M. M., & Speier, C. (1999). Inpatriate managers: How to increase the probability of success. *Human Resource Management Review, 9* (1), 51-81.

Harzing, A. W. K. (1995). The persistent myth of high expatriate failure rates. *The International Journal of Human Resource Management, 6*, 457-475.

Harzing, A. W. K. (1999a). *Managing the multinationals: An international study of control mechanisms*. Northampton, MA.: E. Elgar.

Harzing, A. W. K. (1999b). MNE staffing policies for the managing director position in foreign subsidiaries: The results of an innovative research method. In C. Brewster & H. Harris (Eds.), *International HRM: Contemporary issues in Europe:* (pp.67-88). London: Routledge.

Harzing, A. W. K. (2001). Who's in charge? An empirical study of executive staffing practices in foreign subsidiaries. *Human Resource Management, 40* (2), 139-158.

林吉郎 (1985).『異文化インターフェイス管理』有斐閣.

Hebert, L., Very, P., & Beamish, P. W. (2005). Expatriation as a bridge over troubled water: A knowledge-based perspective applied to cross-border acquisitions. *Organization Studies, 26* (10), 1455-1476.

Heenan, D. A., & Perlmutter, H. V. (1979). *Multinational organization development*. Mass.: Addison-Wesley.

Heise, H. J. (1989). How Japanese work out as bosses in Germany. In K. Shibagaki, M. Trevor & T. Abo (Eds.), *Japanese and European Management* (pp. 214-223). Tokyo: University of Tokyo Press.

Hymer, S. H. (1976). *The international operations of national firms: A study of direct foreign investment*. Cambridge, Mass.: MIT Press.

市村真一編著 (1980).『日本企業インアジア:ビジネスマンの見た東南アジア』東洋経済新報社.

市村真一編著 (1988).『アジアに根づく日本的経営』東洋経済新報社.
稲村雄大 (2007).「経営現地化と海外現地法人の生存率―日本企業の中国現地法人におけるトップマネジメント国籍の選択―」『組織科学』41 (2), 82-94.
石田英夫 (1985).『日本企業の国際人事管理』日本労働協会.
Isobe, T., & Montgomery, D. B. (1998). Strategic roles and performance of Japanese subsidiaries. *Graduate school of business Stanford University Research Paper No.1507.*
Johnson, R. T. (1977). Success and failure of Japanese subsidiaries in America. *Columbia Journal of World Business, 12* (1), 30-37.
Jones, G. (2005). *Multinationals and global capitalism: From the nineteenth to the twenty-first century.* New York: Oxford University Press.
Kobayashi, N. (1982). The present and future of Japanese multinational enterprises: A comparative analysis of Japanese and U.S.-European multinational management. *International Studies of Management & Organization, 12* (1), 38-58.
Kobrin, S. J. (1988). Expatriate reduction and strategic control in American multinational-corporations. *Human Resource Management, 27* (1), 63-75.
小池和男 (2008).『海外日本企業の人材形成』東洋経済新報社.
Konopaske, R., & Werner, S. (2005). US managers' willingness to accept a global assignment: Do expatriate benefits and assignment length make a difference? *International Journal of Human Resource Management, 16* (7), 1159-1175.
Kopp, R. (1994a). International human resource policies and practices in Japanese, European, and United States multinationals. *Human Resource Management, 33* (4), 581-599.
Kopp, R. (1994b). *The rice-paper ceiling: Breaking through Japanese corporate culture.* Berkeley, Calif.: Stone Bridge Press.
Kuhlmann, T., & Hutchings, K. (2010). Expatriate assignments vs localization of management in China staffing choices of Australian and German companies. *Career Development International, 15* (1), 20-38.
Lam, A. (2003). Organizational learning in multinationals: R&D networks of Japanese and US MNEs in the UK. *Journal of Management Studies, 40* (3), 673-703.
Law, K. S., Wong, C. S., & Wang, K. D. (2004). An empirical test of the model on managing the localization of human resources in the People's Republic of China. *International Journal of Human Resource Management, 15* (4), 635-648.
Legewie, J. (2002). Control and co-ordination of Japanese subsidiaries in China: Problems of an expatriate-based management system. *International Journal of Human Resource Management, 13* (6), 901-919.
Mayrhofer, W., & Brewster, C. (1996). In praise of ethnocentricity: Expatriate policies in European multinationals. *The International Executive, 38* (6), 749-778.
Mayrhofer, W., Hartmann, L. C., Michelitsch-Riedl, G., & Kollinger, I. (2004). Flexpatriate assignments: A neglected issue in global staffing. *International Journal of Human Resource Management, 15* (8), 1371-1389.
Mayrhofer, W., & Scullion, H. (2002). Female expatriates in international business: Empirical evidence from the German clothing industry. *International Journal of Human Resource Management, 13* (5), 815-836.
Negandhi, A. R., & Baliga, B. R. (1979). *Quest for survival and growth: A comparative*

study of American, European, and Japanese multinationals. New York: Praeger.
Negandhi, A. R., Eshghi, G. S., & Yuen, E. C. (1985). The management-practices of Japanese subsidiaries overseas. *California Management Review, 27* (4), 93-105.
Novicevic, M. M., & Harvey, M. G. (2001). The emergence of the pluralism construct and the inpatriation process. *International Journal of Human Resource Management, 12* (3), 333-356.
Ouchi, W. G. (1981). *Theory Z: How American business can meet the Japanese challenge,* Mass.: Addison-Wesley.
Perlmutter, H. V. (1969). Tortuous evolution of multinational corporation. *Columbia Journal of World Business, 4* (1), 9-18.
Peterson, R. B. (2003). The use of expatriates and inpatriates in central and Eastern Europe since the wall came down. *Journal of World Business, 38* (1), 55-69.
Peterson, R. B., Napier, N. K., & Shul-Shim, W. (2000). Expatriate management: Comparison of MNCs across four parent countries. *Thunderbird International Business Review, 42* (2), 145-166.
Putti, J. M., & Chong, T. (1985). American and Japanese management practices in their Singapore subsidiaries. *Asia Pacific Journal of Management, 2* (2), 106-114.
Reich, R. B. (1991). Who is them? *Harvard Business Review, 69* (2), 77-88.
Reiche, B. S. (2006). The inpatriate experience in multinational corporations: An exploratory case study in Germany. *International Journal of Human Resource Management, 17* (9), 1572-1590.
Rosenzweig, P. M. (1994a). The new "American challenge": Foreign multinationals in the United States. *California Management Review, 36* (3), 107-123.
Rosenzweig, P. M. (1994b). Management practices in U.S. affiliates of foreign-owned firms: Are "they" just like "us"? *The International Executive, 36* (4), 393-410.
Rosenzweig, P. M. (2007). *The halo effect: And the eight other business delusions that deceive managers.* New York: Free Press.
Rosenzweig, P. M., & Nohria, N. (1994). Influences on human-resource management-practices in multinational-corporations. *Journal of International Business Studies, 25* (2), 229-251.
Scullion, H., & Brewster, C. (2001). The management of expatriates: Messages from Europe? *Journal of World Business, 36* (4), 346-365.
Selmer, J. (2004). Expatriates' hesitation and the localization of western business operations in China. *International Journal of Human Resource Management, 15* (6), 1094-1107.
白木三秀 (1995).『日本企業の国際人的資源管理』日本労働研究機構．
白木三秀 (2006).『国際人的資源管理の比較分析：「多国籍内部労働市場」の視点から』有斐閣．
Starr, T. L. (2009). Repatriation and short-term assignments: An exploration into expectations, change and dilemmas. *International Journal of Human Resource Management, 19* (8), 1397-1415.
高橋浩夫 (2005).『グローバル企業のトップマネジメント：本社の戦略的要件とグローバルリーダーの育成』白桃書房．
高橋伸夫 (1997).『日本企業の意思決定原理』東京大学出版会．
Tarique, I., & Schuler, R. (2008). Emerging issues and challenges in global staffing: A

North American perspective. *International Journal of Human Resource Management, 19* (8), 1397-1415.
Trevor, M. (1983). *Japan's reluctant multinationals: Japanese management at home and abroad.* New York: St. Martin's Press.
Tung, R. L. (1982). Selection and training procedures of U. S., European, and Japanese multinationals. *California Management Review, 25* (1), 57-71.
Tung, R. L. (1987). Expatriate assignments: Enhancing success and minimizing failure. *Academy of Management Executive, 1* (2), 117-126.
Tungli, Z., & Peiperl, M. (2009). Expatriate practices in German, Japanese, UK, and US multinational companies: A comparative survey of changes. *Human Resource Management, 48* (1), 153-171.
Vernon, R. (1966). International investment and international trade in product cycle. *Quarterly Journal of Economics, 80* (2), 190-207.
Welch, D. E., Welch, L. S., & Worm, V. (2007). The international business traveller: A neglected but strategic human resource. *International Journal of Human Resource Management, 18* (2), 173-183.
Wong, M. M. L. (1997). Human resource policies in two Japanese retail stores in Hong Kong. *International Journal of Manpower, 18* (3), 281-295.
Wong, M. M. L. (2005). Organizational learning via expatriate managers: Collective myopia as blocking mechanism. *Organization Studies, 26* (3), 325-350.
Yoshihara, H. (1989). The bright and dark sides of Japanese management. In K. Shibagaki, M. Trevor, & T. Abo (Eds.), *Japanese and European management* (pp. 18-30). Tokyo: University of Tokyo Press.
吉原英樹 (1974).「在タイ日系企業の人事・労務管理」『国民経済雑誌』*130* (6), 37-53.
吉原英樹 (1989).「海外子会社の自主経営と現地人パワー」『組織科学』*23* (2), 10-18.
吉原英樹 (1996).『未熟な国際経営』白桃書房.
吉原英樹・林吉郎・安室憲一 (1988).『日本企業のグローバル経営』東洋経済新報社.
Zeira, Y. (1979). Ethnocentrism in host-country organizations. *Business Horizons, 22* (3), 66-75.
Zeira, Y., & Harari, E. (1977a). Genuine multinational staffing policy: Expectations and realities. *Academy of Management Journal, 20* (2), 327-333.
Zeira, Y., & Harari, E. (1977b). Structural sources of personnel problems in multinational-corporations: Third-country nationals. *Omega-International Journal of Management Science, 5* (2), 161-172.
Zeira, Y., & Harari, E. (1979). Host-country organizations and expatriate managers in Europe. *California Management Review, 21* (3), 40-50.
Zeira, Y., Harari, E., & Nundi, D. I. (1975). Some structural and cultural factors in ethnocentric multinational corporations and employee morale. *Journal of Management Studies, 12,* 66-82.

1 Comment：
国際人的資源管理論の全体像と課題

吉原 英樹

1．すぐれたサーベイ論文

この論文はすぐれたサーベイ論文である．このように評価するのは，以下の理由のためである．

第1に，文献を網羅的にサーベイしている．末尾の文献リストに，91の文献があげられており，その内訳は日本語文献13，英語文献78（日本語訳のあるものはそれを表示してほしかった）である．この論文は，当該研究分野の多くの文献をとりあげ，重要な文献についてはテーマ，発見事実，研究の方法などを相当くわしく紹介・論評しており，サーベイ論文として本来あるべきものになっている．

第2に，サーベイのテーマ設定が明確であり，焦点が絞られている．日本企業の国際人的資源管理（海外派遣者の活用など）の特異性，およびそれの批判に焦点をあてている．

著者がサーベイで明らかにした日本企業の国際人的資源管理の特徴は，海外派遣者が多い，第3国国籍人材（third country national：TCN）が少ない，受け入れ派遣者（日本親会社が海外子会社からの派遣人材を受け入れる）が少ない，の3つである．特に，海外派遣者の多いことがどの文献でも指摘されており，そしてそれが批判されている．これらの論点・発見事実は，1970年代の研究から現在の研究まで変わることなく見られる．

第3に，国際比較の視点が良い．著者は，欧米企業の国際人的資源管理の研究と比較することによって，日本企業の国際人的資源管理の特異性および問題点について新しい視点を提示している．

「米国企業の国際人的資源管理の問題：減らしすぎた海外派遣者」という小見出しのもとで，日本企業の多すぎる海外派遣者の問題点を指摘する研究（日本人研究者によるものが中心）に対して，米国企業の国際人的資源管理を取り上げた研究（米国人研究者による研究）では早すぎる人材の現地化に警鐘が鳴らされていたことが明らかにされている．日本企業と米国企業とで

正反対の議論が行われていたのである．なお，欧州企業に関しても，海外派遣者の必要性を正当化する議論があったことが明らかにされている．著者は国際比較の視点から，次のようにいう．「……，日本企業の国際人的資源管理の問題点を，他の国の国際人的資源管理の問題点と比較した上で吟味する研究は少なかった．欧米企業には欧米企業の問題があり，そうした問題を踏まえたうえで日本企業の国際人的資源管理の強み・弱みを吟味するような視点が不足していたのである」．この指摘は，本論文の1つの重要な貢献といって良いだろう．

2. 気づいたことと要望

第1に，サーベイ対象の文献の評価がほしい．高く評価できる研究については，どの点がすぐれているか，新たな発見事実は何か，研究方法の点での貢献は何かなどを指摘してほしい．逆に，評価できない文献については，研究の不十分なところ，問題点などを明らかにしてほしい．

日本人研究者による日本企業の国際人的資源管理の研究は，1970年代から現在に至るまで，研究のテーマ，研究の方法，研究からの発見事実，その発見事実についての批判的な主張など，良く似た研究が続いて行われている．このことについて，著者の説明ないし論評を期待したい．

第2に，海外派遣者のテーマを国際経営の広い文脈の中で議論してほしい．海外子会社（合弁をふくむ）にもいろいろのタイプのものがあり，そのタイプに応じて海外派遣者の人数の多寡，海外子会社で占めるポストあるいは職能（社長，生産，財務など）に違いがある．たとえば，次のような変数に関連づけて海外派遣者を対象にした既存研究をサーベイすることは必要・有用ではないだろうか．

1. 出資比率（完全所有子会社・過半数所有合弁・半数所有合弁・少数所有合弁の区別）
2. 海外子会社の立地（先進国か，新興国か）
3. 海外子会社の業態（生産会社か，販売会社か）
4. 親会社の業態（製造企業か，非製造企業か）
5. 海外子会社の設立（新設か，既存企業の買収か）

6. 海外子会社の歴史（古い企業か，新しい企業か）
7. 言語
8. 戦略（現地市場志向か，輸出用生産拠点か）

　これまでの研究によると，たとえば，輸出用生産拠点の海外子会社は完全所有子会社であることが多いが，そこでは，日本親会社は社長ほか多くの重要ポストに日本人を派遣する．これと対照的なのは，現地市場志向の合弁（半数所有あるいは少数所有のものがある）形態の海外子会社であり，そこでは日本人派遣社員の人数は少なく，重要なポストを占めることも少ない．
　海外子会社の設立方法の違いも，派遣社員の人数とポストに影響をおよぼす．グリーンフィールド投資による新設の海外子会社では日本人派遣社員による経営が行われることが多いのに対して，既存企業の買収によって設立された海外子会社では現地人中心の経営が行われる傾向にある．
　親会社の業種も，海外派遣社員の人数とポストに影響をおよぼす．一番顕著な例は，総合商社である．総合商社は100から200ほどの海外拠点（支店と現地法人）を持っているが，ごく少数の海外拠点をのぞいて支店長あるいは社長はすべて日本人である．また，海外拠点当たりの日本人は全従業員の2割近い．この日本人比率は，製造企業と非製造企業（総合商社をのぞく）のそれの3倍から10倍である（吉原・星野, 2003）．
　わたくしたちの外資系企業の研究では，本国親会社が製造企業の場合，日本子会社は現地人（日本人）による経営になるのに対して，金融企業の場合には日本子会社は本国親会社から派遣の外国人による経営になるとの相違がみられた（吉原, 1994）．
　海外子会社のタイプによって，派遣社員の人数や占めるポストに差があることを考慮せずに議論すると，上記で例示的に示したような論点が隠れてしまうおそれがある．
　なお，著者のこのサーベイ論文で上記のような視点からの検討が少ないのは，著者が国際人的資源管理のテーマを正面に出した文献をサーベイの対象にしたためであると思われる．所有政策，戦略，投資形態，歴史，外資系企業など，国際経営の様々なテーマを取り上げた研究の中で国際人的資源管理のテーマが部分的に取り上げられている場合，それらの文献はサーベイの対

象から除かれている．これは，仕方のないことといえるかもしれない．

最後に，本サーベイ論文を読んで刺激をうけたので，今後の研究の方向や課題について述べてみたい．

国際人的資源管理を経営資源の国際移転の文脈の中で研究する．海外直接投資は，経営資源の国際移転である．経営資源の中で中心的なものは，情報的経営資源あるいは見えざる資産である．その重要な特徴は粘着性である．粘着性の高い情報的経営資源の国際移転に関連づけての研究が必要であると思われる．そのような研究によって，国際人的資源管理の研究が理論的な性格を持つようになるのではないだろうか．

次に，研究の方法では，事例研究の必要性を指摘したい．これまでの研究では，米国マツダ工場の調査を除いて，インタビュー調査やアンケート調査などで得られたデータを分析する研究が中心だった．特定の企業（親会社あるいは海外子会社）についての詳細な，長期にわたるケーススタディはこれまでほとんどなかった．わたくしは，富士ゼロックスのケーススタディの中で国際人的資源管理を取り上げているが，中心のテーマではなかった．また，親会社は日本企業ではなかった（吉原，1992）．ケーススタディによって，国際人的資源管理の実態の解明が進むと期待できる．

3. 結論

著者は論文の最後でいう．「本稿は既存研究のレビューを通じ，当分野の現状の到達点を明らかにし，新たな理論をつくり上げるためのベースをつくることが目的であった」．著者のこの目的は相当程度まで達成されているといって良いだろう．今後，日本企業の国際人的資源管理のテーマで研究するとき，この論文は必読文献になるだろう．当該分野の内外研究者の重要な文献，研究の全体像，研究の到達点と残された課題などを，この論文によって知ることができるからである．

【参考文献】［大木論文に書誌情報のあるものは除く］
　吉原英樹（1992）．『富士ゼロックスの奇跡』東洋経済新報社．
　吉原英樹編著（1994）．『外資系企業』同文舘出版．
　吉原英樹・星野裕志（2003）．「総合商社―日本人が日本語で経営―」『国民経済雑誌』
　　187（3），2003年3月，pp.19-34．

2 海外派遣帰任者のキャリア・マネジメント

帰国者一般の議論から企業や組織での
マネジメントの議論まで

内藤 陽子

2-1 はじめに

　多国籍企業など世界的な規模で活動する企業をはじめ，多くの企業はグローバル化を進展させ，従業員を海外に派遣している．海外派遣は企業のグローバル展開のためだけでなく，価値ある国際スキルの創出，企業の長期的な運営といった利益の源泉となる貴重な機会を生み出している（Bolino, 2007；Harvey & Novicevic, 2006）．それを担う海外派遣者は現地でトップ・エグゼクティブ，役員，事業部長等のポジションを経験し，事業展開，技術移転，ジョイント・ベンチャーの立ち上げ，組織文化の伝達，新市場の開拓，国際交渉，トラブル対応，会社間のコンタクト等多くの役割を遂行することで（e.g., Mesmer-Magnus & Viswesvaran, 2008），グローバルに活躍する人材としての資質を体得するようになる．つまり海外派遣は，国内だけでは得ることのできない利益の源泉となる機会を企業にもたらすとともに，人材を育成するための貴重な機会をも提供する．

　視点を換えてみると，世界的な規模で活動する企業は物質面，技術面，人材面を問わず様々な異質な出来事に日々直面するが，そうした事業上の課題への対処には，多様な経験を持つ海外派遣者等の人材が果たす役割は大きい．すなわち，企業や組織のグローバル戦略を成功裏に実行するには，グローバルに活躍できる人材を確保することが重要課題となっている．それとともに，そうした人材となる海外派遣者・帰任者の活用，キャリア開発等の人事施策に対しても，その適切な変革が必要だといわれる（Harvey & Novicevic, 2006).

　以上を背景として，本稿では海外派遣からの帰任者を対象とし，それをキーワードとした場合にいかなる研究が行われているかについてレビューを行う．企業や組織は人材を海外に派遣した後に，ほとんどの派遣者を本国に帰国させている．そうした海外派遣を経験して帰任した人材を海外派遣帰任者（あるいは帰任者）と呼ぶ．

2-1-1　海外派遣帰任者の特徴

　海外派遣帰任者は，本国での専門的な仕事知識（経験）に加え国際的知識をも持ち合わせている点で，企業にとって重要な人材となる．数日から数カ月といった短期の「海外出張」と比べ長期に海外に滞在する「派遣」の場合，派遣者は日々現地の文化に接触し，そこでの多様な事柄を相当程度習得する．たとえば海外派遣者は派遣期間中，現地でのビジネス事情やその動向，慣習，生活等に関する多彩な知識を習得する．また，それ以外にも現地において異質な多くの事柄に対処することを迫られ，必然的にそれに対応する知識を習得する．こうして海外派遣者は本国事情に加え現地事情にも精通するようになり，そうした人材は海外に目を向けた企業において重要な役割を担うと期待されている（Adler, 2002；Black, Gregersen, Mendenhall, & Stroh, 1999；Harvey & Novicevic, 2006；定森, 1996）．

2-1-2　海外派遣帰任者に関する議論で用いられる理論や概念

　海外派遣帰任者に関する研究は，主に文化間移動者である「海外からの帰国者一般の議論（社会一般の帰国者の議論）」と，「企業や組織の従業員一般の議論」に依拠して検討されてきた．そこで用いられる理論や概念は，海外からの帰国者一般の議論については「文化的ショック」「文化変容／異文化適応」「期待一致」等であり，それらは海外移動の理由をほとんど限定せず，留学生等も検討対象にふくめ用いられている．企業や組織の従業員一般の議論については「キャリア」「人材育成／活用」「配置」「仕事役割」「知識移転」等であり，それらは国内／海外の区分けをしない従業員等を検討対象として用いられている．つまりこれらの理論や概念を援用し，複合・派生させることで帰任者研究の議論は進展している．そうした帰任者研究の理論的根

拠となっている理論や概念を本稿では紹介する．

以下では，第2節で「海外からの帰国者一般の議論」の展開およびそこで検討された理論や概念に関する先行研究の展開について，第3節では「企業や組織の従業員一般に関する議論」として，帰国者の中でも企業や組織の海外派遣帰任者に関する研究を取り上げ，その先行研究の展開について各々分類・整理を行う．第4節では今後の展望を述べる．

2-2 海外からの帰国者一般に関する研究

海外からの帰国者とは，出張や旅行よりも長く海外に滞在した後に，本国に帰国する人たちをさす．企業や組織での帰国者は「帰任者（repatriate）」と呼ばれ，その特徴の違いから，帰国後の留学生といった「帰国者（returnee）」とは区別されつつある[1]．ここでは異文化への滞在者の適応研究に言及しつつ，社会一般の帰国者に関する研究の展開を追う．

海外からの帰国者に関する研究は，当初は米国で研究が蓄積された．初期の研究としては軍人（Schutz, 1945），研究者（Gama & Pedersen, 1977；Gullahorn & Gullahorn, 1963），留学生（Brislin & Van Buren, 1974；Martin, 1986a, 1986b；Uehara, 1986）等が対象となった．企業に勤務する海外派遣帰任者についての研究は，古くは吉原（1975）や稲村（1980）によるその重要性の指摘や，Murray（1973）による企業の帰任者に焦点を当てた記述がされている．帰国者とは一般にどのような人たちなのかについて，Szkudlarek（2010）は帰国者を対象者別に捉え，「会社から派遣された帰任者」「配偶者／パートナー」「学生」「宣教師」「海外青年協力隊」「子ども（帰国子女等）」「移民後の帰国者」「その他」というタイプにわけ，各々の簡潔な研究レビューを行っている．帰国者全般の共通点は，本国文化での経験を経た後で異文化圏に一定期間滞在し，本国に戻るというサイクルを経ることにある．帰国者全般を扱う研究（Martin & Harrell, 2004；Storti, 2003；Sussman, 1986）では，主に個人が海外に滞在した時に経る異文化適応の研

---

1 海外派遣について，企業内では現地（海外）に赴く者を「海外赴任者」といい，それに対応した形で「帰任者」と呼ぶのが通例であろう．

究（Kim, 1995, 2001；Ward, Bochner, & Furnham, 2001）を援用し，帰国後の本国への再適応について検討している．

異文化圏の滞在を経て自文化圏に戻る過程は，そう容易ではないとしばしば指摘される．Rohrlich & Martin（1991）による米国人大学生の心理面に主眼をおいた適応の研究は，留学時に比べ帰国後の満足度の方が低かったことを示している．企業の海外派遣帰任者については後述（2-3-1）するが，たとえば Adler（1981）では，カナダの企業や政府の帰任者を対象にした調査をもとに，異文化圏に滞在した時に経験する異文化適応よりも帰国後の再適応の方が困難であり，個人の役職など身分とは関係なくそうした困難を経験することを示している．Black et al.（1999）は，トップ・エグゼクティブやライン・マネジャーであっても同様に帰国後の困難さと格闘していること，帰任後の再適応の方が異文化適応よりも困難であることを指摘する．

帰国時にはこうした問題があることに留意した上で，以下では海外からの帰国者一般に関する先行研究の展開を，「カルチャー・ショックと帰国ショック」「異文化適応と再適応」「期待の一致・不一致」「帰国者一般の再適応モデル」の4つに分類・整理して述べることとしよう．

2-2-1 カルチャー・ショックと帰国ショック

慣れ親しんだ本国から海外という異文化圏に移ると，その滞在先（host）で個人がカルチャー・ショックを受けることは広く知られている（e.g., Church, 1982；Furnham, 1988；八代・町・小池・吉田, 2009；渡辺, 2002）．カルチャー・ショックの概念自体は Oberg（1960）によって提唱されたといわれる[2]が，それ以前に Lysgaard（1955）は米国にフルブライト留学生として滞在したノルウェー人をインタビュー調査し，彼らの現地への適応過程（順応の程度）が後述する「U カーブ」になることを描いている．

カルチャー・ショック研究の後の研究によって，海外に滞在した人たちは帰国後の本国（home）において，再度のショックである帰国ショック（逆カルチャー・ショックやリエントリー・ショックとも呼ばれる）を受けると主張されるようになった（e.g., Brabant, Palmer, & Gramling, 1990；Brein

---

2 日本には，星野（1980）がこの概念を最初に取り入れたとされる．

& David, 1971；Gaw, 2000；Martin & Nakayama, 2004；Smith, 2002)[3]．そのショックについては Gullahorn & Gullahorn（1963）が，再度の U カーブを経て W カーブを描くと主張する．Gullahorn & Gullahorn は，異文化適応を調べた後に帰国後の適応課題を指摘した初期の研究者である．自分と他者（相手）とでは各々の条件，特性や状況は異なるにもかかわらず，相手の行動を予測して自分の行いを選択するという相互関係がある．つまり自分と他者との相互行為とは，相手の出方に依存して成り立つという「ダブル・コンティンジェンシー」におかれている．濱嶋・竹内・石川（2005, p.418）によれば，「こうしたダブル・コンティンジェンシーにおかれているにもかかわらず，自他の相互行為が成り立つのは，自他の間に安定的なシンボル体系（文化や価値）が分有され，共有されているからである」．ところが帰国者の場合，そのシンボル体系が自他の間で異なるために構造的不安定な状況（Heider, 1958）が起こり，認知的不協和（Festinger, 1957）が生じると Gullahorn & Gullahorn（1963）は指摘する．

　以上のカルチャー・ショックと帰国ショックの研究について Martin（1984）は，海外への滞在と本国への帰国の過程で経る心理状態の時間的な変化に注目し，Oberg（1960）のカルチャー・ショックの段階説を援用しつつ，それを「適応の過程」（適応曲線モデル）という形で図示した（図 1）．まず，海外に行きそこに適応する過程を表した U カーブモデルは，出国した時点では気分が高揚した状態にあり（honeymoon phase），後にショックを経験して低下した状態になり（culture shock phase），それを経て上向きになり安定した適応状態になる（recovery phase）という過程を示している．次に，海外から帰国し本国に適応する過程を表した W カーブモデルは，帰国後にも U 字曲線を再び経ることを表している．

　その後，Oberg（1960）の示したカルチャー・ショックの概念を発展させる研究が出てきた．P. Adler（1975）はカルチャー・ショックを積極的に捉え，異文化圏での滞在中に受けるストレスやショックは個人が成長する上で重要だと主張する．また，Ward（2001）と Ward et al.（2001）は概念自体

---

[3] 古くは，"homecomer" としてベテランの軍人生活から一般社会に「復帰した」人たちの心の葛藤を記した研究がある（Schutz, 1945）．

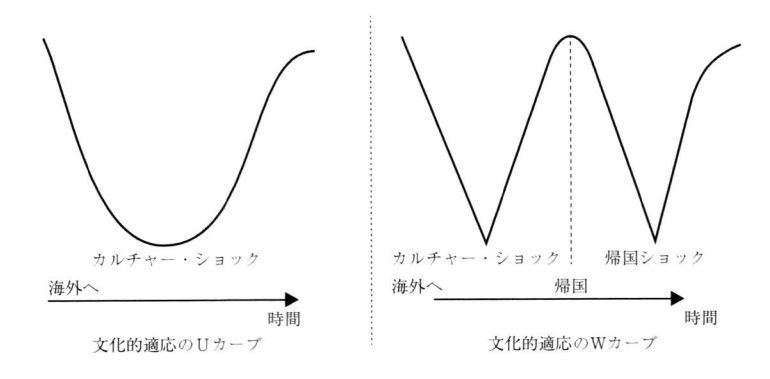

図1 文化間移動における適応の過程

出所：Martin（1984）pp.118-119 に加筆修正

の再定義を行い，「カルチャー・ショックのABCモデル」を提唱した．そこではカルチャー・ショックを，不慣れな文化環境において変化に対応する人々の能動的プロセスと捉え，情緒（affect），行動（behaviour），認知（cognition）という3つの視点から説明している（頭文字をとって「ABC」）．そして，情緒面への対応としてはストレス対処理論をベースとした心理的適応を促す方法が，行動面への対応としては文化習得理論をベースとした社会文化的適応を促す方法が，認知面への対応としては社会的アイデンティティ理論をベースとした文化的アイデンティティとグループ間の知覚を促す方法が，各々提示されている．

　帰国者に関する初期の研究は「カルチャー・ショック」自体を対象としており，適応問題はそれとの関連で指摘されるにすぎなかった．しかしその後，次第に「適応」そのものが注目され，適応とはどういうことなのか，どうしたら適応するのか等が中心課題となった．

2-2-2 異文化適応と再適応

　異文化圏での生活を日々経験することで，その滞在者は個人のアイデンティティ，生活様式，思考，価値観，信念，マナーなど様々な面で変容し適応するのと同様に，帰国時にも変容し再適応することになる（Furnham,

1988；Kim, 1995；Martin, 1984；Sussman, 1986）．帰国者の適応に関する研究は，海外へ滞在した時に経験する異文化適応の観点（e.g., Church, 1982；Furnham, 1988；Kim, 1995, 2001；Ward et al., 2001）を援用しつつ発展してきた．まず，異文化接触についての研究から見ることとしよう．

第1に，文化変容を論じたBerryとその同僚は，主としてRedfield, Linton, & Herskovits（1936）やGraves（1967）による，異文化の人やグループとの接触によって人やグループは心理的行動的な変化が起きるという「文化変容（acculturation）」の観点を発展させた．Berryらは，グループや個人の「文化変容のモード」（適応のタイプ）を，「同化型（Assimilation）」「分離型（Separation）」「境界型（Marginalization）」「統合型（Integration）」の4つに分類する（e.g., Berry, 1990；Sam & Berry, 1995；Berry & Sam, 1997）[4]．「同化型」は，「その人の文化的アイデンティティや特徴」が保たれておらず，「相手文化集団との関係」が保たれている状態だという．「分離型」は前者は保たれているが後者は保たれていない状態，「境界型」は前者も後者も保たれていない状態，「統合型」は逆に両者とも保たれている状態だという．

第2に，1970年代に米国への移民の研究を手がけたKimは後に，移民だけでなく海外に渡った留学生，社会人等の異文化への適応過程の包括モデルに関する研究を出版した（Kim, 1988, 2001）[5]．Kim（2001）は下位文化はやがて主流文化に収斂，同化するといった集団のあり方を表す人種のるつぼ（melting-pot）の見方だけでなく，Berryらが示すような異文化の受容や拒否（文化の選択）といった多元主義をもとにした見方をも採用しない，という．Kimはオープンシステム論をベースとして，下位文化の人々は時間的経過とともに適応的な変化を経験し，そして意図するか否かにかかわらず適応を経験する中で，新しいことを学習し，順応し，それらの内面化が起きることを強調する．その上で，文化変容を「現地の文化の（すべてではないが）いくつかの側面（aspects）を，個人が習得する過程である」と定義し

4　4タイプの和訳は渡辺（2002, pp.53-54）から記載した．これは「Q1：文化的なアイデンティティと特性を保つことは重要と思うか？」「Q2：優勢的な社会（主流社会）との関係を保つことは重要と思うか？」の問いに対する「はい」「いいえ」の二者択一式による質問調査の回答結果をもとに類型化している．
5　初期の移民研究としてはKim（1977）があげられる．

(Kim, 2001, p.31)，個人が異文化圏に適応する過程における内面的な変化を次の3つの面（facets）に類型化した「異文化適応モデル」を提示した．

[文化的適応の3つの面]（Kim, 2001, pp.61-68）
1. 日々の日常的活動に関する「機能的（日常的）適合」
2. 現地環境におけるメンタルや感情等の症状に関する「心理的健康」
3. 育った本国環境から異文化圏に移ることで変化する個人のアイデンティティに関する「異文化アイデンティティ」

さらにKim（2001）は適応論に発達論の視点を取り入れ，異文化環境における個人の経験を「ストレス―適応―成長モデル」で表し，異文化でストレスを受けそれに対処することで現地に適応し，それを繰り返すことで個人は成長すると主張する（図2）．

Kim（2001, 2002）の研究の特徴は，異文化への適応とは人が環境と関わる時に起こる本質的なコミュニケーション過程であることを強調し，異文化でのコミュニケーションが個人の価値観や信念といった内面性にまで作用をおよぼすという視点から，異文化適応を明らかにした点にある．

次に，留学生を対象に研究を行ったMartinは，Martin（1984）において異文化適応と再適応の異同を明確に論じている．すなわち，類似点は両者がともに異なる文化システムに溶け込む過程であり，文化習得と文化再習得の

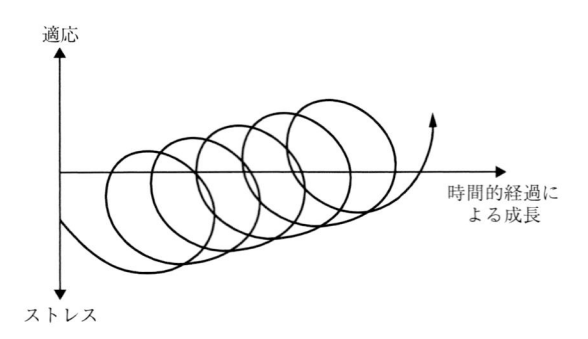

図2 ストレス―適応―成長モデル
(Stress-adaptation-growth dynamics of adaptive transformation)

出所：Kim（1988）p.56

過程であるという．そして，異文化適応と比較しての帰国後の再適応の特徴として，前者と異なり困難さや目新しさへの期待（予測）の程度が違うこと，海外に滞在中の本国文化の時間的な変化を経験すること，そうした変化への気づきの程度には個人差があることをあげている[6]．

　Martin（1984）のように，再適応が異文化適応とは区別されることが次第に鮮明になったのを受け，いかなる要因が再適応に影響を与えるのかという再適応の実証研究が，異文化適応研究と比較して少ないながらも，学生を対象とした研究を中心に活発化し始めた（e.g., Gama & Pedersen, 1977；Martin, 1986a, 1986b；Rohrlich & Martin, 1991；Rogers & Ward, 1993；Uehara, 1986）．その結果，異文化で生活した後の本国への帰国時にも，再度の個人の変化が見られることが明確になりつつある．なお，帰国適応に関してMartin & Harrell（2004）は，Kim（2001）の「異文化適応モデル」を援用して「異文化からの帰国（適応）モデル」を提示した．詳しくは2-2-4で検討する．

2-2-3　期待の一致・不一致

　海外に滞在する際は現地の環境に適応する上で，滞在者が持つ事前の期待（予測）が現実と一致することが重要だとされる（e.g., Black & Gregersen, 1990；Furnham, 1988；Weissman & Furnham, 1987）．実際にそれが決まった時には現地が異なる環境であると想定し，出国前にある程度の準備を行うのが通例であろう．他方，その後の帰国時には単に「元に戻るだけ」と考え，特に問題は生じないと思い込みがちである．しかし，実際の帰国はそう容易ではない．1990年代には，個人（帰任者／帰国者）の持つ「期待」と帰国後の現実との間のギャップを縮め，両者を一致させることが本国への再適応を促進させると明確に主張され始めた（Black, 1992, 1993；Stroh, Gregersen, & Black, 1998）．

　期待にフォーカスして再適応との関係を実証したBlack（1992）とRogers & Ward（1993）は，初期の期待研究と位置づけられる．米国の多国籍企業

6　Martin（1984）とほぼ同時期に，帰国者について論じた研究にSussman（1986）がある．Sussman（1986）は，帰国者を帰国した学生と会社の帰任者（business returnee）の2つのグループにわけ，帰国者にトレーニングすることの重要性を主張する．

に勤務する帰任者を対象に調査を行ったBlack（1992）は，期待と現実が一致（met）する場合に，帰任者の再適応や仕事の成果のレベルが高くなることを示した．ニュージーランドの帰国学生（高校生）を対象に調査を行ったRogers & Ward（1993）は，期待よりも実際の経験（現実）の方がより困難となる傾向があり，この両者の矛盾が大きい場合，心理的適応の問題が増加する傾向にあることを示した．さらにこの2つの研究では，帰国後の実際の経験が期待していたよりも「良かった（overmet）」か「悪かった（under-met）」かによって，再適応に与える影響が異なるとも主張されている．それが「良かった」場合には再適応が良好となり，「悪かった」場合には良好ではない傾向があるという．こうした期待と現実の一致について，各国企業の海外派遣帰任者を対象とした実証研究は，日本（Black, 1993；内藤, 2011），インド（Kulkarni, Lengnick-Hall, & Valk, 2010），米国（Black, 1992），スペイン（Vidal, Valle, & Argon, 2007a, 2008）等で行われ，期待の一致が再適応を促進させる重要な要因であることが示されている．また，この期待の一致要因は情報であると主張されるが（e.g., Black, Gregersen, & Mendenhall, 1992b），その実証研究（e.g., Cox, 2004）では，これまで有意な結果が得られなかった．これに対し，内藤（2011）は帰任者に関わる仕事情報を上司とのやりとりによって入手することが期待を一致させ，かつ再適応を効果的に促すことを示している．

2-2-4　帰国者一般の再適応モデル

　Martin & Harrell（2004）は，海外からの帰国者を留学後の学生と派遣後の従業員（会社員）にわけて検討しつつも，それらを包括する再適応モデルとして「帰国のシステム理論」を示した[7]．まず，前述のKim（2001）の「異文化適応モデル」（「機能的適合」「心理的健康」「異文化アイデンティティ」）を援用し，それに「現実的な期待」（「期待モデル」）を加えた再適応の4つの構成要素を提示した（表1）．上記のように，帰国後の再適応におよぼす「期待」の影響の大きさが明確化してきたのを踏まえてのことであろ

---

[7] これ以前のモデルはMartin & Harrell（1996）である．これ以外には帰国者を全般的に扱ったやや逸話的な記述としてStorti（2003）がある．それは異文化適応に関する研究（Storti, 1989）の後に出版された．

表1　帰国のシステム理論

滞在者の特性（要因）	滞在先（host）環境の特性（要因）	本国（home）環境の特性（要因）	帰国時のコミュニケーション（要因）	再適応の4つの構成要素（Re-adaptation Outcomes）
［滞在者の背景］ ・国籍 ・年齢 ・性別 ・宗教 ・民族 ・社会経済的地位 ［個性的属性］ ・開放性 ・個性の強さ ・前向きさ ［変化への準備］ ・トレーニング ・過去の経験 ・移動への自発性	［社会の受容性］ ［現地と本国の文化的相違］ ［本国の人とのコンタクトの量］	［関係的（身近な）サポートの量］	［家族，友人，同僚とのコミュニケーション］	「心理的健康」 「期待モデル」 「文化的アイデンティティ」[8] 「機能的適合-文化習得」[9]

出所：Martin & Harrell（2004）pp.312-316に加筆修正

う．次に，再適応に影響を与える要因として，「滞在者の特性」「滞在先環境の特性」「本国環境の特性」の3要因と，それら3要因に影響を与える「帰国時のコミュニケーション」要因の計4要因をあげた（表1）．

ただし，前者の再適応の4つの構成要素についてはKim（2001）に依拠した解説をしているが，後者の再適応に影響を与える4要因の説明は特になされていない．このMartin & Harrell（2004）のモデルについては，次節の「海外派遣帰任者の再適応モデル」（2-3-2）との関連で2-3-5において比較検討したい．

以上では，海外に渡る理由をあまり問わない帰国者一般についての議論の展開を見てきた．次節では，企業や組織の海外派遣帰任者に焦点を当てる．

8　この文化的アイデンティティに関してSussman（2000）は，「本国（home）に弱い結びつき（subtractive）」「現地（host）に強い結びつき（addictive）」「世界的視野での統合型（intercultural）」「本国に強い結びつき（affirmative）」の4つにタイプわけをしている．Sussmanは，米国での帰任者（44人）への質問紙調査の結果，「世界的視野での統合型」と「本国に強い結びつき」の文化的アイデンティティを持つ帰任者の再適応が良好であることを示している．

9　Martin & Harrell（2004）の本文中には「Culture Learning Theory」とあるが，表には「Functional fitness」と記載されている．また，このベースとなる「文化習得理論」はFurnham & Bochner（1986）やWard et al.（2001）に依拠している．

2-3 企業や組織の海外派遣帰任者に関する研究

　企業や組織による海外派遣は単に海外へ人を送るにとどまらず，①人材の配置，②マネジャーの育成，③組織開発を行うことにその目的がある，との考え方が提示されている（Edstrom & Galbraith, 1977）．近年のグローバル人事についての活発な議論に鑑みれば，この考えは普及してきたといえよう．

　そうした海外派遣目的との関連において，従業員の海外派遣時に注目する研究は数多く存在するが，上記3つの派遣目的の成功裏な達成には，派遣時点だけでなく帰任時点にも着目する必要がある．海外派遣では帰任時点でも問題が生じやすいとされ，たとえば海外派遣帰任者の多くが一方では海外経験が十分に活用されず，他方では帰任過程で直面する種々の困難を独力で乗り越えねばならない状況に不満を抱き，その結果多数の帰任者が離職や仕事へのモチベーションの低下といった組織への不適合を起こしやすいとされるからである (e.g., Black, 1992 ; Bossard & Peterson, 2005 ; Clague & Krupp, 1978 ; Lazarova & Caligiuri, 2001 ; Murray, 1973)．

　そこで，この節では企業や組織での「海外派遣帰任者に関わる帰任問題」の諸研究から出発し，以下「企業や組織の帰任者の再適応モデル」「帰任者の再適応と再適応に影響を与える要因」「組織的支援としてのキャリア支援」「帰国者一般と帰任者の再適応モデルの比較」「帰任者の知識移転」の順に見ることとしよう．

2-3-1 海外派遣帰任者に関わる帰任問題

　Murray（1973）やClague & Krupp（1978）は，米国における企業の帰任者の話をもとに彼らが抱える問題を扱った初期の研究である．企業の帰任者についての研究も米国で始まったといえる．これらが「逸話的」といわれるのに対し，Adler（1981, 1986）はカナダにおいて帰任者の調査を行い研究を体系化させた代表例である．Adler（1981）では文化とマネジメントを融合させた観点をもとに，カナダの企業や政府からの帰任者へのインタビューと質問紙による調査を踏まえ，海外派遣者をマネジメントする重要性を主張し

た.そこでは分析結果をもとに,①海外派遣者は異文化への適応よりも帰任後の再適応の方が困難である,②派遣先や職務内容にかかわらず同じ程度に帰国ショックを経験する(換言すれば,似たような文化圏からの帰国であっても帰任が容易とは限らない),③本国本社やマネジャーは外国の考えを本国に持ち込むことを嫌い海外で得たスキルを認めようとも活用しようともしない,といった帰任上の問題を示した.さらに Adler(2002)は職業人としての「帰任」は,そうでない個人の「帰国」よりも困難であり,特に海外勤務が会社にとって重要でない場合にその困難がより深刻になる,としている(p.274)[10].Adler は海外派遣を全般的に取り上げた *International dimensions of organizational behavior* を 1986 年に出版し,以降版を重ねている[11].

以下では主に Adler(1981)以降の研究について,いかなる帰任上の問題や課題が指摘されてきたのかを「仕事・配置関連」「帰任トレーニングやプログラム」「日本企業における帰任問題」にわけて記す.

(1) 仕事・配置関連の帰任問題

米国企業では,海外勤務から帰任した従業員の内 1/4 〜 1/2 もの人が,帰任後 1 〜 2 年以内に離職するといわれる(Black, 1992;Bossard & Peterson, 2005).海外派遣による個人の成長が,帰任後の社内でのキャリアアップに必ずしも結びつかないことが問題とされ(Bossard & Peterson, 2005;Harvey, 1989),またほとんどの帰任者が会社が提示する帰任プロセスに不満を持っている(Gomez-Mejia & Balkin, 1987),と報告されている.

Bossard & Peterson(2005)による米国企業の帰任者 20 人への深層(in-depth)インタビュー調査では,会社側の帰任に対するポリシーは不明確で,帰国後の仕事が必ずしも確保されないため,社内で帰任者自身が新たな仕事を探すことになりがちであり,しかもそれに対し会社からの十分な協力は得られないこと,海外と関係のある仕事につける人は少数であること,昇進はほとんどないこと,帰任後の仕事よりも赴任中の仕事の方に興味を持つ人が

---

10 関連して Gama & Pedersen(1977)は,職業人としての問題やコンフリクトは私生活上のそれよりも大きいことを示している.
11 これは第 5 版(2008)まで出版されている.なお第 2 版は江夏・桑名監訳の日本語版が出版されている.

多いこと，本社と赴任者とのコミュニケーションが不足していること等の問題点があげられている．また Bossard & Peterson (2005) は先行研究等の知見を踏まえ，日本やドイツの企業は通常，帰任者の帰任後の仕事を会社側が用意する[12]のに対し，米国や英国の企業はほとんどの場合用意していないと指摘する．多くの米国人（フィンランド人も同様）は，赴任中の仕事の達成が帰任後のキャリア向上にプラスの効果をもたらすと信じているにもかかわらず，実際にはそれがほとんど保証されていない点に問題がある，という．

　以上から判断すると，帰任者個人にとっては重大となりうる仕事や配置関連の問題に対する各国の対応は法律や習慣等により異なるようである．各組織の人事部門（HR）による実践方法の違いよりも，国の違いの方が影響力が大きいと主張する研究もあり（Tungli & Peiperl, 2009），近年では帰任者が所属する企業の国籍や海外派遣の目的による違いの有無について，比較調査研究が行われている（Osman-Gani & Hyder, 2008 ; Stahl, Chua, Caligiuri, Cerdin, & Taniguchi, 2009）．ただし，調査対象国が他国とどのように違うのか，あるいはその国の文化特性や企業や組織の特殊性がどのような点にあるのか等は，ほとんど研究されていない．

(2)　帰任トレーニングやプログラムに関する問題

　米国，シンガポール，日本，英国，ドイツ等5カ国以上の企業の帰任適応と人事実践を調査した Osman-Gani & Hyder (2008) は，帰任適応の国際比較を行った数少ない研究である．そこでは，約60％の会社に正式なプログラムや帰任ポリシーがなく，約70％以上の会社で帰任トレーニング自体がないことが示されている[13]．Kulkarni et al. (2010) は，米国派遣からインドに帰国した27人にインタビュー調査した結果，公式な帰任アシスタンス，帰任のための人事部門からのコンタクト，帰任時の文化的トレーニングの不

---

12 日本企業の帰任者へ調査を行った内藤（2009）でも，この仕事保証の問題は指摘されていない．また，海外派遣中に日本の多国籍企業は，赴任者と本国および現地のマネジャーとの間で継続的なメンタリング関係をつくっている，という長所が指摘されている（Mesmer-Magnus & Viswesvaran, 2008）．それは日本企業が意図的に設けたのでなく社会の慣行として自然にできることなのだろう．
13 トレーニング内容等について，Osman-Gani & Hyder (2008) では，シンガポールに在住するマネジャー162人への質問紙調査を行い，以下の結果を示した（回答率52.33％，多国籍企業のシンガポール拠点の子会社，またはシンガポールの多国籍企業）．帰任トレーニングの内容として，

十分さを問題視している．Harvey（1989）は，米国企業の人事部門への調査結果を踏まえ，公式的な帰任プログラムの実施の重要性を主張している．Mesmer-Magnus & Viswesvaran（2008）は，公式の帰任プログラムが必要だと北米の帰任者は報告するものの，北米系多国籍企業ではほとんどそれが実施されていないとの先行研究の主張を紹介している．

しかし，Bossard & Peterson（2005）は，米国の帰任者は公式な事後報告（debriefing）や帰任プログラムをあまり有効だと思っていないと指摘している．関連して，Newton, Hutchings, & Kabanoff（2007）による豪州の52社への調査では，豪州の組織は帰任の重要性を認識しつつも，十分なサポートを提供していないとの結果を示した．その内容に立ち入ってみると，71％は帰任ポリシーの形式があると回答するが，フォローアップインタビューでは，帰任プログラムは再適応問題への対応でなく帰国後の税金や金銭アシスタンスが中心であり，帰国時に直面する社会的・心理的問題，とりわけ地位や生活の変化についてはほとんど注意が払われず，これらの課題にカウンセリングを提供した会社はわずか6％にすぎなかった．そのためNewton, Hutchings, & Kabanoff（2007）は，多面的帰任プログラムを導入することの重要性を主張する．

組織内で実践する帰任トレーニングやプログラムは一般的に重要といわれるが，それが具体的には公式のプログラム，アシスタンス，周囲からのサポート等の何をさすのか，さらにはいかなる内容であるのかを詳細に検討する必要があろう．その際には，海外派遣前に実施される異文化トレーニングとは質的に異なるものが必要となる点に注意を要する．

(3) 日本企業における帰任問題

日本企業に特化した研究では，まず吉原（1975）や梅澤（1994, 2001）が企業派遣の帰任者への対応の重要性を主張し，カルチャーショックとの関連

シンガポールとドイツの帰任者は「人的資源と労働（human resource & labor）」が必要，日本の帰任者は「ジェネラル・マネジメント」が必要，と回答する割合が高い．帰任トレーニングのプログラム期間としては，日本は「1日以下」がもっとも好まれ「2週間以上」は最小の要求であり，米国は「1〜3日」が，ドイツは「1〜3日」と「2週間以上」がもっとも好まれる期間であった．トレーニング方式は米国，日本の帰任者はクラスで議論しつつ最新事情を習得できるクラス形式がもっとも好まれ，シンガポールの場合はワークショップ／セミナー形式がもっとも好まれ，ドイツの場合はケーススタディとビデオのトレーニングがもっとも好まれた．

で稲村（1980）がその帰任後の問題の実態をヒアリング調査から示している．次に，日本企業については以下の指摘がなされている．帰任する前には，海外での経験が帰任後には活かされないのではないか，との不安を持つ派遣者は多く（労働政策研究・研修機構，2005），実際に帰任してからも海外経験の未活用，権限の縮小や地位の低下，キャリア不安といった問題を抱える帰任者は多い（Black, 1993, 1994；内藤，2009；白木・永井，2002a, 2002b；梅澤，1994）．帰任者の組織適応の研究では，組織において海外経験が活用されないことや海外経験を重視されないことが，組織適応を阻害する主な要因とされる（Gregersen & Black, 1996；内藤，2012a；Stevens, Oddou, Furuya, Bird, & Mendenhall, 2006）．また企業は一般に，海外派遣者の帰任時の負担が軽減されるよう一定の対応策を講じるものの，帰任者の抱える問題と企業側の対応策との間には距離があり，適合しない点が見受けられる（内藤，2009）．そうした状況を踏まえ日本経済団体連合会（2004）は，グローバル競争で優位に立つために企業は海外経験者の人材育成や活用に取り組むべきだと提言する．

　帰任に特化した研究を順次見ることとしよう．原（1987）は帰任問題やその原因と企業が対応すべき事柄を，海外派遣からの帰任者に対する調査を踏まえ示した．早瀬（1990）は，会社と私生活における帰任問題とをわけ，帰任者および海外人事担当者各々へのインタビュー調査を行った．梅澤（1994）は，海外勤務中および帰任後について質問票調査にもとづき，海外派遣者のキャリア，処遇，仕事満足度や動機づけ等の分析を行った．白木・永井（2002a, 2002b）は，キャリアと生活について質問票調査にもとづき，仕事や役職の変化，仕事満足度，帰任後の仕事や生活状況等について分析を行った．内藤（2009）は帰任者が直面する問題を「認知的ギャップ」と「帰任時の困難さ」の2点から捉え，帰任者への質問票調査の分析を行った．これらの研究があげる仕事上の帰任問題は，個人の不適応，職場での対人関係，社内人脈の希薄化，仕事の進め方，最新情報からの疎遠化，技術・ノウハウの陳腐化，責任・権限の縮小，海外経験の未活用，職場での理解不足，キャリア関連，処遇等である．また生活上の帰任問題は，国内の生活情報の不足，資産形成の不利，生活設計，子の教育，新住居の選定問題，配偶者に関する問題等である[14]．つまり，海外派遣者の帰任過程では，仕事と生活の両面

において様々な問題に直面すると主張されている．

　ここまでは帰任がまさに「問題」となりうることを示すために，帰任問題を具体的に指摘・検討した研究をあげてきた．こうした帰任問題を背景に，企業における帰任者の再適応に向けた検討が行われている．以下ではこの点を念頭におきつつ，帰任者適応などに関する先行研究の展開を見て行く．

2-3-2　企業や組織の海外派遣帰任者の再適応モデル

　企業や組織の帰任者の再適応モデルに関する研究として，Feldman（1991）による「帰任者のキャリア・トランジションモデル」と Black, Gregersen, & Mendenhall（1992b）による「帰任者の再適応モデル」を取り上げる．

(1)　帰任者のキャリア・トランジションモデル

　キャリアや組織社会化を研究する Feldman は，Feldman（1991）において，キャリア開発の視点から「帰任者の仕事変化（repatriate job changes）」について論じている．そこでは従業員一般の議論に依拠して，帰任者の仕事適応と仕事成果の達成を促進させる鍵要因の提示，および帰任者の仕事変化を企業や組織がマネージするためのキャリア開発上の役割についての提案等を行った．その包括モデルとして「帰任プロセス」モデル（The repatriation process：図3）が提示され，再適応に影響を与える要因が示された．

　この図に示される Feldman（1991）の特徴は，国内勤務→海外勤務→国内勤務という海外派遣帰任者のキャリアの特徴を考慮しつつ，帰任者の仕事適応と仕事成果の達成に影響を与える要因として，「仕事任務の本質」「環境の変化」「個人差」「付き合い方」をあげ，これに「キャリア計画システム」を加えることで，キャリア向上を促進させるマネジメントの重要性を強調する点にある．Feldman（1991）はモデル構築を主眼とするが，これに関連した帰任者のキャリアの実証研究も行われた（Feldman & Thompson, 1993；Stroh, 1995）．

　Feldman（1991）のキャリア開発の観点は，Schein（1971），Louis（1980b），Nicholson & West（1989）に依拠しているという．ただし，そのキャリア論

14　なお，配偶者や子どもを対象とした研究に伊佐（2000），Kidder（1992），箕浦（1988），三善（2009），斎藤（1988）がある．

(帰任者の仕事適応と仕事成果の達成に影響を与える要因)

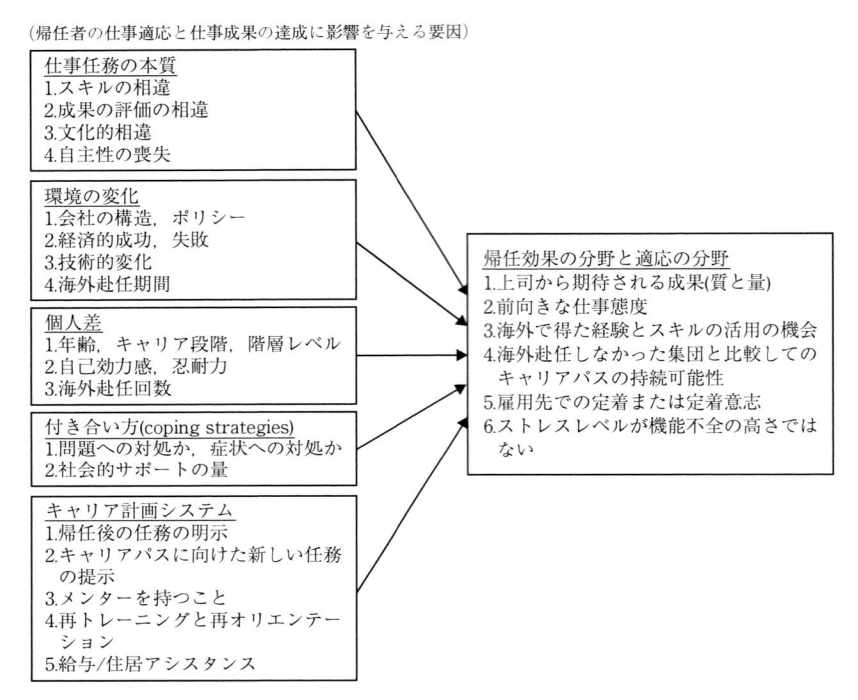

仕事任務の本質
1. スキルの相違
2. 成果の評価の相違
3. 文化的相違
4. 自主性の喪失

環境の変化
1. 会社の構造，ポリシー
2. 経済的成功，失敗
3. 技術的変化
4. 海外赴任期間

個人差
1. 年齢，キャリア段階，階層レベル
2. 自己効力感，忍耐力
3. 海外赴任回数

付き合い方(coping strategies)
1. 問題への対処か，症状への対処か
2. 社会的サポートの量

キャリア計画システム
1. 帰任後の任務の明示
2. キャリアパスに向けた新しい任務の提示
3. メンターを持つこと
4. 再トレーニングと再オリエンテーション
5. 給与/住居アシスタンス

帰任効果の分野と適応の分野
1. 上司から期待される成果(質と量)
2. 前向きな仕事態度
3. 海外で得た経験とスキルの活用の機会
4. 海外赴任しなかった集団と比較してのキャリアパスの持続可能性
5. 雇用先での定着または定着意志
6. ストレスレベルが機能不全の高さではない

図3　帰任プロセス

出所：Feldman (1991) p.167 に若干加筆修正

に依拠してどのようにこのモデルが導かれたのかが明瞭でない点に問題が残る．それを今後乗り越えるために，まず Feldman (1991) の帰任研究に関連するキャリア研究および海外派遣とキャリアに関係する研究を紹介する．次に，キャリア研究に関連する組織社会化研究を取り上げる．前述のように Feldman 自身はキャリア論や組織社会化論を専門領域として「帰任プロセス」モデルを提示しているため，この2つを理論ベースにして Feldman (1991) をふくむ帰任研究を検討・再検討することは，帰任研究の発展に寄与するであろう．

(1)-1　帰任研究が依拠するキャリア研究

仕事や組織に関するキャリアの変化について Schein (1971) は，個人が組織に入ると，機能・技術的境界，階層的境界，包括的境界という3つの境界を経ると主張する．それは組織に入った従業員が，①自己の機能的なエリア

の中でタスクを習得し，②組織のある階層に配置されそのポジションを習得し，③部下の管理と上司への報告を行うことをさす（Feldman, 1991）．このような Schein の主張を発展させた Louis（1980b）は，キャリアの移行には「変化」「対比」「驚き」の要素があり，「変化」は新旧の状況の客観的相違を，「対比」は労働（work）の一般的な環境に対して際立つ新しい環境の特徴を，「驚き」は新しい仕事（job）への個人の予測と実際の経験との間の違いを意味する，と主張する．

　Nicholson & West（1989）は，組織社会化の研究である Feldman（1976）や Van Maanen（1976），Louis（1980a, 1980b）の主張を発展させて，キャリアの「トランジション・サイクル過程モデル」を提示した[15]．「仕事」が移行すれば，要求される仕事役割や仕事コンテキストが大きく変化する．このモデルでは，それらの変化が個人と組織にとっていかなる意味をもたらすのかについて，次の5段階に区分して示している．

[トランジション・サイクル過程モデル]（Nicholson & West, 1989, pp.182-183）
第一段階　準備　（Preparation）：変化の前の期待と予期（expectation and anticipation）の過程
第二段階　参入　（Encounter）：新しい仕事について最初の数日から数週間に起きる情緒的・知覚的変化
第三段階　適応　（Adjustment）：その後の数カ月間の「個人と仕事の不適合」を減らすための，個人と（組織内）役割の発達期
第四段階　安定　（Stabilization）：個人と（組織内）役割の間を結合させる定着期
第五段階　再準備　（Preparation）：次のサイクルへの再生

　以上は海外派遣等の異動時にともなう「キャリアの変化」に関する研究であるが，Yan, Zhu, & Hall（2002）は，海外派遣を「キャリアの構築」として捉えた上で，組織と個人の関係性に注目して命題群を提示している．そこでは組織と個人各々が相方との心理的契約を，関係的（relational）契約と見ているのか，あるいは取引的（transactional）契約と見ているのかという点から，組織と個人の関係性を4タイプに類型化した（図4）．そして，そ

15　なお，金井（2002, pp.84-107）はこのモデルの発展について具体的な説明を行っている．

		個人	
		関係的	取引的
組織	関係的	セル1（Mutual loyalty） －海外赴任時と帰任時の組織的成功度は高い（命題1） －海外赴任時と帰任時の個人の成功度は高い（命題2）	セル2（Agent opportunism） －海外赴任時の組織的成功度は中程度であり，帰任時は失敗に終わる（命題3） －海外赴任時の個人の成功度は高いが，帰任時は成功と失敗が混在する（命題4）
	取引的	セル3（Principal opportunism） －海外赴任時の組織的成功度は中程度であり，帰任時の組織的成功度は低い（命題5） －海外赴任時の個人の成功度は中程度であるが，帰任時は失敗に終わる（命題6）	セル4（Mutual transaction） －海外赴任時の組織的成功度は中から高程度であり，帰任時は組織―個人連携が失敗のケースよりも組織的成功のチャンスはある（命題7） －海外赴任時の個人の成功度は中から高程度であり，帰任時は組織―個人連携が失敗のケースよりも個人の成功のチャンスはある（命題8）

図4　組織―個人の連携様式と命題群

出所：Yan et al.（2002）p.382

の関係性のタイプによって，組織と個人にとっての海外派遣成功の程度が異なると論じた．そこでは，「組織と個人の双方が関係的契約だと見ている（セル1のシナリオ）」場合が，海外赴任時と帰任後の両方において組織と個人の双方の成功が高いレベルの結果になると主張されている．

(1)-2　帰任研究が依拠する組織社会化研究

　前述のキャリア研究では従業員個人をいかに成長・発達させるかが主な課題であるのに対し，ここで紹介する組織社会化論は従業員をいかに組織に定着させるかに主眼がおかれている．組織社会化とは，中途入社者をふくむ新入社員が離職することなく組織の構成員となり，組織に適応することを意味する．

　組織社会化に関する研究には多くの蓄積があるが，まずそのレビューを行った研究として以下の3つがあげられる[16]．Fisher（1986）は，それまでの組織社会化に関する研究のレビューを踏まえ「組織に社会化するための習得分野」として，①入社前の習得，②組織についての習得，③職場（work）

---

[16] なお，この組織社会化に関連して組織コミットメントについては，田尾（1997）に詳しい．

グループについての習得，④仕事（job）についての習得，⑤自己についての習得をあげる．そして Wanous, Reichers, & Malik（1984, pp.672-673）と同様に，新入社員の新組織への適応には時間的な段階があるとして，「組織社会化の段階」を入社前の予測的社会化段階，入社後の初期の適応段階，そして役割習得段階の3つにわけている．高橋（1993）は，組織社会化を他の類似概念等と比較検討した上で定義づけ，当該研究を「キャリア発達論の視点」と「組織行動論の視点」とに類型化した．その後 Bauer, Morrison, & Callister（1998）は，企業の従業員が社会化する環境が Fisher（1986）以降に変化していることを踏まえ，1986年の前と後での課題を整理した文献レビューを行った．そして，組織社会化の理解を促進するための将来の研究への提案として，「従業員の文化的多様性」「従業員雇用のより一時的な雇用形態への変化[17]」「組織によるダウンサイジング」という3つのコンテキストに着目した命題群を提示した．

次に，新入社員の組織社会化を促進させるための組織側の戦術についての研究は多い（e.g., Ashforth & Saks, 1996；Miller & Jablin, 1991）．それらは主に，Van Maanen & Schein（1979）や Jones（1986）をベースとしている．組織社会化戦術を情報探索の点から検討した Miller & Jablin（1991）は，組織社会化のために必要となる，①習得すべき情報，②その情報の対象者，③情報探索としての戦術を明示した簡潔なモデルを提示した．この「習得すべき情報」に関連して，組織社会化のために習得すべき内容については，Cooper-Thomas & Anderson（2002），Chao, O'Leary-Kelly, Wolf, Klein, & Gardner（1994），Morrison（1993），Ostroff & Kozlowski（1992），Miller & Jablin（1991），Feldman（1991）らが検討している．「情報の対象者」については，Morrison（1993），Ostroff & Kozlowski（1992），Miller & Jablin（1991）らが検討している．それらを海外派遣帰任者研究に援用した内藤（2011）は，習得すべき内容を，①仕事，②対人，③組織の3つに大別して検討し，また「情報の対象者」については，a. 上司，b. 同僚，c. 会社・組織を取り上げて検討している．

---

17 雇用形態の終身・長期雇用から一時的・短期雇用への変化という意味である．

(2) 帰任者の再適応モデル

1992年にBlack, Gregersen, & Mendenhallが,海外派遣帰任者の再適応モデルを提示し,再適応に影響を与える要因（項目）を示した.「文化」の視点と「マネジメント」の視点を取り入れ,海外派遣上の課題を強調したこの研究によって,Adler（1981, 1986）を発展させた,帰任者の再適応モデル（Black et al., 1992b）が提示された.彼ら自身でもそのモデルにもとづいた実証研究を多数行っている.このモデルの特徴は,企業の帰任者個人に注目し,「期待」の概念を再適応に影響する要因として取り入れ,帰任者個人の再適応過程や再適応への要因を帰任前と帰任後にわけて提示した点にある.

なお,帰任を含む海外派遣全般について検討を行っているBlackとその同僚は,*Global assignments: Successfully expatriating and repatriating international managers*（Black, Gregersen, & Mendenhall, 1992a）,*Globalizing people through international assignments*（Black, Gregersen, Mendenhall, & Stroh, 1999）[18],*International assignments: An integration of strategy, research, and practice*（Stroh, Black, Mendenhall, & Gregersen, 2004）と,名称を変えつつ継続的に研究を出版している.

以下ではまず,この帰任者の再適応モデル（Black, Gregersen, & Mendenhall, 1992b）を紹介し,次に項を改め,個々の帰任者の再適応研究において再適応がどのように捉えられているか,また再適応に影響を与える要因としていかなるものがあげられているかを示す.

Black et al.（1992b）では,帰任後の再適応が,国内異動者の適応および海外赴任時の現地への適応（異文化適応）とは異なると指摘する.国内異動と海外帰任時異動との違いについては,Hofstede（1980）に言及して文化的な違いの大きさの程度が異なると,そして海外赴任時の現地への適応と帰任後の再適応との違いについては,住んだことのある本国への帰国時には固定的な期待を形成しやすい傾向がある点が異なると指摘する.

Black et al.（1992b）のモデルでは,「帰任適応の基本的枠組み」（図5）として,帰任者の再適応に影響を与える要因が示されている.このモデルでは,組織内の国内間適応や海外移動時の適応（異文化適応）に関する諸研究

---

18 これは,白木・永井・梅澤の監訳による日本語版が出版されている.

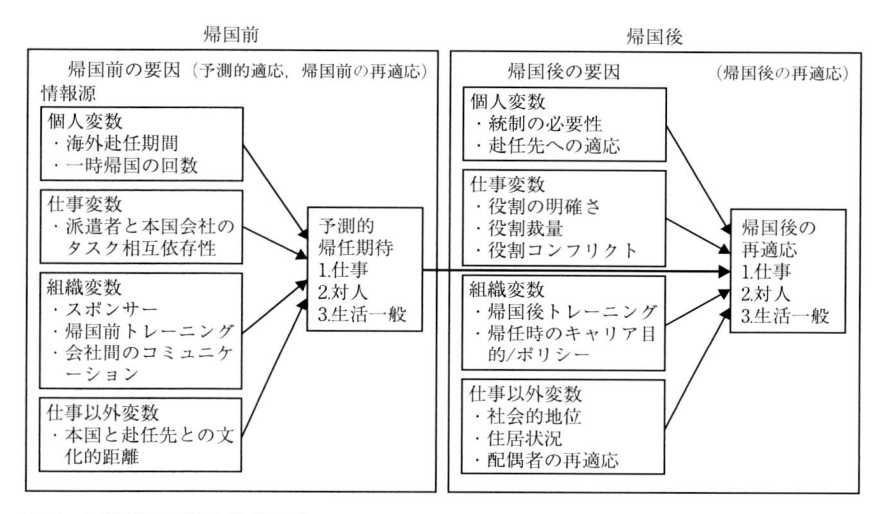

```
            帰国前                              帰国後
┌─────────────────────────────┐  ┌─────────────────────────────┐
│ 帰国前の要因（予測的適応，帰国前の再適応） │  │ 帰国後の要因      （帰国後の再適応） │
│ 情報源                        │  │ ┌─────────────┐           │
│ ┌─────────────┐              │  │ │ 個人変数      │           │
│ │ 個人変数      │              │  │ │ ・統制の必要性  │           │
│ │ ・海外赴任期間  │              │  │ │ ・赴任先への適応│           │
│ │ ・一時帰国の回数│              │  │ └─────────────┘           │
│ └─────────────┘              │  │ ┌─────────────┐           │
│ ┌─────────────┐   ┌────────┐ │  │ │ 仕事変数      │  ┌────────┐│
│ │ 仕事変数      │   │ 予測的  │ │  │ │ ・役割の明確さ │  │帰国後の ││
│ │ ・派遣者と本国会社│→ │ 帰任期待│ │──┼→│ ・役割裁量    │→ │再適応   ││
│ │   のタスク相互依存│  │ 1.仕事  │ │  │ │ ・役割コンフリクト│ │1.仕事   ││
│ │   性          │   │ 2.対人  │ │  │ └─────────────┘  │2.対人   ││
│ └─────────────┘   │ 3.生活一般│ │  │ ┌─────────────┐  │3.生活一般││
│ ┌─────────────┐   └────────┘ │  │ │ 組織変数      │  └────────┘│
│ │ 組織変数      │              │  │ │ ・帰国後トレーニング│          │
│ │ ・スポンサー    │              │  │ │ ・帰国時のキャリア│          │
│ │ ・帰国前トレーニング│           │  │ │  目的/ポリシー  │          │
│ │ ・会社間のコミュニ│            │  │ └─────────────┘           │
│ │   ケーション   │              │  │ ┌─────────────┐           │
│ └─────────────┘              │  │ │ 仕事以外変数    │           │
│ ┌─────────────┐              │  │ │ ・社会的地位    │           │
│ │ 仕事以外変数    │              │  │ │ ・住居状況      │           │
│ │ ・本国と赴任先との│            │  │ │ ・配偶者の再適応 │           │
│ │   文化的距離   │              │  │ └─────────────┘           │
│ └─────────────┘              │  │                              │
└─────────────────────────────┘  └─────────────────────────────┘
```

図5　帰任適応の基本的枠組み

出所：Black et al. (1992b) p.745 に若干加筆修正

における，新環境に移った時に生じる不確実性とその減少の重要性の議論が，自己統制論（personal control in organization：Bell & Staw, 1989；Greenberger & Strasser, 1986）と類似するとして，それに注目している．その上で，この自己統制論が予測的統制と行動的統制とをわけて検討する点に依拠して，帰任者個人が新環境で抱く不確実性を減少させることが適応を促進させるという論理としている．それにより，このモデルを「帰国前の再適応」と「帰国後の再適応」という時間的流れで区分けしたようである．ただし，この論理をベースに当該モデル上の個々の「帰国前の要因」「帰国後の要因」を取り上げるのは，やや無理があると思われる．

　このモデルでは，再適応を海外赴任時の現地への適応（Black, Mendenhall, & Oddou, 1991）と同様に「仕事への再適応」「対人への再適応」「生活一般への再適応」の3つにわけ，その再適応に影響を与える要因を「個人変数」「仕事変数」「組織変数」「仕事以外変数」および帰国前の「予測的帰任期待変数」にわける．この再適応モデル（Black et al., 1992b）にもとづき，Blackとその同僚らによって米国企業（Black & Gregersen, 1991），日本企業（Black, 1994），フィンランド企業（Gregersen & Stroh, 1997）を対象に

した実証研究が行われている．なお，Black らのモデルの部分的な再解釈や発展を試みた研究も出てきてはいるが (Hyder & Lövblad, 2007；MacDonald & Nancy, 2005；Pattie, White, & Tansky, 2010)，Black らの研究の影響力はまだ未知数だといえるだろう．

2-3-3　海外派遣帰任者の再適応と再適応に影響を与える要因

　Black らのモデルが発表されて以降，再適応に影響を与える要因を検証する質的・量的研究が蓄積されてきた．海外派遣帰任者の再適応研究は，上記の帰国者一般の議論と従業員一般の議論を合わせた形で展開されており，その理論や概念が帰任者の研究の根底にあるとみなしうる．各々の研究ではそれぞれの目的に沿った観点から検討されているが，それらがどのような点について検討しているかを概観するために，再適応および再適応に影響を与える要因や変数を示す．

　第1に，再適応がいかなる変数で扱われているかについて，帰任者の再適応に関する研究では広い範囲の変数があげられている．すなわち，前述の Black et al. (1992b) による帰任者の本国全般（仕事，対人，生活）への再適応・慣れの程度 (e.g., Black & Gregersen, 1991；Black, 1994)，組織への定着・離職 (e.g., Chi & Chen, 2007；Hyder & Lövblad, 2007；Kraimer, Shaffer, & Bolino, 2009；Kraimer, Shaffer, Harrison, & Ren, 2012；Stroh, 1995)，組織コミットメント[19] (e.g., Chi & Chen, 2007；Gregersen & Black, 1996；Stroh, Gregersen, & Black, 2000)，仕事満足度 (e.g., Black, 1993；Bonache, 2005；Stevens et al., 2006)，仕事への適応 (e.g., Feldman, 1991；Vidal, Valle, & Argon, 2007a)，帰国満足 (e.g., Hammer, Hart, & Rogan, 1998)，帰国疲労 (e.g., Sussman, 2001)，帰国ショック (e.g., Tung, 1998) 等である．

　第2に，帰任者の再適応に影響を与える要因を検討した研究は，人口統計（デモグラフィック）要因等の個人的な事柄 (e.g., Hammer, Hart, & Rogan,

---

[19] 組織コミットメントは，仕事満足度，離職（意志）とならび，組織適応研究における組織適応の主な下位概念である．なお，組織コミットメント研究ではそれ自体の多次元性 (e.g., 関本，1992；田尾，1997) についての検討が活発であるが，組織適応研究においては，その次元の1つである情緒面が扱われることが多い．

1998;Sussman, 2001)や,組織が個人に対して行うサポートなど組織的働きかけ(e.g., Bossard & Peterson, 2005;Lazarova & Caligiuri, 2001;Osman-Gani & Hyder, 2008;Pattie et al., 2010;Stevens et al., 2006)等,「個人要因」「組織要因」に注目している.帰任者の再適応に影響があるとされた主な要因や変数は章末の別表の通りである[20].

2-3-4　組織的支援としてのキャリア支援

　再適応に影響する要因が何であるのかを調べる研究が進展した結果,海外派遣帰任者の再適応には組織的支援,近年では特に組織でのキャリア支援を行うことが重要だと主張されている.Lazarova & Caligiuri (2001) は実証研究を踏まえ,組織的サポートの重要性を示した.Lazarova & Cerdin (2007) は,北米とフランスの帰任者を対象とした調査結果を踏まえ,組織的サポートとして帰任者のキャリアを支援することが重要だと主張した.そのキャリア支援とは帰任前の状況説明,キャリア計画,配置等の帰任上の合意等である.Bolino (2007) も,帰任者が社内でキャリア成功感を得られることの重要性を主張した.

　近年の帰任者適応研究の中で,特にキャリアにフォーカスした代表的研究を紹介する.Kraimer, Shaffer, & Bolino (2009) は,米国の多国籍企業5社に勤務する帰任後2年以内の帰任者88名の質問票データをもとに,キャリアと再適応の関係を検証している.そこでは「海外派遣経験」が「キャリア向上(昇進)」をもたらし,その「キャリア向上(昇進)」が「不完全就業(underemployment)感」を抑制し,その「不完全就業感」の抑制が「離職意志」を低下させるとの仮説が立てられている(「海外赴任経験→昇進→(負の)不完全就業感→(負の)離職意志」という構図).なお「海外派遣経験」の内容は,①赴任回数,②派遣目的の内容(グローバル能力開発,長期キャリア形成,異文化力向上のためといった,派遣目的自体に発展的目的があるか否か),③マネジメントスキルの習得,④文化的スキルの習得,⑤派遣目的の達成,⑥帰任への組織的キャリア支援の獲得(社内でのキャリア機会の通知等)である.上記仮説の中で支持されたのは,「派遣目的の内容」

---

20 より具体的には各々の研究成果を参照されたい.

が「キャリア向上（昇進）」に影響する，「帰任への組織的キャリア支援の獲得」が「離職意志」を低下させる，「キャリア向上（昇進）」が「不完全就業感」の抑制を介して「離職意志」の低下に影響する，という仮説であった．

2-3-5　帰国者一般と海外派遣帰任者の再適応モデルの比較

　ここまで述べてきた社会一般の帰国者と企業や組織の海外派遣帰任者の再適応に関する研究の展開を踏まえ，第2節で取り上げた社会一般の帰国者のモデルである Martin & Harrell（2004）と，本節で取り上げた海外派遣帰任者のモデルである Feldman（1991）と Black et al.（1992b）について，その共通点，相違点や各々の特殊性およびそれらにともなう若干の課題について検討する．

　Martin & Harrell（2004）は帰任者をふくむ帰国者全般の共通モデルを意図しており，個人と関わる社会を広範囲に捉えることで，全体像の大まかな把握を可能にした点に特徴がある．また，概ね帰国者の生活面を中心に検討している．そのため，人口統計要因以外の提示された要因にはやや不明瞭さが残る上，このモデルを「企業や組織」という枠組みに適用するには，さらなる検討を要する．Martin & Harrell（2004）では「期待」が再適応の構成要素の1つである点が，期待を「再適応に影響を与える要因」だと捉える Black et al.（1992b）とは異なる．

　この社会一般の帰国者の研究と，次にあげる企業や組織の海外派遣帰任者の研究とでは，前者が個人の満足感といった適応状態を中心に検討するのに対し，後者は帰任者は貴重な人材であるためにその組織内活用を図ることが重要だ，という問題意識をもとに検討している点が大きく異なる．すなわちまず，Feldman（1991）は主に企業や組織が帰任者の仕事の変化にどのように対応すべきかを検討している．一般に適応とは個人の状態をさすが，それを個人のみにとどめるのでなく，「帰任プロセス」モデル（図3）で「キャリア計画システム」をあげるように，企業や組織から働きかけるキャリア施策を従業員一般の議論に依拠して検討する点に特徴がある．Feldman（1991）では「国内→海外→国内」の流れに言及しつつも再適応要因の捉え方が帰任時点中心である点が，次の Black et al.（1992b）とは異なる．Feldman（1991）については，再適応を検討するには個人に注目することも必要であ

ろう．次に，Black et al.（1992b）は「帰任者の期待」の概念を取り入れ，帰任前と帰任後とにわけて検討する点，仕事面だけでなく生活面を取り入れる点に特徴がある．Black et al.（1992b）は特に個人に注目する点が，Feldman（1991）とは異なる．また，このモデルでは再適応が海外赴任時の現地への適応と同様に捉えられ，Black とその同僚らが行った実証研究においてもそうした検証が行われている．つまり，先の帰国者一般の議論での流れにも見られるように，異文化適応と同様に再適応を捉えている．

以上を踏まえると，帰任者の活用のためには，そのキャリアあるいはキャリア効果に注目した研究を行うべきだということになる．ただし Feldman（1991）がより組織に，Black et al.（1992b）がより個人に注目する点については，たとえば Yan, Zhu, & Hall（2002）の知見をベースとして両者のモデルを統合できれば，組織と個人の関係性を明確にした検討ができるであろう．

2-3-6　企業や組織の帰任者の知識移転

以上からもわかるように，海外派遣帰任者に関する研究の課題は初期の頃から帰任者の離職や意欲低下という帰任問題にあり，ゆえにその対策としての再適応が検討の中心であった．そこでは帰国後の帰任者が受けるショックやその不適応が問題視され，帰任時の再適応に負の影響を与える問題の軽減に焦点が当てられてきた．これに対し近年では帰任者の再適応に加え，帰任者が保有する知識の移転や活用も注目されている（Berthoin-Antal, 2000；Furuya, Stevens, Bird, Oddou, & Mendenhall, 2009；Lazarova & Tarique, 2005；Oddou, Osland, & Blakeney, 2009）．ただし，この帰任者の知識移転に関する研究は，再適応研究と比較するとまだ少ない．

帰任者が海外勤務で習得した知識[21]が企業や組織にとって重要だ（Adler, 1981；Black et al., 1999；Fink, Meierewert, & Rohr, 2005；Murray, 1973），ということ自体は以前から主張されてきたが，それを組織内でうまく移転や活用することが重視され，そのための知識移転モデルが Lazarova &

---

[21] その知識の対象としては，現地での顧客やサプライヤー等の人的ネットワーク，市場システム，ビジネスの動向，文化的パターン，マネジメントスタイル等があげられる（Fink et al., 2005）.

Tarique (2005) と Oddou, Osland, & Blakeney (2009) によって提示されるようになった.

　Lazarova & Tarique (2005) は,「個人の知識移転への準備」と「組織による知識の受容」がフィットした場合に効果的な知識移転が起こると主張し, 知識移転モデルを提示している. 両者がフィットするためには, 企業が組織における知識移転のメカニズムと派遣者が習得した知識のタイプに注意を払うことと, 派遣者／帰任者のキャリア願望を満たすためのキャリア機会や支援を提供し, 帰任者が知識移転を主体的に行えるようそのモチベーションを高めることが重要だという.

　Lazarova & Tarique (2005) に続く研究として, Oddou et al. (2009) は海外派遣帰任者を知識の創造者 (knowledge creators：Nonaka & Kenny, 1991) と捉え, キャリアを知識の集積と捉える研究 (Bird, 1994) に主に依拠して帰任者の知識移転モデルを提示している. そのモデルでは, 知識移転においては知識の「移転者（帰任者）」と「受容者（組織）」が「能力」と「意欲」を備えていることが重要だと主張され, 帰任者の知識移転を促進させる要因が示されている. さらに Oddou et al. (2009) は, 帰任者と組織が関係する「コンテキスト」の役割を強調する. そのコンテキストとは, シェアードフィールドという「帰任者の知識移転の場」である. その場に「帰任者が参入」する時点に注目し, その時点における「社会化時期」「コミュニケーション頻度」「相互信頼の構築」が知識移転の重要な要因となりうると主張する. つまり, この2つの研究では帰任者の知識移転意欲を高めることと, そのためには帰任者のキャリアを組織が支援すること, 組織側の知識受容力が高いこと, 組織と個人が関わる場としてのコンテキストが機能していること等が重要だと主張されている.

　以上からわかるように, この帰任者の知識移転に関する研究では, 帰任者のキャリアを支援することで知識移転が円滑に行われうる, という論理が展開される点に特徴がある. 帰任者が海外派遣中に習得してきた知識を組織が吸収できるというインセンティブが働くことが, 個人のキャリアを組織が支援すべきという主張の根拠となっている.

　企業や組織の帰任者に関する研究は, これまで再適応関連が中心であった. しかし, この知識移転に関する研究は, そこで用いられる理論や概念が

再適応のそれとは異なるものであるがゆえに，再適応とは独立した分野の研究だといえる．より現実的な問題に即していえば，従来の研究は帰任者が抱える帰任問題への対応という負の側面に傾注していたが，帰任者が海外勤務を経て成長した部分やその習得した知識の受容という正の側面にも目を向けた研究が登場してきたといえよう．

2-4 今後の展望

海外派遣帰任者に関する研究は，企業や組織の従業員一般へのマネジメントの議論の一環として論じられるものが中心ではあるが，異文化適応研究の流れを汲む海外からの帰国者一般の議論にも依拠しつつ発展してきたといえる．これらの議論を踏まえ，最後に今後の課題を記す．

2-4-1 再適応モデルの再検討（1）：組織社会化の点からの再考

企業や組織の海外派遣帰任者の再適応に関する議論は，今後はキャリア研究のみならず組織社会化研究にも依拠して行う必要があるだろう．組織社会化は本来新入社員の組織適応を説明するための視点であるが，たとえばそれを内藤（2011）では帰任者適応に応用し，海外派遣帰任者の再適応過程が，同一の企業や組織における社会化を再度経ることに着目して「組織再社会化」の概念を提示している[22]．このように，海外派遣が「国内→海外→国内」というサイクルを経ることを考慮した上で，組織社会化の段階（e.g., Fisher, 1986）やキャリア・トランジション（Nicholson & West, 1989）が繰り返される点を論理に組み込んで，帰任者適応を説明することが重要であろう．

組織適応に関連して日本においては，組織コミットメント研究や帰属意識研究が蓄積され精緻化されている（e.g., 関本・花田，1987；関本，1992；田

---

[22] 詳しくは以下の通りである．帰任者の場合には組織に関する知識や経験をすでに持っているため，実際に帰任した時に直面する現実が予想外となることが多く，組織に適応する過程の内実も新入社員の場合とは異なる．そこで，帰任者が帰任前後という移行期を経験し帰任先の組織に適応することを，新入社員の組織社会化と区別する意味で帰任者の「組織再社会化」と名づけ，それを「帰任前の予測的社会化段階」と「帰任後の直接的社会化段階」の2つの段階に大別し，組織適応との関連で検討している．

尾，1997)．組織コミットメントや帰属意識の多次元性などの研究を踏まえて帰任者適応を検討することで，帰任者適応を解釈する上で重要な示唆が得られるであろう．

また，高橋（1993）が提示する組織社会化研究への「キャリア発達論の視点」と「組織行動論の視点」，および Bauer et al.（1998）が提示する「従業員の文化的多様性[23]」という組織社会化のコンテキストを，帰任者のケースに応用してその影響等の検討を行うことは，今後の課題である．

2-4-2 再適応モデルの再検討（2）：再適応と再適応要因の検討

「再適応自体」と「再適応要因」の各々の枠組みを検討することも重要である．「企業や組織の海外派遣帰任者の再適応モデル」（2-3-2）で指摘したように，当該モデルではまだ不十分さが見受けられるからである．前者の再適応自体について先行研究を概括すると，前述（2-3-3）のように帰任者の再適応は広い範囲で検討されており，それは「仕事面」と「生活面」の再適応に大別される（内藤，2012b）．仕事面を検討した先行研究によれば，それは帰国後に直接携わる個人の「仕事」，所属する会社である組織・集団としての「所属先」，歴史的に形成された本国の会社文化としての「会社一般」の3つにわけられる．先行研究ではそれらが断片的に扱われている点を踏まえ，内藤（2012a）は仕事面の再適応（組織への再適応）を「仕事への再適応」「所属先への再適応」「日本の会社一般への再適応」の3つの側面として包括的に捉えている[24]．他方，生活面についてはそうした検討がまだ乏しいのが現状である．

後者の再適応要因について内藤（2012a）は，帰任者が直面する問題や課題を「時間的経過による変化」と「文化的相違による変化」の2つにわけるとの視点をもとにして，帰任者の再適応要因を「個人要因」「組織要因―制度」「組織要因―仕事」の3つに区分している（図6）．まず「時間的経過による変化」とは，海外任務を終えて帰国した帰任者は時間的経過とともに変

---

[23] このコンテキストで提示された命題は，「内部者との相違点」「内部者との文化的背景の違い」「個人主義的な文化と集団主義的な文化の違い」「不確実性回避の文化の違い」等に関するものである．
[24] 3つの側面の再適応について，その共通点と各々の特徴に留意しつつ包括的に検討を行うことによってこそ，組織への再適応の決定要因を見出すことが可能になるとする．

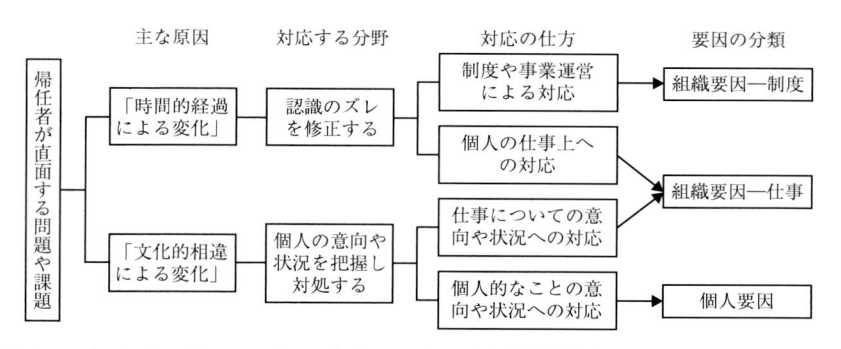

2 海外派遣帰任者のキャリア・マネジメント

```
                    主な原因      対応する分野      対応の仕方           要因の分類
帰                                              ┌─制度や事業運営──→ 組織要因─制度
任                ┌「時間的経過  ─ 認識のズレ ─┤   による対応
者                │ による変化」    を修正する   └─個人の仕事上へ ─┐
が                │                                   の対応        │
直                │                                                 ├→ 組織要因─仕事
面 ─┤                                            ┌─仕事についての意─┘
す                │                              │  向や状況への対応
る                │「文化的相違  ─ 個人の意向や ─┤
問                └ による変化」   状況を把握し   └─個人的なことの意 ─→ 個人要因
題                                 対処する          向や状況への対応
や
課
題
```

図6 帰任者が直面する問題や課題から導いた再適応要因の分類

出所:内藤 (2012a) をもとに作成

化した帰任後の本国環境(社会,組織,仕事の状況等)に直面するにもかかわらず,こうした変化にあまり注意を払わず現状の把握は容易だと思い込みがちなため,個人の認識と実際の状況との間にズレが生じてしまう,という状態をさす.従来から,こうした時間的経過による変化から生じるズレを修正する方法は検討されてきたものの(e.g., Black, 1992;Hyder & Lövblad, 2007;Stroh et al., 2000)[25],その方法が,制度に関するものと個人の仕事に関するものとに区別されてこなかった.この点を踏まえ内藤 (2012a) は,再適応要因を「組織要因─制度」と「組織要因─仕事」に2分して検討することが,組織的な支援を考案する上で重要だとする.次に「文化的相違による変化」とは,海外派遣によって帰任者は異文化から影響を受け,派遣以前とは異なる知覚,価値観,信念,行動様式,アイデンティティを身につけているため,帰国しても本国文化に慣れることが容易とは限らない(e.g., Adler, 1981;Gullahorn & Gullahorn, 1963)[26],という状態をさす.もっとも,帰任時にも海外派遣時と同様に本国社会や帰任先の組織,仕事の状況がそれまでとは異なることを帰任者はある程度理解しており,その意味で,この文化的相違による変化は「時間的経過」によるものとは性質が異なる.こ

---

25 これらは「認知的ギャップ」や「期待(予測)と現実の一致」の研究と呼ばれる.
26 企業の人事異動における国内の転勤と国際間の転勤との違いは,この文化的相違の大きさにある.海外派遣時の滞在先で文化的相違に直面したように,帰国後にも再度の違いを経験するのだが,この点については留学等による海外滞在者と比べて,企業派遣の帰任者に関する先行研究ではあまり注目されていない.

の文化的相違に帰任者が早期に適応するためには，海外派遣における文化的接触によって帰任者個人が変化している点（e.g., Sussman, 2001）を組織が考慮して，帰任者の意向や状況にも目を配ることが重要である[27]．そこで内藤（2012a）では，帰任者の意向や状況を個人的事情（「個人要因」）と，仕事に関する事情（「組織要因—仕事」）にわけて検討している．

今後は，再適応自体については，生活面に関する検討を行うこと，および仕事面（ここでいう「3つの側面」）と生活面を同時に検討することが，そして再適応要因については「時間的経過による変化」と「文化的相違による変化」にわけるという視点を継承しつつ精緻化を図ることが，必要である．

2-4-3 海外派遣帰任者の再適応・知識移転の統合モデル構築

以上では，海外派遣帰任者の再適応モデルに関する課題を指摘してきた．それに加え，今後は最近の知識移転に関する研究（2-3-6）の進展を踏まえると，それと帰任者の再適応（2-3-2）とを統合するフレームワークを構築することが重要な課題になるであろう．その統合モデル構築の際に，留意すべき点や課題を5つ指摘する．

第1に，再適応研究では帰任者個人に主眼がおかれる傾向がある一方，知識移転の研究では組織と個人の双方向的な関係や相互作用に力点がおかれる傾向があることを考慮すべきである．第2に，再適応研究では理論モデルの提示とそれにもとづく実証研究が行われているが，知識移転の研究は前者にとどまるので，後者すなわち実証的な研究が待たれる．第3に，帰任者の再適応に影響を与える要因が多数提示されているが，中には先行研究の結果が必ずしも一致しない要因（変数）がある．それについては今後の検証が必要であろう．第4に，研究結果をもとに人事政策に関する提案を行う場合は，それが当該国あるいは企業・組織の慣習や制度，法規制に大きく左右されるため，そうした特殊性に十分に注意を払う必要がある．第5に，同じく研究結果をもとに組織的支援や取り組みを提案する場合，その内容はもちろん主体すらまちまちなことがあるので，それらを明確にしておく必要がある．

---

27 帰任者の意向や状況と組織への再適応との関連について，先行研究では帰任者の状況には注目しているものの（e.g., Gregersen & Stroh, 1997），意向に着目した検証がなされているとはいえない．

2-5 おわりに

　以上本稿では，海外派遣帰任者研究の重要性を指摘した上で，その理論的根拠となる「海外からの帰国者（社会一般の帰国者）」と「企業や組織の帰任者」に関する先行研究の展開を検討してきた．前者の「海外からの帰国者」に関する研究では，「カルチャー・ショックと帰国ショック」「異文化適応と再適応」「期待の一致・不一致」「帰国者一般の再適応モデル」の順に議論が展開された．後者の「企業や組織の帰任者」に関する研究では，「帰任者に関わる帰任問題」「企業や組織の帰任者の再適応モデル」「帰任者の再適応と再適応に影響を与える要因」「組織的支援としてのキャリア支援」「帰国者一般と帰任者の再適応モデルの比較」「帰任者の知識移転」の順に議論が展開された．特に知識移転の研究は，理論や概念において既存の研究と独立した分野とみなしうる．以上を踏まえ，最後に「今後の展望」として研究の課題を述べた．

　帰任者に関する研究は，海外からの帰国者一般の議論および企業や組織の従業員一般の議論に依拠しつつ，その再適応に焦点を当ててきた．そうした研究の蓄積によってその理論的根拠が明確になっただけでなく，帰任問題を軽減して再適応を促進させる施策の提案がより具体的になってきた．特に，帰任者個人のキャリアを支援するマネジメントの重要性が様々な点から主張されるようになってきている．さらに，企業や組織における知識移転の研究の発展を踏まえ，近年では帰任者の知識移転を円滑に行うためのキャリア支援の必要性が強調されている．つまり，帰任者のキャリア支援の主張は，従来からの帰任問題の軽減による再適応の促進という目的に，企業や組織での知識移転の円滑化という目的を加えつつ展開してきているといえよう．

※本稿は，スミセイ女性研究者支援より研究助成を受けた成果の一部である．

別表　海外派遣帰任者の再適応に影響を与える要因や変数（質的・量的研究から）

［個人］
- 「年齢」Black, 1994；Black & Gregersen, 1991；Cox, 2004；Gullahorn & Gullahorn, 1963
- 「帰国後の期間」Black, 1994；Black & Gregersen, 1991；Gregersen & Stroh, 1997；内藤, 2012a
- 「文化的アイデンティティ」Cox, 2004；Kraimer et al., 2012；Sussman, 2001
- 「帰任希望の強さ」内藤, 2012a
- 「帰任ストレスへの対処行動」Herman & Tetrick, 2009

［会社・仕事］
- 「帰国までの準備（期間）」Bossard & Peterson, 2005；Clague & Krupp, 1978；Hammer et al., 1998；Sussman, 2001
- 「海外（通算）派遣期間」Black, 1994；Black & Gregersen, 1991；Cox, 2004；Gregersen & Stroh, 1997；稲村, 1980；内藤, 2012a；白木・永井, 2002a
- 「帰任時点での昇（降）格」早瀬, 1990；Kraimer et al., 2009；Tung, 1998；梅澤, 1994；Vidal et al., 2007a
- 「社会的地位の高さ」Black, 1994；Black & Gregersen, 1991；Gregersen & Stroh, 1997；Vidal, Valle, Argon, & Brewster, 2007
- 「海外派遣目的」Adler, 1981；Stahl et al., 2009
- 「帰任後の役割の明確さ」Black, 1994；Black & Gregersen, 1991；Gregersen & Stroh, 1997
- 「帰任後の役割コンフリクト」Black, 1994
- 「帰任後の役割裁量」Black, 1994；Black & Gregersen, 1991；Gregersen & Stroh, 1997；Vidal, Valle, Argon, & Brewster, 2007
- 「帰任研修・トレーニング」Cox, 2004；Vidal, Valle, Argon, & Brewster, 2007
- 「会社の帰任実践の明確さ」Black, 1994；Vidal et al., 2008
- 「海外経験の活用」Adler, 1981；Bossard & Peterson, 2005；Gregersen & Black, 1996；Murray, 1973；内藤, 2012a；Pattie et al., 2010；Stahl et al., 2009；Stroh, 1995；梅澤, 1994
- 「帰任時のキャリア関連」Bossard & Peterson, 2005；Clague & Krupp, 1978；Hammer et al., 1998；Kraimer et al., 2009；Lazarova & Cerdin, 2007；Murray, 1973；Stroh, 1995
- 「帰任後の仕事の明示・保証」Lazarova & Cerdin, 2007；Pattie et al., 2010；Tung, 1998
- 「帰任時の人事サポート」Lazarova & Caligiuri, 2001；Lazarova & Cerdin, 2007；Stahl et al., 2009；Stevens et al., 2006
- 「帰任時の適切な人材配置」Stroh, 1995
- 「会社での情報伝達」Adler, 1981；内藤, 2011, 2012a
- 「給与・住居生活優遇」Clague & Krupp, 1978；Murray, 1973

［生活一般］
- 「家族の帰国上の問題」Black & Gregersen, 1991；Gregersen & Stroh, 1997；内藤, 2012a
- 「帰任時の住居環境」Black & Gregersen, 1991

［会社と生活一般］
- 「赴任先との文化的相違」Gregersen & Stroh, 1997；Vidal et al., 2007b
- 「赴任先への適応」Gregersen & Black, 1996；Tung, 1998
- 「期待ギャップ」Black, 1992, 1993；Murray, 1973；内藤, 2012a；Stroh et al., 1998；Vidal et al., 2007a；Vidal et al., 2008；Vidal, Valle, Argon, & Brewster, 2007

【参考文献】

Adler, N. J. (1981). Reentry: Managing cross-cultural transitions. *Group and Organization Studies, 6* (3), 341-356.

Adler, N. J. (1986). *International dimensions of organizational behavior*. MA: Kent Publication.

Adler, N. J. (2002). Cross-cultural transitions: Expatriate entry and reentry. *International dimensions of organizational behavior* (4th ed., pp.259-300). Ohio: South-Western(江夏健一・桑名義晴監訳『異文化組織のマネジメント』(原著の第2版訳) pp.225-252. セントラル・プレス, 1996).

Adler, N. J. (with Allison, G.) (2008). *International dimensions of organizational behavior* (5th ed.). Ohio: Thomson South-Western.

Adler, P. S. (1975). The transitional experience: An alternative view of culture shock. *Journal of Humanistic Psychology, 15* (4), 13-23.

Ashforth, B. E., & Saks, A. M. (1996). Socialization tactics: Longitudinal effects on newcomer adjustment. *Academy of Management Journal, 39* (1), 149-178.

Bauer, T. M., Morrison, E. W., & Callister, R. R. (1998). Organizational socialization: A review and directions for future research. *Research in Personnel and Human Resources Management, 16*, 149-214.

Bell, N. E., & Staw, B. M. (1989). People as sculptors versus sculpture: The roles of personality and personal control in organization. In M. B. Arthur, D. T. Hall, & B. S. Lawrence (Eds.), *Handbook of career theory* (pp.232-251). Cambridge, England: University of Cambridge Press.

Berry, J. W. (1990). Psychology of acculturation: Understanding individuals moving between cultures. In R. Brislin (Ed.), *Applied cross-cultural psychology* (pp. 232-253), Thousand Oaks, CA: Sage.

Berry, J. W., & Sam, D. L. (1997). Acculturation and adaptation. In J. W. Berry, Y. H. Poortinga, & J. Pandey (Eds.), *Handbook of cross-cultural psychology* (2nd ed., Vol.3, pp.291-326). Boston: Allyn & Bacon.

Berthoin-Antal, A. (2000). Types of knowledge gained by expatriate managers. *Journal of General Management, 26* (2), 32-51.

Bird, A. (1994). Careers as repositories of knowledge: A new perspective on boundaryless careers. *Journal of Organizational Behavior, 15* (4), 325-344.

Black, J. S. (1992). Coming home: The relationship of expatriate expectations with repatriation adjustment and job performance. *Human Relations, 45* (2), 177-192.

Black, J. S. (1993). The role of expectations during repatriation for Japanese managers. *Research in Personnel and Human Resource Management, 3*, 339-358.

Black, J. S. (1994). O kaerinasai: Factors related to Japanese repatriation adjustment. *Human Relations, 47* (12), 1489-1508.

Black, J. S., & Gregersen, H. B. (1990). Expectations, satisfaction, and intention to leave of American expatiate managers in Japan. *International Journal of Intercultural Relations, 14* (4), 485-506.

Black, J. S., & Gregersen, H. B. (1991). When Yankee comes home: Factors related to expatriate and spouse repatriation adjustment. *Journal of International Business Studies, 22* (4), 671-695.

Black, J. S., Gregersen, H. B., & Mendenhall, M. E. (1992a). *Global assignments: Successfully expatriating and repatriating international managers*. CA: Jossey Bass.

Black, J. S., Gregersen, H. B., & Mendenhall, M. E. (1992b). Toward a theoretical framework of repatriation adjustment. *Journal of International Business Studies, 23* (4), 737-760.

Black, J. S., Gregersen, H. B., Mendenhall, M. E., & Stroh, L. K. (1999). *Globalizing people through international assignments*, MA: Addison-Wesley（白木三秀・永井裕久・梅澤隆監訳『海外派遣とグローバルビジネス：異文化マネジメント戦略』白桃書房, 2001）.

Black, J. S., Mendenhall, M., & Oddou, G. (1991). Toward a comprehensive model of international adjustment: An integration of multiple theoretical perspectives. *Academy of Management Review, 16* (2), 291-317.

Bolino, M. C. (2007). Expatriate assignments and intra-organizational career success: Implications for individuals and organizations. *Journal of International Business Studies, 38* (5), 819-835.

Bonache, J. (2005). Job satisfaction among expatriates, repatriates and domestic employees: The perceived impact of international assignments on work-related variables. *Personnel Review, 34* (1), 110-124.

Bossard, A. B., & Peterson, R. B. (2005). The repatriate experience as seen by American expatriates. *Journal of World Business, 40* (1), 9-28.

Brabant, S., Palmer, C. E., & Gramling, R. (1990). Returning home: An empirical investigation of cross-cultural reentry. *International Journal of Intercultural Relations, 14* (4), 387-404.

Brein, M., & David, K. H. (1971). Intercultural communication and the adjustment of the sojourner. *Psychological Bulletin, 76* (3), 215-230.

Brislin, R. W., & Van Buren, H. (1974). Can they go home again? *International Educational and Cultural Exchange, 9* (4), 19-24.

Chao, G. T., O'Leary-Kelly, A. M., Wolf, S., Klein, H. J., & Gardner, P. (1994). Organizational socialization: Its content and consequences. *Journal of Applied Psychology, 79* (5), 730-743.

Chi, S.-C. S., & Chen, S.-C. (2007). Perceived psychological contract fulfillment and job attitudes among repatriates: An empirical study in Taiwan. *International Journal of Manpower, 28* (6), 474-488.

Church, A. T. (1982). Sojourner adjustment. *Psychological Bulletin, 91* (3), 540-572.

Clague, L., & Krupp, N. B. (1978). International personnel: The repatriation problem. *Personnel Administrator, 23*, 29-33.

Cooper-Thomas, H., & Anderson, N. (2002). Newcomer adjustment: The relationship between organizational socialization tactics, information acquisition and attitudes. *Journal of Occupational and Organizational Psychology, 75* (4), 423-438.

Cox, J. B. (2004). The role of communication, technology, and cultural identity in repatriation adjustment. *International Journal of Intercultural Relations, 28* (3-4), 201-219.

Edstrom, A., & Galbraith, J. (1977). Transfer of managers as a coordination and control strategy in multinational organizations. *Administrative Science Quarterly, 22* (2), 248-263.

Feldman, D. C. (1976). A contingency theory of socialization. *Administrative Science Quarterly, 21* (3), 433-452.

Feldman, D. C. (1991). Repatriate moves as career transitions. *Human Resource Management Review, 1* (3), 163-178.

Feldman, D. C., & Thompson, H. B. (1993). Expatriation, repatriation, and domestic geographical relocation: An empirical investigation of adjustment to new job assignments. *Journal of International Business Studies, 24* (3), 507-529.

Festinger, L. (1957). *A theory of cognitive dissonance.* Stanford, CA: Stanford University Press（末永俊郎監訳『認知的不協和の理論：社会心理学序説』誠信書房，1965）．

Fink, G., Meierewert, S., & Rohr, U. (2005). The use of repatriate knowledge in organizations. *Human Resources Planning, 28* (4), 30-36.

Fisher, C. D. (1986). Organizational socialization: An integrative review. *Research in Personnel and Human Resources Management, 4*, 101-145.

Furnham, A. (1988). The adjustment of sojourners. In Y. Y. Kim & W. B. Gudykunst (Eds.), *Cross-cultural adaptation: Current approaches* (pp.42-61). Newbury Park, CA: Sage.

Furnham, A., & Bochner, S. (1986). *Culture shock: Psychological reactions to unfamiliar environments.* London: Methun.

Furuya, N., Stevens, M. J., Bird, A., Oddou, G., & Mendenhall, M. (2009). Managing the learning and transfer of global management competence: Antecedents and outcomes of Japanese repatriation effectiveness. *Journal of International Business Studies, 40* (2), 200-215.

Gama, E. M. P., & Pedersen, P. (1977). Readjustment problems of Brazilian returnees from graduate studies in the United States. *International Journal of Intercultural Relations, 1* (4), 46-58.

Gaw, F. K. (2000). Reverse culture shock in students returning from overseas. *International Journal of Intercultural Relations, 24* (1), 83-104.

Gomez-Mejia, L., & Balkin, D. B. (1987). The determinants of managerial satisfaction with the expatriation and repatriation process. *Journal of Management Development, 6* (1), 7-17.

Graves, T. D. (1967). Psychological acculturation in a tri-ethnic community. *Southwestern Journal of Anthropology, 23* (4), 337-350.

Greenberger, D. B., & Strasser, S. (1986). Development and application of a model of personal control in organizations. *Academy of Management Review, 11* (1), 164-177.

Gregersen, H. B., & Black, J. S. (1996). Multiple commitments upon repatriation: The Japanese experience. *Journal of Management, 22* (2), 209-229.

Gregersen, H. B., & Stroh, L. K. (1997). Coming home to the arctic cold: Antecedents to finnish expatriate and spouse repatriation adjustment. *Personnel Psychology, 50* (3), 635-654.

Gullahorn, J. T., & Gullahorn, J. E. (1963). An extension of the U-curve hypothesis. *Journal of Social Issues, 19* (3), 33-47.

濱嶋朗・竹内郁郎・石川晃敬（2005）．『社会学小辞典（新版増補版）』有斐閣（*The compact dictionary of sociology* (new and enlarged edition)）．

Hammer, M. R., Hart, W., & Rogan, R. (1998). Can you go home again? An analysis of the repatriation of corporate managers and spouses. *Management International Re-*

view, 38 (1), 67-86.
原裕視（1987）.「海外勤務者のリエントリーに伴う問題と対応策」「文化と人間」の会編『異文化とのかかわり』（pp.67-97). 川島書店.
Harvey, M. G. (1989). Repatriation of corporate executives: An empirical study. *Journal of International Business Studies*, 20 (1), 131-144.
Harvey, M., & Novicevic, M. M. (2006). The evolution from repatriation of managers in MNEs to 'patriation' in global organizations. In G. K. Stahl & I. Bjorkman (Eds.), *Handbook of research in international human resource management* (pp.323-343). Cheltenham, UK: Edward Elgar.
早瀬章（1990）.「企業のグローバル化と帰任問題」石田英夫・白木三秀編『企業グローバル化の人材戦略』(pp.257-291). 日刊工業新聞社.
Heider, F. (1958). *The psychology of interpersonal relations*. New York: Wiley（大橋正夫訳『対人関係の心理学』誠信書房, 1978).
Herman, J., & Tetrick, L. (2009). Problem-focused versus emotion-focused coping strategies and repatriation adjustment. *Human Resource Management*, 48 (1), 69-88.
Hofstede, G. (1980). *Culture's consequences: International differences in work-related values*. Newbury Park, CA: Sage.
星野命（1980）.「カルチャー・ショック」『現代のエスプリ』161, 5-30.
Hyder, A. S., & Lövblad, M. (2007). The repatriation process: A realistic approach. *Career Development International*, 12 (3), 264-281.
稲村博（1980）.『日本人の海外不適応』日本放送出版協会.
伊佐雅子（2000）.『女性の帰国適応問題の研究：異文化受容と帰国適応問題の実証的研究』多賀出版.
Jones, G. R. (1986). Socialization tactics, self-efficacy, and newcomers' adjustments to organizations. *Academy of Management Journal*, 29 (2), 262-279.
金井壽宏（2002）.『働くひとのためのキャリア・デザイン』PHP 研究所.
Kidder, L. H. (1992). Requirements for being "Japanese": Stories of returnees. *International Journal of Intercultural Relations*, 16 (4), 383-393.
Kim, Y. Y. (1977). Communication patterns of foreign immigrants in the process of acculturation. *Human Communication Research*, 4 (1), 66-77.
Kim, Y. Y. (1988). *Communication and cross-cultural adaptation: An integrative theory*. Clevedon, England: Multilingual Matters.
Kim, Y. Y. (1995). Cross-cultural adaptation: An integrative theory. In R. L. Wiseman (Ed.), *Intercultural communication theory*. Thousand Oaks, CA: Sage.
Kim, Y. Y. (2001). *Becoming intercultural: An integrative theory of communication and cross-cultural adaptation*. Thousand Oaks, CA: Sage.
Kim, Y. Y. (2002). Adapting to an unfamiliar culture: An interdisciplinary overview. In W. B. Gudykunst & B. Mody (Eds.), *Handbook of international and intercultural communication* (2nd ed., pp.259-273). Thousand Oaks, CA: Sage.
Kraimer, M., Shaffer, M., & Bolino, M. (2009). The influence of expatriate and repatriate experiences on career advancement and repatriate retention. *Human Resource Management*, 48 (1), 27-47.
Kraimer, M. L., Shaffer, M. A., Harrison, D. A., & Ren, H. (2012). No place like home? An identity strain perspective on repatriate turnover. *Academy of Management*

Journal, 55 (2), 399-420.

Kulkarni, M., Lengnick-Hall, M. L., & Valk, R. (2010). Employee perceptions of repatriation in an emerging economy: The Indian experience. *Human Resource Management, 49* (3), 531-548.

Lazarova, M., & Caligiuri, P. (2001). Retaining repatriates: The role of organizational support practices. *Journal of World Business, 36* (4), 389-401.

Lazarova, M., & Cerdin, J.-L. (2007). Revisiting repatriation concerns: Organizational support versus career and contextual influences. *Journal of International Business Studies, 38* (3), 404-429.

Lazarova, M., & Tarique, I. (2005). Knowledge transfer upon repatriation. *Journal of World Business, 40* (4), 361-373.

Louis, M. R. (1980a). Career transitions: Varieties and commonalities. *Academy of Management Review, 5* (3), 329-340.

Louis, M. R. (1980b). Surprise and sense making: What newcomers experience in entering unfamiliar organizational settings. *Administrative Science Quarterly, 25* (2), 226-251.

Lysgaard, S. (1955). Adjustment in a foreign society: Norwegian Fulbright grantees visiting the United States. *International Social Science Bulletin, 7,* 45-51.

MacDonald, S., & Nancy, A. (2005). Connecting career management to repatriation adjustment. *Career Development International, 10* (2), 145-158.

Martin, J. N. (1984). The intercultural reentry: Conceptualization and directions for future research. *International Journal of Intercultural Relations, 8* (2), 115-134.

Martin, J. N. (1986a). Communication in the intercultural reentry: Student sojourners' perceptions of change in reentry relationship. *International Journal of Intercultural Relations, 10* (1), 1-22.

Martin, J. N. (1986b). Patterns of communication in three types of reentry relationships: An exploratory study. *Western Journal of Speech Communication, 50* (2), 183-199.

Martin, J. N., & Harrell, T. (1996). Reentry training for intercultural sojourners. In D. Landis & R. S. Bhagat (Eds.), *Handbook of intercultural training* (2nd ed., pp. 307-326). Thousand Oaks, CA: Sage.

Martin, J. N., & Harrell, T. (2004). Intercultural reentry of students and professionals: Theory and practice. In D. Landis, J. M. Bennett, & M. J. Bennett (Eds.), *Handbook of intercultural training* (3rd ed., pp.309-336). Thousand Oaks, CA: Sage.

Martin, J. N., & Nakayama, T. K. (2004). Understanding intercultural transitions. *Intercultural communication in contexts* (3rd ed., pp.266-302). NY: McGraw-Hill.

Mesmer-Magnus, J. R., & Viswesvaran, C. (2008). Expatriate management: A review and directions for research in expatriate selection, training, and repatriation. In M. M. Harris (Ed.), *Handbook of research in international human resource management* (pp.183-206). NY: Lawrence Erlbaum Associates.

Miller, V. D., & Jablin, F. M. (1991). Information seeking during organizational entry: Influences, tactics, and a model of the process. *Academy of Management Review, 16* (1), 92-120.

箕浦康子 (1988).「日本帰国後の海外体験の心理的再編成過程：帰国者への象徴的相互作用論アプローチ」『社会心理学研究』*3* (2), 3-11 (The psychological reorganization processes of overseas experience after returning to Japan: A symbolic interactionist approach to returnees. *Japanese Journal of Social Psychology, 3* (2), 3-11.

三善勝代 (2009).『転勤と既婚女性のキャリア形成』白桃書房 (*Relocation and married women's career development*).

Morrison, E. W. (1993). Newcomer information seeking: Exploring types, modes, sources, and outcomes. *Academy of Management Journal, 36* (3), 557-589.

Murray, J. A. (1973). International personnel repatriation: Cultural shock in reverse. *MSU Business Topics, 21* (3), 59-66.

内藤陽子 (2009).「海外からの帰任過程における問題とその支援：日系大手多国籍企業の帰任者への調査から」『国際ビジネス研究』*1* (1), 1-17 (Issues of international repatriation and organizational support: A study of repatriates at large Japanese multinational corporations. *Journal of International Business, 1* (1), 1-17).

内藤陽子 (2011).「組織再社会化における情報入手行為と組織適応：海外帰任者を対象としたモデルの構築と検証」『組織科学』*45* (1), 93-110 (Repatriation as an organizational re-socialization: An empirical study of an information acquisition model for repatriation adjustment in large Japanese MNCs. *Organizational Science, 45* (1), 93-110).

内藤陽子 (2012a).「海外派遣からの帰任：組織への再適応とその決定要因」『日本労働研究雑誌』*626*, 75-88 (International repatriation: An empirical investigation of factors related to organizational readjustment. *The Japanese Journal of Labour Studies, 626*, 75-88).

内藤陽子 (2012b).「海外からの帰国者の再適応：企業の海外派遣による帰任者の生活適応を中心として」『Sauvage』*8*, 45-56.

Newton, S., Hutchings, K., & Kabanoff, B. (2007). Repatriation in Australian organisations: Effects of function and value of international assignment on program scope. *Asia Pacific Journal of Human Resources, 45* (3), 295-313.

Nicholson, N., & West, M. (1989). Transitions, work histories, and careers. In M. B. Arthur, D. T. Hall, & B. S. Lawrence (Eds.), *Handbook of career theory* (pp.181-201). Cambridge, England: University of Cambridge Press.

日本経済団体連合会 (2004).『日本人社員の海外派遣をめぐる戦略的アプローチ：海外派遣成功サイクルの構築に向けて』社団法人日本経済団体連合会.

Nonaka, I., & Kenney, M. (1991). Towards a new theory of innovation management: A case study comparing Canon, Inc. and Apple Computer, Inc. *Journal of Engineering and Technology Management, 8* (1), 67-83.

Oberg, K. (1960). Culture shock: Adjustment to new cultural environments. *Practical Anthropology, 7*, 177-182.

Oddou, G., Osland, J. S., & Blakeney, R. N. (2009). Repatriating knowledge: Variables influencing the "transfer" process. *Journal of International Business Studies, 40* (2), 181-199.

Osman-Gani, A. A. M., & Hyder, A. S. (2008). Repatriation readjustment of international managers: An empirical analysis of HRD interventions. *Career Development International, 13* (5), 456-475.

Ostroff, C., & Kozlowski, S. W. J. (1992). Organizational socialization as a learning process: The role of information acquisition. *Personnel Psychology, 45* (4), 849-874.

Pattie, M., White, M. M., & Tansky, J. (2010). The homecoming: A review of support practices for repatriates. *Career Development International, 15* (4), 359-377.

Redfield, R., Linton, R., & Herskovits, M. J. (1936). Memorandum for the study of acculturation. *American Anthropologist, 38* (1), 149-152.

Rogers, J., & Ward, C. (1993). Expectation-experience discrepancies and psychological adjustment during cross-cultural reentry. *International Journal of Intercultural Relations, 17* (2), 185-196.

Rohrlich, B., & Martin, J. N. (1991). Host country and reentry adjustment of student sojourners. *International Journal of Intercultural Relations, 15* (2), 163-182.

労働政策研究・研修機構（2005）.『第6回　海外派遣勤務者の職業と生活に関する調査結果』独立行政法人労働政策研究・研修機構.

定森幸生（1996）.「帰任時期と帰国後の処遇」『労政時報』*3285*, 52-57.

斎藤耕二（1988）.「帰国子女の適応と教育：異文化間心理学からのアプローチ」『社会心理学研究』*3* (2), 12-20 (Education and adjustment of children returned from overseas: An approach from cross-cultural psychology. *Japanese Journal of Social Psychology, 3* (2), 12-20).

Sam. D. L., & Berry, J. W. (1995). Acculturative stress among young immigrants in Norway. *Scandinavian Journal of Psychology, 36* (1), 10-24.

Schein, E. H. (1971). The individual, the organization, and the career: A conceptual scheme. *Journal of Applied Behavioral Science, 7* (4), 401-426.

Schutz, A. (1945). The homecomer. *American Journal of Sociology, 50* (5), 369-376.

関本昌秀（1992）.「企業帰属意識の変化」『法学研究』（慶應義塾大学法学研究会編）*65* (1), 287-312.

関本昌秀・花田光世（1987）.「企業帰属意識の構造化と影響要因の研究」『産業・組織心理学研究』*1* (1), 9-19.

白木三秀・永井裕久（2002a）.「調査結果の概要（海外派遣者調査結果)」『国際移動者の社会的統合に関する研究』*305*, 国立社会保障・人口問題研究所, 73-103.

白木三秀・永井裕久（2002b）.「海外派遣帰任者のキャリアと生活」『月刊グローバル経営』*248*, 34-40.

Smith, S. L. (2002). The cycle of cross-cultural adaptation and reentry. In J. N. Martin, T. K. Nakayama, & L. A. Flores (Eds.), *Readings in intercultural communication: Experiences and contexts* (2nd ed., pp.246-259). Belmont, CA: Mayfield.

Stahl, G., Chua, C., Caligiuri, P., Cerdin, J., & Taniguchi, M. (2009). Predictors of turnover intentions in learning-driven and demand-driven international assignments: The role of repatriation concerns, satisfaction with company support, and perceived career advancement opportunities. *Human Resource Management, 48* (1), 89-109.

Stevens, M. J., Oddou, G., Furuya, N., Bird, A., & Mendenhall, M. (2006). HR factors affecting repatriate job satisfaction and job attachment for Japanese managers. *International Journal of Human Resource Management, 17* (5), 831-841.

Storti, C. (1989). *Art of crossing cultures*. Yarmouth, Maine: Intercultural Press.

Storti, C. (2003). *The art of coming home*. Yarmouth, Maine: Intercultural Press.

Stroh, L. K. (1995). Predicting turnover among repatriates: Can organizations affect retention rates? *International Journal of Human Resource Management, 6* (2), 443-456.

Stroh, L. K., Black, J. S., Mendenhall, M. E., & Gregersen, H. B. (2004). *International assignments: An integration of strategy, research, and practice*. NJ: Lawrence Erlbaum

Associates.
Stroh, L. K., Gregersen, H. B., & Black, J. S. (1998). Closing the gap: Expectations versus reality among repatriates. *Journal of World Business, 33* (3), 111-124.
Stroh, L. K., Gregersen, H. B., & Black, J. S. (2000). Triumphs and tragedies: Expectations and commitments upon repatriation. *International Journal of Human Resource Management, 11* (4), 681-697.
Sussman, N. M. (1986). Reentry research and training: Methods and implications. *International Journal of Intercultural Relations, 10* (2), 235-254.
Sussman, N. M. (2000). The dynamic nature of cultural identity throughout cultural transitions: Why home is not so sweet. *Personality and Social Psychological Review, 4* (4), 355-373.
Sussman, N. M. (2001). Repatriation transitions: Psychological preparedness, cultural identity, and attributions among American managers. *International Journal of Intercultural Relations, 25* (2), 109-123.
Szkudlarek, B. (2010). Reentry: A review of the literature. *International Journal of Intercultural Relations, 34* (1), 1-21.
高橋弘司（1993）.「組織社会化研究をめぐる諸問題：研究レビュー」『経営行動科学』 *8* (1), 1-22.
田尾雅夫編著（1997）.『「会社人間」の研究：組織コミットメントの理論と実際』京都大学学術出版.
Tung, R. L. (1998). American expatriates abroad: From neophytes to cosmopolitans. *Journal of World Business, 33* (3), 125-144.
Tungli, Z., & Peiperl, M. (2009). Expatriate practices in German, Japanese, U.K., and U.S. multinational companies: A comparative survey of changes. *Human Resource Management, 48* (1), 153-171.
Uehara, A. (1986). The nature of American student reentry adjustment and perceptions of the sojourn experience. *International Journal of Intercultural Relations, 10* (4), 415-438.
梅澤隆（1994）.「海外派遣者のキャリアと動機づけ」石田英夫編『国際人事』(pp.69-93). 中央経済社.
梅澤隆（2001）.「帰任後の問題と海外勤務の再希望」日本労働研究機構編『日本企業の海外派遣者：職業と生活の実態』(pp.129-149). 日本労働研究機構.
Van Maanen, J. (1976). Breakin-in: Socialization to work. In R. Dubin (Ed.), *Handbook of work, organization, and society*. Chicago: Rand McNally.
Van Maanen, J., & Schein, E. H. (1979). Toward a theory of organizational socialization. *Research in Organizational Behavior, 1*, 209-264.
Vidal, M. E. S., Valle, R. S., & Argon, M. I. B. (2007a). Antecedents of repatriates' job satisfaction and its influence on turnover intentions: Evidence from Spanish repatriated managers. *Journal of Business Research, 60* (12), 1272-1281.
Vidal, M. E. S., Valle, R. S., & Argon, M. I. B. (2007b). The adjustment process of Spanish repatriates: A case study. *International Journal of Human Resource Management, 18* (8), 1396-1417.
Vidal, M. E. S., Valle, R. S., & Argon, M. I. B. (2008). International workers' satisfaction with the repatriation process. *The International Journal of Human Resource Management, 19* (9), 1683-1702.

Vidal, M. E. S., Valle, R. S., Argon, M. I. B., & Brewster, C. (2007). Repatriation adjustment process of business employees: Evidence from Spanish workers. *International Journal of Intercultural Relations, 31* (3), 317-337.

Wanous, J. P., Reichers, A. E., & Malik, S. D. (1984). Organizational socialization and group development: Toward an integrative perspective. *Academy of Management Review, 84* (9), 670-683.

Ward, C. (2001). The A, B, Cs of acculturation. In D. Matsumoto (Ed.), *The handbook of culture and psychology* (pp. 411-445). Oxford, U. K.: Oxford University Press.

Ward, C., Bochner, S., & Furnham, A. (2001). *The psychology of culture shock* (2nd ed.). U.K.: Routledge.

渡辺文夫 (2002).『異文化と関わる心理学：グローバリゼーションの時代を生きるために』サイエンス社.

Weissman, D., & Furnham, A. (1987). The expectations and experiences of a sojourning temporary resident abroad: A preliminary study. *Human Relations, 40* (5), 313-326.

Yan, A., Zhu, G., & Hall, D. T. (2002). International assignments for career building: A model of agency relationships and psychological contracts. *Academy of Management Review, 27* (3), 373-391.

八代京子・町恵理子・小池浩子・吉田友子 (2009).『異文化トレーニング：ボーダレス社会を生きる (改訂版)』三修社.

吉原英樹 (1975).「多国籍企業の国際人事戦略：日本企業が国際経営活動を成功させる条件」『世界経済評論』*19* (5), 78-86.

2 Comment：多国籍企業における帰任者の戦略的活用の観点から

浅川 和宏

1．全体的論評

内藤陽子氏は本論文において海外派遣帰任者のキャリア・マネジメント全般に関する広範囲の議論を丹念にレビューし，本分野における最新の研究動向を提示，さらに今後の研究方向性についても明確な指針を示している．本レビューは内藤氏の本テーマに関するこれまでの精力的な研究への取り組みの成果を反映していると言える．日本企業のグローバル化の進展にともない帰任者のキャリア・マネジメントの適切なあり方は今後益々重要課題となるだろうから，このような詳細かつ体系的レビューが現時点でなされることの意義は大きい．その意味で本レビューはこのテーマに関心を持つ多くの研究者にぜひ精読していただきたいものである．

それと同時に，帰任者に関するキャリア・マネジメントをより広いグローバル戦略の文脈で捉え直すことも有効かと考える．そこで以下，私の専門であるグローバル戦略の観点からみた，帰任者研究の今後の方向性に関する私見を述べさせていただきたい．多国籍企業経営全体の視点からの鳥瞰図的アプローチは，内藤氏がレビューを行った帰任者の適応を中心としたキャリア・マネジメント研究にとって，補完的であると同時に相乗効果をもたらすと考えたい．

2．帰任者を埋め込み理論との関係から考える

多国籍企業研究では，海外子会社の有する現地環境への「埋め込み (embeddedness)」が，多国籍企業の全社的競争優位性に貢献するという見方が有力である（Andersson, Forsgren, & Holm, 2002）．中でも，多国籍企業内外の関係性（すなわち埋め込み関係）が多面的に機能する際に競争優位が確立されるという議論が主流になっている．しかし，実際には，地理的に広範囲にまたがる多国籍企業において，そのような多面的な内外の埋め込み関係を維持することは容易ではない．

その意味で、帰任者が、①本社と海外子会社の関係、②海外子会社と現地外部環境の関係、③本社と海外現地外部環境の関係すべてに貢献しうる存在として注目したい．つまり，現地に埋め込まれていた駐在員の帰任は，現地子会社と本社との間のみならず，現地外部環境と本社との橋渡しとなる．帰任者は本社復帰後もしばらくは現地外部環境と関係を保持すると考えられるからである．そうした「埋め込みの重複（Embeddedness overlap）」（Nell, Ambos, & Schlegelmilch, 2011）のマネジメントにおける帰任者の果たす役割は研究テーマとしても大いに注目に値する．

「埋め込みの重複」がよくみられる背景として，当該海外子会社が好業績を上げている場合，重要資源を保持している場合，激変する環境に置かれている場合，現地拠点の位置づけを超えて多国籍ネットワークを保持する場合，こうした埋め込みの重複がみられるとする．帰任者を介したネットワークはまさにこうした埋め込みの重複の状況を象徴していると考えられる．

3. 帰任者を本社から海外子会社への「アテンション」との関連で考える

多国籍企業における本社の海外子会社に対する適度な注目は，海外子会社の経営成果にプラスに貢献するとの見方がある．所謂 Attention-Based-View といわれる考え方だ（Ambos & Birkinshaw, 2010）．帰任者の存在は本社が海外子会社の活動についての認識を高める役割を果たすと考えられる．というのも，帰任者は元配属先の現地事情に明るいため，海外子会社の活動を本社の「レーダー」の範囲内に収めることに貢献する．それにより，本社はより安心して海外子会社に自律性を付与する傾向にある．いわば海外子会社への自律性を付与する心理的担保ともいえる（Ambos, Asakawa, & Ambos, 2011）．

4. 帰任者を海外子会社の戦略的役割との関連で考える

帰任者問題を海外子会社の戦略類型と関連づけた議論が有益だろう．たとえば，Cantwell & Mudambi（2005）に代表される海外子会社の役割類型である「能力構築型」と「能力活用型」の，どのタイプの子会社からの帰任かにより，適応度合ないし知識移転の意義も変わってくる．「能力構築型」の海外子会社の場合，本社・自国に足りない能力を創造することが主たる使命

ということもあり，帰任時の適応もより困難だろうが，むしろ本社に影響をおよぼすことが重要となろう．一方，「能力活用型」子会社からの帰任の場合は本社との活動の継続性ゆえ，帰任時の適応はより容易だろう．

5. 帰任者をメタナショナル経営との関連で考える

内藤氏も論文中で帰任者の知識移転について整理しているが，多国籍企業全体の広い文脈で捉えることが有益だろう．海外の知識・ノウハウを獲得し，社内で融合・活用することの重要性を説く「メタナショナル経営論」(Doz, Santos, & Williamson, 2001) では，海外現地特有の知識・ノウハウの獲得において現地事情に詳しい現地スタッフの果たす役割は当然大きいが，せっかく獲得したものが本社で適切に評価されるとは限らない．そこで本社側に対し，どの海外子会社でいかに有益な知識・ノウハウが獲得されたかを知らしめる上で大きな役割を果たすのが帰任者である．帰任者はまた，赴任中獲得した暗黙知，文脈知を帰国とともに自ら本社に持ち帰ることになる．価値ある暗黙知の移転は人の移動を介するゆえ (Song, Almeida, & Wu, 2003)，ここでも帰任者の役割は大きい．

メタナショナル経営では海外現地特有の知識・ノウハウを取り込む「対外的知識・情報ブローカー」と，取り込んだ知識・ノウハウを本社など社内他部門に移転し活用を支援する「対内的知識・情報ブローカー」の双方が車の両輪として重要だが，帰任者は主に後者の役割を果たしうるといえよう．

6. 帰任者適応を本国・現地国の二国間関係を超えて考える

「帰任者」が海外1カ国からの帰任か，第三国経由の帰任か，区別することも有益かもしれない．たとえば米国勤務しか経験していない帰任者と米国以外に欧州やアジア勤務も経験した帰任者では，異文化適応に違いがあると考える．帰任者を単なる本社・海外子会社間関係 (dyadic) ではなく，より広い頭脳還流の観点から考えることも有益かもしれない．

7. 帰任者適応を距離の影響との関連で考える

帰任者適応の問題を，現地国と本国との様々なレベルの距離 (distance) との関連で検討することが望ましい．多国籍企業研究では，文化的，行政

的,地理的,経済的 (Ghemawat, 2001),ないし精神的距離 (Johanson & Vahlne, 1977) といった多面的レベルにおける距離の国際ビジネス上のパフォーマンスにおよぼす影響を測定している (Håkanson & Ambos, 2010).それらの距離が帰任者の適応,貢献におよぼす直接,間接効果を考察する意味は大きいだろう.

8. 帰任者をオープン・イノベーション経営との関連で考える

グローバル化,オープン化の進展にともない外部資源の重要性が益々高まる今日では (Frost, 2001),社内外を問わず,世界中に点在する有能で重要な人物を積極的に活用することが求められている.海外子会社からの帰任者が海外赴任中に築いた海外現地での対外的人的ネットワークは,本社が世界中の社外現地人材と連携を取りながらグローバル規模でオープン・イノベーション経営を推進する上で不可欠な社会関係資本となるだろう.今後はクローズドな文脈との対比においてオープンな文脈における帰任者の役割を再評価することの意味も大きいと考える.

【参考文献】[内藤論文に書誌情報のあるものは除く]

Ambos, B., Asakawa, K., & Ambos T. (2011). A dynamic perspective on subsidiary autonomy, *Global Strategy Journal, 1* (2), 301-316.

Ambos, T.C., & Birkinshaw, J. (2010). Headquarters' attention, strategic choice and performance in MNC subsidiaries. *Management International Review, 50* (4), 449-469.

Andersson, U., Forsgren, M., & Holm, U. (2002). The strategic impact of external networks: Subsidiary performance and competence development in the multinational corporation. *Strategic Management Journal, 23*, 979-996.

Cantwell, J., & Mudambi, R. (2005). MNE competence-creating subsidiary mandates. *Strategic Management Journal, 26*, 1109-1128.

Doz, Y., Santos, J., & Williamson, P. (2001). *From global to metanational: How companies win in the knowledge economy*, Boston MA: Harvard Business School Press.

Frost, T. (2001). The geographic sources of foreign subsidiaries' innovations. *Strategic Management Journal, 22* (2), 101-123.

Ghemawat, P. (2001). Distance still matters: The hard reality of global expansion. *Harvard Business Review, 79* (September), 137-147.

Håkanson, L., & Ambos, B. (2010). The antecedents of psychic distance. *Journal of International Management, 16* (3), 195-210.

Johanson, J., & Vahlne, J-E. (1977). The internationalization process of the firm: A model of knowledge development and increasing foreign market commitments'.

Journal of International Business Studies, 8 (1), 23-32.

Nell, P., Ambos, B., & Schlegelmilch, B. B. (2011). The MNC as an externally embedded organization: An investigation of embeddedness overlap in local subsidiary networks. *Journal of World Business, 46* (4), 497-505.

Song, J., Almeida, P., & Wu, G. (2003). Learning-by-hiring: When is mobility more likely to facilitate interfirm knowledge transfer? *Management Science, 49* (4), 351-365.

3 組織研究の視座からの
プロフェッショナル研究レビュー
専門職従事者から知識の担い手への
転換とその影響および意義

西脇 暢子

3-1 はじめに

3-1-1 本稿の目的

　プロフェッショナルは社会の発展とともに進化してきた専門的職業従事者であり，その対象は，会計士や弁護士のように資格で規定された古典的専門職のほか，近年ではアナリストやコンサルタントなどの知的業務従事者もふくまれるようになっている．組織研究においてプロフェッショナルは一貫して関心の高いテーマの1つであり，これまでに，専門職従事者としてのプロフェッショナルの管理のほか，キャリア，プロフェッショナル自身による組織化，プロフェッショナル化した組織の戦略や組織間関係などが研究されている．このうち一般的に「プロフェッショナル研究」といわれてきたのは，主に専門職従事者としてのプロフェッショナルの管理とキャリアに関する研究である．その他は専門職を対象とした事例研究としてそれぞれの研究領域内に埋没しており，プロフェッショナル研究としてはいまだ整理されていない．こうした事情もあり，プロフェッショナル研究は領域横断的で理論的には一貫性のない事例研究の総称とみなされがちで，組織研究内で今もって独立研究領域を確立できずにいる．

　本稿の目的は，組織研究の範疇で行われてきたプロフェッショナル研究を，従来対象外とされてきた成果もふくめて組織と個人の関係を軸に整理，体系化することである．その狙いは，学術的には組織と個人の関係を扱う既

存領域を相互に関連づけること，実践的には知識社会に生きる我々へのインプリケーションの導出である．少なくとも組織研究において，プロフェッショナル研究がきわめて限定的な形でしか体系化されてこなかったのは，官僚制を理論基盤に持つプロフェッショナル研究が主な対象とされてきた影響が大きい．しかし今日影響力を持っているのは，1980年代に登場した官僚制に依拠しない新たなプロフェッショナル研究である．これらは研究対象もアプローチ方法も従来の研究と異なる上に研究実績も浅いため，先行研究ではプロフェッショナル研究の対象外であった．しかし本稿は，プロフェッショナル研究の流れを変えた点と，将来的にはプロフェッショナル研究の主流になる可能性を秘めている点に注目し，レビューの対象とした．

　組織と個人の関係から捉えた場合，プロフェッショナル研究は学術的にも実践的にも重要な意味を持つ．組織と個人の関係はミクロ組織研究の主要テーマの1つであり，これまでにもコミットメント，アイデンティフィケーション，キャリアなど複数の領域で論じられてきた．しかし，これらは主に構造としての組織とそこに埋め込まれる個人の関係を論じており，たとえば個人同士が組織化するケースや関係そのものの変化などのダイナミズムは扱っていない．さらに，これらの相互関係は部分的に取り上げられることはあっても，包括的に示されることはほとんどなかった．プロフェッショナル研究は，多様な組織と個人の関係に言及している組織研究の中でほぼ唯一ともいえる領域であり，その成果をまとめることは，同テーマを扱う既存領域の相互関係を示すとともに，それらを補完することにもなる．

　現代社会において知識の重要性は年々高まっており，特に近年は個人も組織も専門家であるか否かにかかわらず，タスク遂行のために一層の知識と専門性が求められるようになっている．この傾向は今後さらに加速すると思われるが，それを前提とした議論が既存の組織研究領域で十分になされてきたとはいいがたい．知識，専門性，パフォーマンスに対していつの時代も高い要求にさらされてきたプロフェッショナルは，現代の知識社会の課題を先取りしてきた存在にあたる．彼らに関する諸々のテーマの多くは今まさに我々が直面している課題であり，そこには我々の働き方や今後の組織との関わり方に関する多くのヒントがふくまれている．プロフェッショナル研究の整理・体系化はこれらを明らかにする作業でもある．

3-1-2 本稿で扱うプロフェッショナル研究の範囲と対象

　プロフェッショナル研究の整理体系化が遅れている理由として，組織研究内での混乱だけでなく，隣接する社会学の関連研究との位置づけがあいまいな点があげられる．社会学ではプロフェッション研究（専門的職業集団の研究）を中心に，その派生研究として，①プロフェッショナルワーカー研究（専門的職業従事者の研究），②プロフェッショナル化プロセス研究（プロフェッショナルの要件およびプロフェッショナルになる過程の研究），③プロフェッショナリズム研究（プロフェッショナルになることの意味に関する研究）が行われてきた．そのうち，組織研究で独自の発展を遂げたのがプロフェッショナルワーカー研究である．研究進展とともにプロフェッショナルの範囲と対象は拡大し，現在では伝統的プロフェッショナルだけでなく，プロフェッショナルに準ずる専門職や知的職業従事者や，彼らが構築する組織（プロフェッショナル組織研究）もふくまれるようになっている．本稿はこうした変遷を踏まえて，プロフェッショナルワーカー研究とプロフェッショナル組織研究を対象にレビューを行う．

　文献検索は次の方法で行った．ジャーナルランクに制限はつけず，英語文献は EBSCO Host などの電子ジャーナルで入手可能な学術成果物を，国内文献は CiNii 掲載の学術成果物を渉猟した．プロフェッション単位で学術領域が確立されている分野（教師，会計士，看護師など医療関係，弁護士，プロスポーツ，など）については，原則として組織研究関連ジャーナルに掲載論文を対象とした．そのうち本稿で内容を紹介するのは，プロフェッショナルに関して何かを明らかにすることを目的とし，かつ組織研究に何らかの影響を与えたと判断される研究である．その他の成果は上記の流れを理解する上で必要と判断されるものに限り必要な情報のみ示す．レビューにあたっては組織研究との関連性を重視し，プロフェッショナルという対象が組織研究のどの領域の研究者に注目されてきたか，どのような意図で研究が行われ，何が明らかにされたか，それが後続研究や関連研究にどのような影響を与えたのかに重点をおいた．

3-1-3 本稿の構成

プロフェッショナル研究は全体像が見えにくいため，具体的なレビューに入る前に研究全体のフレームワークを示す．プロフェッショナル研究を大きくわけると，官僚制理論を基盤に専門職従事者としてのプロフェッショナルとそのマネジメントを論じている研究と，知識の担い手としてのプロフェッショナルとそのマネジメントを，パワー関係やナレッジマネジメントの観点から論じている研究に大別される．本稿はその特徴から前者を「官僚制ベース研究」，後者を「知識ベース研究」とし，それぞれの特徴，共通点，相違点を示す．次に，官僚制ベース研究と知識ベース研究の基本アイディアを提供した研究を，時代背景や登場経緯をふくめて紹介する．最後に，両者の発展的研究としてキャリア研究とプロフェッショナル組織研究を取り上げ，プロフェッショナル研究の成果と課題を検討するとともに，今後期待される領域を示す．

官僚制ベース研究と知識ベース研究の分類の是非については，名称の妥当性もふくめて様々な意見があるだろう．特に前者については，官僚制自体が重要研究領域であることから，本来であればまず官僚制の意味やプロフェッショナル研究との関連性から議論すべきかもしれない．しかし本稿の目的は，組織研究でなされたプロフェッショナル研究の整理体系化と，それによって期待される周辺領域の関連づけと実学的意義の提示にあるため，紙面の関係上，両者の理論基盤そのものに関する議論は割愛する．2つの名称は，あくまでも「官僚制を理論基盤にしているプロフェッショナル研究」と「知識利用の観点からプロフェッショナルを論じている研究」であることを示すだけの限定的なもので，分類上の名称にすぎない点を強調しておきたい．

3-2 プロフェッショナル研究のフレームワーク

3-2-1 プロフェッショナル研究の課題

プロフェッショナルへの関心の高さは，プロフェッショナルが直接的な研究対象として魅力的であったからというだけでなく，それぞれの研究テーマ

を深めるためのツールとして利用しやすかったことも影響している．組織研究者にとってのプロフェッショナルの魅力は高いパフォーマンスと優れた資質，特にそれらがスペシャリストやエキスパートなどの他の専門職や一般従業員との差別化要因になっている点である[1]．プロフェッショナル研究の可能性はまさにこの点にあるのだが，これが研究乱立を招き，プロフェッショナル研究を捉えどころのない事例研究の集合に陥らせた原因でもある．組織研究の視座からプロフェッショナル研究を捉えるためには，組織研究におけるプロフェッショナル研究の全体像を把握するとともに，そこに内包される課題にまず目を向ける必要があるだろう．

組織研究でプロフェッショナル研究が本格化するのは1950年以降であるが，プロフェッショナル研究自体は，少なくとも1930年代前後からプロフェッション研究の中で行われていた．この時代には，プロフェッショナルは社会的分業過程における例外もしくは個別の事象とみなされていたこともあり，理論構築への動きは少なく，プロフェッショナルの組織化や組織参加に関する研究もほぼ皆無であった．プロフェッショナルが組織のテーマとなるのは50年代以降，プロフェッショナルそれ自体を明らかにしようとする研究が一段落し，組織メンバーとしてのプロフェッショナルへの関心が高まってからである．以後組織研究では，多くの研究者が基本的な理論やアイディアをプロフェッション研究の成果や組織理論から適宜採用しながら，独自のプロフェッショナル研究を展開していく．

組織研究では当初，組織パフォーマンスへの貢献に対する期待から，戦略的資源としてのプロフェッショナルの役割が注目された．主な関心は組織（官僚機構）による管理と組織デザインの問題，すなわち，高いパフォーマンスを出せるプロフェッショナルを組織構造内部でどのように管理するか，彼らの能力を最大限に発揮させるにはどのような組織形態が望ましいかにおかれていた．しかし，次第に高いパフォーマンスを生み出すメカニズム，具体的には，知識の使い方や制御刷新の方法，それを可能にしているプロフェッショナル自身によるマネジメントやコントロールに関心がシフトす

---

1 スペシャリストとエキスパートは知識や技術の習得レベルの高さを表す用語，プロフェッショナルは専門的職業人を意味する用語である（詳しくは藤本, 2005, p.108).

る．これを機に，多様なプロフェッショナルと組織を想定した研究が行われるようになる．

理論的には上記のような流れが形成される一方で，プロフェッショナルは調査対象として多くの研究に利用されてきた．プロフェッショナルを素材にすればホワイトカラーを対象にした研究と差別化しやすく，独自の発見も見出しやすい．職域が比較的明確なため，組織の成果との関係も論じやすい．こうした事情から，理論的背景や概念を十分理解しないままプロフェッショナルやそれに相当する職業従事者を事例に用いた研究や，タイトルに「プロフェッショナル」を標榜しただけでそれについて何かを明らかにすることを目的としない研究が，分野を問わず大量に生み出されてきた．これらの多種多様なプロフェッショナル研究は，それぞれの分野の発展に貢献する一方で，プロフェッショナル研究の位置づけをあいまいにしてきた．その多くは，「プロフェッショナルとは何か」という基本的な問いにすら十分な解答を用意していない．

以上をまとめると，組織研究におけるプロフェッショナル研究の課題は，組織の権限体系を通じたコントロールと組織メンバーによる自主的な管理運営という，マネジメントの古典的テーマと新しいテーマがうまく関連づけられていない点にある．両者が別のテーマとして独立に論じられてきたこと，両者に関わる領域の多くでプロフェッショナルが事例やサンプルとして安易に用いられてきたことが，プロフェッショナル研究の範囲や論点を不明瞭にしてきたといえよう．したがって，プロフェッショナル研究の整理体系化にあたっては，分断されてきた2つのプロフェッショナル研究の関係を理解することが鍵となる．

3-2-2　プロフェッショナルの定義

プロフェッショナルの定義と対象者は時代や研究領域によって異なるが，もっとも古典的かつ基本的な定義はプロフェッショナルを資質から規定したものである．定義の検討は1930～1950年代にかけて主に制度的アプローチをとるプロフェッション研究を通じて行われ，様々な要素がプロフェッショナルの要件として検討された．組織研究ではプロフェッショナルの概念や定義の検討はほとんどされず，プロフェッション研究や官僚制研究を援用する

ことで補完してきた．先行研究でプロフェッショナルの要件として取り上げられているのが，

1. 長期的な教育訓練によって初めて獲得できる，高度で体系化された専門知識や専門技能．
2. 職務の自律性．
3. 専門知識を有する集団のメンバーとしての高い職業規範や倫理観．

の三要素である．これらはCarr-Saunders & Wilson（1933）やGreenwood（1957）などの古典研究の定義をWilensky（1964）が体系化してもので，現在多くの組織研究者に「プロフェッショナルの定義」として採用されている．この中で1.と2.はマネジメントと直接関わることもあり，組織研究ではしばしば議論の焦点になってきた．一方，職業規範や倫理観はプロフェッショナリズム研究などで論じられているものの（たとえば長尾，1980），組織研究では関心が薄い．その理由は，組織研究者が倫理や規範を重視していないからではなく，自律性とマネジメントをめぐる議論とそれらを明確に区別してこなかったという方が適切であろう．

3つの要素は，厳密にいえばプロフェッショナルではなくプロフェッションの特性である．社会的に制度化されている点に特徴があり，プロフェッショナルが社会的に承認された専門職集団（プロフェッション）としての地位を得る過程で，①フルタイム化，②体系的なトレーニングを行うための教育機関（学校）の設立，③団体設立（地域レベル），④団体設立（国レベル），⑤公的なライセンシングや承認の獲得，およびそのための政治的闘争，⑥公式的倫理綱領（formal code of ethics）の規定，を経て段階的かつ戦略的に獲得してきたものである（Wilensky, 1964）．

プロフェッショナル研究ではほとんど論じられていないが，プロフェッション研究ではプロフェッションの境界規定要因が長らく議論の的になってきた．なぜなら，プロフェッションの境界はプロフェッショナルの排他的地位と利益を生み出す源泉だからであり[2]，何によってどのように境界を規定するかは，いつの時代もプロフェッショナルの重要課題となってきたからで

---

2 境界が利益をもたらすのは，内部メンバーと部外者の間に様々な不均衡を生み出すからである．不均衡と利益に関する詳しい議論はLamont & Molnar（2002）を参照．

ある．プロフェッションの境界をめぐる先行研究の主な論点は，プロフェッショナルたちにコントロール，トレーニング，パフォーマンス評価などの権利を与える制度化された組織や団体をもとに境界を判断すべきか，知識をもとに判断すべきかである．前者の立場をとるプロフェッション研究の制度的アプローチは，ルールなどの制度的境界と，それによって規定される独占的で閉鎖的なシステムとしてのプロフェッションに注目している．上記のプロフェッショナルの三要素や Wilensky（1964）の主張はこの考え方を反映している．一方，比較的新しいプロフェッション研究のパワーアプローチは後者の立場をとる．そこでは，プロフェッションの境界は知識をめぐるプロフェッション同士の力関係や彼らを取り巻く環境とその変化によって影響を受けるもの，プロフェッションは閉鎖システムではなくオープンでエコロジカルなシステムとみなされている．境界線をめぐる両者の解釈の違いは，次に述べる官僚制ベース研究と知識ベース研究の違いに現れている．

3-2-3　プロフェッショナル研究の２つの潮流：官僚制ベース研究と知識ベース研究

　組織研究のプロフェッショナル研究を構成する「官僚制ベース研究」と「知識ベース研究」は，どちらもプロフェッショナルの優れた資質がパフォーマンスを生み出すプロセスに注目している．ただし，注目するポイントはそれぞれ異なり，それが両者の間に様々な違いを生み出している（表1）．

　官僚制ベース研究は，理論基盤を官僚制と制度的アプローチをとるプロフェッション研究に依拠し，プロフェッショナルを組織とプロフェッションを含む三者の関係から捉えている．三者はいずれも社会的分業の枠組みにおいて異なるタスクを担当するセクターと位置づけられており，プロフェッショナルは他のセクターが担当できない専門的な仕事を扱う個人，プロフェッションはその集団，組織は機能合理的に設計された官僚的階層構造とされる．プロフェッショナルの知識は資質であり，その有無でプロフェッショナルとノンプロフェッショナルを区別する．組織とプロフェッショナルの関係は，上意下達の管理の権限（administrative authority）で全体を統治する組織と，社会的承認に裏づけられた専門知識に根ざす権威（professional authority）で自身や仲間の仕事を統制するプロフェッショナルという，双

表1 官僚制ベース研究と知識ベース研究の特徴

	官僚制ベース研究	知識ベース研究
基盤形成期	1950〜1960s	1980s
主な理論基盤	官僚制 プロフェッション研究 （制度的アプローチ）	近代組織理論 プロフェッション研究 （パワーアプローチ）
プロフェッショナルを捉えるポイント	知識保有	知識使用過程
プロフェッショナル	専門的業務従事者（個人）	知識を駆使して問題設定から解決まで行うアクター（組織，個人）
プロフェッショナルの差別化要因	資質（専門知識，自律性，職業規範）の有無	知識使用プロトコルの有無
組織	官僚機構	協働体系
組織とプロフェッショナルの関係	対立	協働・協調・相互作用

方の統治メカニズムの違いから捉えている（Etzioni, 1964）．したがって，両者の関係は本質的に相容れない対立的関係，プロフェッショナルの組織参加は異なる統治機構を持つ構造への埋め込みを表す．官僚制ベース研究は1970年代を境に，プロフェッションが分析枠組みから徐々に抜け落ち，制度論に根ざした社会学的な研究から組織と個人の関係を論じる組織心理学研究へと変容していく．これを機に，初期の研究が慎重に用いてきたプロフェッションの概念説明を踏まえない実証研究が増えていく．しかし組織，個人，および組織と個人の関係の捉え方，知識を資質とみなす点は変わらない．分析はどちらかといえば静学的で，統計分析を用いて資質とパフォーマンスの関係を明らかにしようとする研究が多い．

　知識ベース研究は，近代組織理論とパワーアプローチをとるプロフェッション研究を理論基盤とし，資質としての知識よりもその使い方や刷新に注目している．その理由は，資質としての知識はプロフェッショナルになるために必要な基礎的学習を終えたことを証明するものにすぎず，実質的にプロフェッショナルとして活躍するために必要なのは，今必要とされている知識を身につけ，それを用いて今要求されているアウトプットを出すこと，すなわち知識もアウトプットも「イン・デマンド（Alvesson, 1993）」であるべきだと考えているからである．プロフェッショナルの該当者はプロフェッショナルにふさわしい仕事をするアクターであり，そこには個人と組織の双

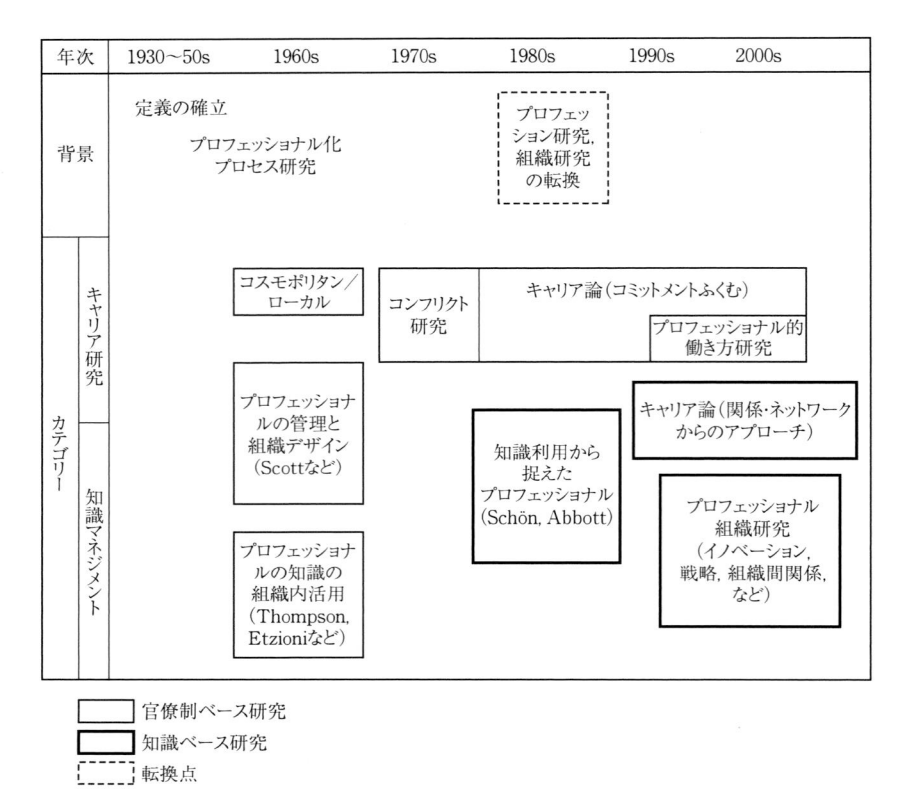

図1　プロフェッショナル研究のフレームワーク

方が含まれる．組織はプロフェッショナルがつくり出す協働体系であり，官僚機構のほか，ネットワークやアソシエーションのような柔軟で緩やかな連携もふくまれる．プロフェッショナルの組織参加はそのような協働体系およびその形成過程への参加や関与，組織とプロフェッショナルの関係は協調や相互関係から説明される．分析はどちらかといえば動学的で，統計分析以外にもケーススタディや会話分析などの質的分析を用いて，プロフェッショナルがパフォーマンスを生み出すメカニズムを解明しようとしている．

　図1はプロフェッショナル研究全体のフレームワークである．プロフェッション研究の諸成果を踏まえて，1950～60年代にかけて官僚制ベース研究の基礎がつくられる．官僚制ベース研究はその後コンフリクト研究とそこか

ら派生したキャリア研究へと発展するが、この中には、1990年代〜2000年前半にかけて日本で盛んだった「プロフェッショナル的働き方の研究」もふくまれる。1980年代にプロフェッション研究と組織研究の双方が転換期を迎えると、知識使用プロセスに着目した新しいプロフェッショナル研究である知識ベース研究が登場する。知識ベース研究はその後キャリア研究とプロフェッショナル組織研究にわかれて発展していくが、後者はナレッジマネジメント研究との融合領域として現在独立しつつある。

3-3 官僚制ベース研究の基本アイディア

本節では、官僚制ベース研究の代表的基盤研究であり、後続のプロフェッショナル研究に大きな影響力を与えた、コスモポリタン／ローカルおよび官僚機構におけるプロフェッショナルの管理、の2つのテーマを紹介する。これらは1950〜60年代に行われ、プロフェッション研究の学説史上では機能主義（functional approachまたはfunctionalist）や構造主義（structural approachまたはstructuralist）と呼ばれるグループに該当し（Abbott, 1988；Macdonald, 1995）、既存研究を援用したり組み合わせたりすることでオリジナリティを生み出している。

3-3-1 コスモポリタン／ローカル
(1) コスモポリタンとローカルをめぐる誤解

コスモポリタンとローカルは、今もプロフェッショナルのコミットメントやキャリアに関する多くの研究の理論基盤となっている。両概念をめぐっては誤用や誤解があり、プロフェッショナル研究者の間でさえ正しく理解されているとはいいがたい。

第1に概念提唱者の誤解である。プロフェッショナルの先行研究の中にはGouldner（1957, 1958）をコスモポリタンとローカルの先駆的かつ代表的研究とみなしているものがあるが、実際にはMerton（1957）[3]の援用である。しかしMertonもこれらを、テンニス（Toennies）のゲゼルシャフトとゲマ

---

[3] Merton, R. K. (1957). *Social theory and social structure* 初版.

インシャフトをそのように訳したジンマーマン（Clair. C. Zimmerman）から援用したにすぎない[4]．したがって，コスモポリタンはゲゼルシャフト，ローカルはゲマインシャフトに相当する概念だといえる．ただし，MertonもGouldnerもコスモポリタンとローカルについて独自の解釈を加えており，厳密にいえばゲゼルシャフトとゲマインシャフトと同義ではない．特にGouldnerは，もともとコミュニティ論を展開するためのものだったそれらを組織の現象を分析するために再解釈しており，ゲゼルシャフトとゲマインシャフトの持つ本来的意味よりも，それらの具体的な特徴を重視している．

　第2に，コスモポリタンとローカルはプロフェッショナルとノンプロフェッショナルの違いを表す概念，あるいは，プロフェッショナルと組織の対立を説明するフレームワークだとする誤解である．両概念を事実上初めて実証研究に応用したのはMerton（1957）だが，この研究の目的は人々の社会的影響パターンの解明，すなわち，「コミュニケーション行動や他の行動形式の明確な斉一性」[5]を見つけ出すことであり，プロフェッショナルやその特性を明らかにすることではなかった．この研究は，コスモポリタンを「所属するコミュニティよりも外部世界への関心が高く，専門的技能や知識を活用することで得られるポスト（博士，聖職者など）に就く者」，ローカルを「所属コミュニティに愛着をもち，外部世界への関心が低く，政治的かつ個人的関係を通じて得られるポスト（市長，銀行頭取など）に就く者」としている．コスモポリタンは，専門的な職業（プロフェッション）やビジネスに結びついた地位やスキルを武器に影響力を行使するのに対して，ローカルは自らつくり上げた個人的なネットワークを駆使して影響力を行使する．

　Merton（1957）は，コスモポリタンに該当する1つのタイプとしてプロフェッショナルをあげているのであり，プロフェッショナルを説明する概念としてコスモポリタンを提示したわけではない．Gouldner（1957, 1958）も同様に，コスモポリタンをプロフェッショナルを説明する要素の一部と位置づけているにすぎない．さらに両者は，コスモポリタンとローカルの違いは相対的なもので，職業タイプによって二分できるものではないと述べてい

4　Merton, R. K. (1968). *Social theory and social structure*. (Enlarged edition). p.447, 注7参照．
5　Merton (1957). 邦訳, p.335より．

る．しかし，コンフリクト研究を中心とする後年のプロフェッショナル研究者たちは，しばしばプロフェッショナルとノンプロフェッショナルの対立や，プロフェッショナルと組織の対立を説明する理論基盤としてコスモポリタンとローカルを用いている．この傾向は 1990 年以降の日本における研究で特に顕著である．

(2) Gouldner のコスモポリタン／ローカル研究

　Gouldner（1957, 1958）の特徴であり Merton（1957）と違う点は，①コスモポリタンとローカルを指向性ではなく役割に関するものと捉えていること[6]，②社会の中である地位につくこと（社会的に役割を与えられること）とそのことが様々な意味をもたらす点を踏まえて，コスモポリタンとローカルを個人の行動様式に影響を与える潜在的アイデンティティと位置づけたこと，③それをインタビューではなくアンケートデータ分析から明らかにしようとしたこと，である．Gouldner がコスモポリタンとローカルに注目した理由は次の通りである．組織や集団に属する個人にとって，社会的役割とそれによって規定される社会的アイデンティティは重要な意味を持つ．両者にはそれぞれ「顕在的（manifest）」なものと「潜在的（latent）」なものがあり，四者の密接な相互関係が個人の行動や価値観に影響を与える．近代の複雑組織においても同様に，潜在・顕在両方の役割およびアイデンティティが存在するはずだが，潜在的なものをどのようにして確かめるべきだろうか．この疑問に答えるために，Gouldner は組織メンバーが持っているはずの 2 つの潜在的アイデンティティとして，コスモポリタンとローカルを提起する．

　Gouldner（1957）は，コスモポリタンを「勤務先組織への忠誠心が低く，専門化された役割スキルへのコミットメントが高く，外部のレファレンスグループ指向の人」，ローカルを「勤務先組織への忠誠心が高く，専門化された役割スキルへのコミットメントが低く，内部のレファレンスグループ指向の人」と定義し，これらを学生 1000 人規模のリベラルアーツの大学のスタッフ（研究者，教員，事務職員）130 人を対象にした調査から明らかにし

6　Merton は指向性と役割を次のように説明して明確に区別している．役割は社会的地位に付帯する権利や義務の行使のされ方，指向性は個人が遂行する複雑で多様な社会的役割全体の根底にある主題（テーマ）をさす（Merton, 1957, p.446 脚注 6 参照）．

た．そして，①コスモポリタンとローカルは程度の差にすぎず，研究者，教員，事務職員には，それぞれコスモポリタン，ローカル，どちらにも該当しない中庸が存在すること，②大学政策に関する参加の程度や規則の遵守を重んじる程度は，コスモポリタン，ローカル，中庸のタイプごとに違うこと，を明らかにした．

　Gouldner（1958）では，Gouldner（1957）で示されたコスモポリタンとローカルをさらに発展・精緻化させるとともに，組織内の人間関係や人間行動を説明する変数にして様々な分析を行った．まず，上記調査データの因子分析を行い，組織忠誠心や目的指向性の違いからコスモポリタンを2タイプ（empire builder, outsider），ローカルを4タイプ（dedicated, true bureaucrat, home guard, elders）にわけた．そして，6つのタイプと学内選挙の当落の関係を調べ，相対的にローカルが強いことを明らかにした．

(3) コスモポリタン／ローカルの検討

　Gouldnerが提示したコスモポリタンとローカルは，その内容をほとんど精査されることなく多くの研究に用いられていった．しかし，Goldberg, Baker, & Rubenstein（1965），Grimes & Berger（1970），Berger & Grimes（1973），Flango & Brumbaugh（1974）など，一部の研究者は概念それ自体に再検討を試みている．

　Goldberg et al.（1965）は，コスモポリタンとローカルはそれぞれ単一次元と多次元のどちらと捉えるべきかについて，Gouldner（1957, 1958）の追試を行っている．彼らはエンジニアや科学者などの様々な職業を対象に集めたデータをもとに探索的因子分析を行い，Gouldnerと同様に両者が多次元的であると結論づけた．一方，批判的検討を行ったのがGrimes & Berger（1970）である．彼らは，Gouldner（1958）やGoldberg et al.（1965）を精査し，両者がMerton（1957）やGouldner（1957）が示したコスモポリタンとローカルの概念をサポートしていないと指摘した．Gouldner（1958）に対しては，サンプル数，分析手法，結果の解釈，の点で問題があり，Gouldner（1957）やMerton（1957）の概念を適切にフォローしていないと述べている．特に，Gouldnerの示したコスモポリタン／ローカルの6タイプの中には，コスモポリタンともローカルともいえないもの，Gouldner（1957）やMerton（1957）を適切に踏襲していないもの，個人の潜在的アイデンティティ

を表すものであるにもかかわらず，実際にはサンプルの属性の違いを示すにすぎないもの，がふくまれていると指摘している．Goldberg et al.（1965）に対しては，因子分析結果の解釈の妥当性に疑問があるとしたほか，抽出された二因子（professional self-gratification factor, organizational responsibility）が単に調査対象の職種や教育水準の違いを反映しただけで，コスモポリタンとローカルの本質的な特徴を捉えていない可能性があると指摘した．

以上のような概念そのものの検討はごく少数見られるだけで，その後は研究関心が実証面へとシフトするにつれてほとんど行われなくなる．こうしてコスモポリタンとローカルについてはGouldnerの解釈がなし崩し的に定着していくとともに，一部の研究では，彼が両概念の提唱者であるという誤解も生まれていった．一方，Mertonの解説やその根底にある理論的バックグラウンドはほとんど顧みられなくなっていった．

3-3-2 官僚機構におけるプロフェッショナルの管理
（1） 組織内イノベーションにおけるプロフェッショナルの役割

プロフェッショナルの組織内管理の問題は，統治メカニズムが官僚機構とは全く違うプロフェッショナルを組織構造内部でどのように統制すべきかにおかれてきた．当時の研究を見ると，たとえば組織で無視できない影響力を持つようになった組織内プロフェッショナルの扱いに悩む管理職や経営者に対して，彼らの扱い方を指南したり（Brandenburg, 1968；Johnson & Hill, 1963），プロフェッショナルと一般従業員との違いや，彼らの処遇を誤るとどのような行動や態度に出るかを明らかにしている（McKelvey, 1969）．

このような中，官僚機構におけるプロフェッショナルの管理の特集を初めて組んだのが *Administrative Science Quarterly*（ASQ, 1965）である．この特集も基本的に当時の研究関心を踏襲しているが，他の研究と違ったのは，専門的知識を保有するプロフェッショナルを組織の戦略的資源と位置づけ，「官僚構造における新たな知識の実践」というテーマのもとで，管理の問題を能力活用の観点から論じたことである．この特集で問題提起論文を提供したのがThompson（1965）である．彼の研究は，同時代の他の研究と同様に組織とプロフェッショナルの対立という古典研究の枠組みは堅持している．しかし，プロフェッショナルの役割を組織イノベーションの観点から論じた

点で，この時代では数少ないプロフェッショナルの知識の機能に注目した研究の1つにあたる．

　Thompson が注目したのは，過度の業務細分化によって官僚構造内に抱えられた多数の未熟練労働者の存在と，彼らの官僚指向性である．未熟練労働者たちは直属の上司からのみ業務を与えられ，その上司に対してのみ責任を持つため，常に上司との関係を意識する．彼らにとっての成功は上司のポストにつくこと（内部昇進すること）であるため，組織の全体目標達成よりも組織内でのパワーと地位の配分に関心を持つように（すなわち官僚指向に）なる．しかし，このような官僚指向化したメンバーだけでは組織に革新を起こすことはできない．なぜなら，革新は変化や適応に対する受容力（capacity）であり，その実現のためには組織にコミットしない資源（資金，スキル，時間など）のほか，あるエリアに精通し，豊かな経験と自信を持つメンバー，すなわちプロフェッショナルが必要だからである．

　Thompson の特徴は，革新にプロフェッショナルは必要だが，プロフェッショナル自身が革新的である必要はないと述べていることである．この点は，プロフェッショナル自身に革新性を求める後年のプロフェッショナル研究と異なる．Thompson が注目した官僚機構の問題は，内部に細分化された技術や知識を数多く抱えているものの，それらを関連づけて新たな役割や機能を生み出せないことである．プロフェッショナルの役割はまさにこの部分，すなわち，どのような知識を組み合わせれば何が生み出されるか，どのような問題が解決されるかを予測し，実行する役割を果たすことにある．これは知識マネジャーとしてのプロフェッショナルの役割であり，組織化（Weick, 1979）やセンス・メーキング（Weick, 1995），バウンダリースパニングロール（Aldrich & Herker, 1977）にも通じる．後述する Abbot（1988）や Schön（1983）も同様のアイディアを持つ．ただし Thompson は革新をあくまでも組織の官僚構造内で起きるものと考えており，既存の構造を超えて革新が起きる場合や，構造それ自体が変革されるケースは想定していない．また，知識ベース研究の基本的アイディアである，知識そのものの変化やその使い方の変化には言及していない．

(2)　プロフェッショナル活用のための組織デザイン

　Thompson の問題提起を踏まえて，プロフェッショナル化の進展と官僚制

化の進展の関係からプロフェッショナルのマネジメントの課題を論じているのが Scott（1965）である．この研究の特徴は，官僚制組織がプロフェッショナルをコントロールする方法を論じるのではなく，プロフェッショナルを一般従業員とは違う存在と位置づけた上で，彼らを活かすための組織のあり方を探っている点にある．この研究でキーワードとして提示されたのが，自律的（autonomous），他律的（heteronomous）の2種類のプロフェッショナル組織であり，後続研究（ex., Bailyn, 1985；Hall, 1967, 1968；Hinings et al., 1991；Raelin, 1989）にも多くの影響を与えた．

　Scott はプロフェッショナル組織を「1つまたはそれ以上のプロフェッショナルのグループのメンバーが，組織の主要目的達成において中心的役割を果たす組織」という Etzioni（1961）の定義を援用し，プロフェッショナルが参加する組織には自律的なものと他律的なものがあるとした．これらは Weber（1947）の「団体」の記述から転用したもので，Scott のオリジナルではない．自律的プロフェッショナル組織とは，組織の執行者（officials）が専門職従業員のグループに，目的の定義と執行，パフォーマンス基準の設定，基準遵守の監視，に関してかなりの責任を委譲している組織で，病院や大学が該当する．一方，他律的プロフェッショナル組織とは，専門職従業員が管理業務に従事し，彼らに認められている裁量の量が相対的に小さい組織のことで，図書館や中等学校（secondary school）などのパブリックエージェンシーが該当する．自律的プロフェッショナル組織では，プロフェッショナルグループと管理部門執行者（administrative officials）の職務が比較的明確に区別されているのに対して，他律的プロフェッショナル組織では，複雑なルールのセットやルーティン化された管理体系がプロフェッショナルの行うタスクの大部分をコントロールしている．自律と他律は相対的なもので，プロフェッショナルに認められている自律性の量で区別される．

　以上にもとづき，Scott はケースワーカーへのアンケートとその上司へのインタビューを行った．その結果，ケースワーカーたちはプロフェッショナル的特性[7]を備えた上司とその監督スタイルをより好意的で支持的だと評価

7　高学歴（院卒），専門的知識が豊富，プロセスよりワーカーの自主性を重視，専門的テクニックの成就に長けている，などの特徴を持つ上司．

すること，仕事の自由度が適切であるか否かの判断は，上司と部下（ケースワーカー）それぞれがプロフェッショナル化している程度，および両者の組み合わせによって変わることを明らかにした．類似の結果は Engel（1970）でも示されている．

　Scott（1965）は Thompson（1965）と違い，知識マネジャーとしてのプロフェッショナルを全面には打ち出さず，あくまでも組織内で自律的に活動する専門職従業員として捉えている．これに対して Etzioni（1964）は，知識の担い手としてのプロフェッショナルを前提とする組織デザインについて持論を述べている．この研究の特徴は，プロフェッショナルの知識の役割を組織内イノベーションではなく個人の創造性から捉えていること，組織によるプロフェッショナルの管理の限界を，両者の統治メカニズムの違いだけでなく，知識の個人帰属的性質から捉えていることである．Etzioniによると，知識も知識によって生み出される創造性もプロフェッショナル個人に帰属しており，命令で他者に移転する機会や官僚機構の権限体系を通じてコントロールする機会は限られる．プロフェッショナルが官僚機構内にあっても自律し，自らの決定に絶対的責任を持つことができるのはそのためである．この考えを踏まえて，彼は組織でプロフェッショナルの知識を扱う基本的方法として，次の3つをあげている．

1. プロフェッショナルが主導する組織をつくる（大学，病院など）．
2. プロフェッショナルに対して彼らが必要とする手段，施設，スタッフなどを提供するサービス組織をつくる（企業の R&D ラボなど）．
3. 非プロフェッショナルの目的を持つ組織がプロフェッショナルを雇用する（軍隊，工場など）．

3-3-3　初期の官僚制ベース研究の意義と限界

　プロフェッショナル研究全体を俯瞰した時の初期の官僚制ベース研究の意義は，第1に，統治メカニズムの違いがもたらすプロフェッショナルと官僚制の対立とそれを踏まえた両者の関係のあり方について，様々な方向から検討したことである．Thompson と Etzioni は組織とそこに属するプロフェッショナル個人が保有する知識を軸に，Scott は「自律的」と「他律的」の2つの組織形態を枠組みに，それぞれ職員による統治機構としての官僚制とそ

こに入り込んだプロフェッショナルの関係を論じている．Gouldner のコスモポリタン／ローカルは，人間の指向性や組織との関わりの違いから，プロフェッショナルの組織対立的な性質を描き出した．

第2に，プロフェッショナルを組織とは本質的に相容れない存在と始めから位置づけた上で，彼らを一般従業員と別け隔てなく管理する方法ではなく，彼らに合う組織デザインを提言したことである．通常，組織デザインは，組織の目標やその達成方法を考慮してなされるが，プロフェッショナル研究では，プロフェッショナルの自律的活動を確保するために組織の全体または部分を特別編成することが提案されている．この方法はプロフェッショナルの基本的な管理方法として，現在でも企業内研究所などで用いられている．

ASQ の特集号は，プロフェッショナルの知識を資質としてではなく実践との関係から捉えた事実上初めての試みであり，狙いは知識ベース研究と共通する．しかし，知識ベース研究が扱っている組織とプロフェッショナルが生み出すダイナミズムには踏み込まず，官僚制とプロフェッショナルをめぐる従来の主張を踏襲しつつ，プロフェッショナルと官僚制の規範の対立（La Porte, 1965），上司と部下のコンフリクト（Evan, 1965），プロフェッショナルのコスモポリタン的性質や動機づけ（Abrahamson, 1965 ; Glaser, 1965）など，当時主流の比較的オーソドックスなテーマについて論じるにとどまる．プロフェッショナルの知識の役割について本格的に研究されるようになるのは，知識ベース研究登場以降である．

3-4 知識ベース研究の基本アイディア：プロフェッショナル研究の転換点

3-4-1 知識ベース研究登場の背景

知識ベース研究は，1980 年代に基本的アイディアが提示され，1990 年代以降本格化する．知識ベース研究の登場と発展の背景には，1980 〜 90 年代に組織研究とプロフェッション研究の双方で起きた次のような変化がある．

組織研究では 1970 年代までに基本的な組織理論がほぼ出そろい，80 年代は従来とは異なる新たな組織のあり方や理論（ex., Miles & Snow, 1987）が

模索された時期にあたる．プロフェッション研究では，アメリカを中心に起きたプロフェッショナルの優位性に対する社会の反発や疑問を受けて，80年代以降，制度化ではなく社会の変化や競争からプロフェッショナルやプロフェッションを論じる「パワーアプローチ」が主流になる（Groß & Kiesler, 2006）．代表的研究にたとえば Freidson（1986）がある．90年代に入ると知識の重要性が様々な領域の研究者たちに認識されるようになり，組織研究全体が知識主導になっていった．たとえばキャリア研究では「バウンダリーレスキャリア（Arthur, 1994）」という新しい考えが提示され，知識ネットワークを基盤とするキャリア形成のあり方が盛んに研究されるようになる．キャリア以外では，ナレッジマネジメント（Nonaka, 1994），知識集約型組織（Alvesson, 1993；Starbuck, 1992），組織における専門知識のパワー（Reed, 1996），が論じられるようになる．知識をめぐるこれらの新たな研究は，2000年に入るとそれまで組織研究やプロフェッショナル研究とは一線を画していたプロフェッション研究に波及し，「プロフェッショナルサービス組織（professional service firm/organization：PSF）研究」への関心を高めた．

　知識ベース研究は，以上のような学術界の過渡期に誕生した．官僚制と対立を土台とする官僚制ベース研究と違い，知識ベース研究は学際性と柔軟性が高い反面，理論的には脆弱な面がある．

3-4-2　知識の担い手としてのプロフェッショナル

(1)　学習するプロフェッショナル：reflective practitioner

　知識ベース研究の基本アイディアともいえる研究が，Schön（1983）と Abbott（1988）である．Schön は組織学習論の立場から，不確実で不安定な実務の現場で専門性を発揮する実行者（practitioner）としてのプロフェッショナルを論じている．Abbott はプロフェッション研究パワーアプローチの立場から，知識をめぐって競合するプロフェッショナルを論じている．両者はテーマも学術的バックグラウンドも異なるが，どちらも当時プロフェッショナルが直面していた危機に着目することで，知識の担い手という新たなプロフェッショナル像を描き出している．

　Schön（1983）が注目したプロフェッショナルの危機は，当時アメリカを

中心に起きていたプロフェッショナルの知識に対する社会的信用の失墜と，その背景にあるプロフェッショナルとノンプロフェッショナル間の競争である．これらは，技術の高度化によってプロフェッショナルの専門的知識や技能の多くが機械やそれを扱う一般従業員に代替されるようになったことや，プロフェッショナルに対する社会的ニーズの多様化によって生じたもので，Schönによると，プロフェッショナルの役割を問題解決から問題そのものの把握や設定に転換させる契機となった．問題解決と問題設定では必要な能力が本質的に異なる．問題解決はあらかじめ決められた選択肢の中から最適なものを選び出す作業だが，問題設定は選択肢そのものを設定する作業である．問題設定は既存の知識やそれを用いた問題解決パターンを駆使して行うが，それらが有効でなければそれらの見直しや再設定が必要になる．

　知識やその使い方の手順はプロフェッショナルにとってはある意味資質であり，たとえば専門教育機関で体系的に学習するものである．資質としての知識に注目する官僚制ベース研究は，知識の習得には注目したが，それらの見直しや刷新には言及していない．むしろ，それらの変更はプロフェッショナルのあり方そのものの見直しにもつながりかねないせいか，議論の対象にはなっていない．Schönが知識の使い方に注目したのは，知識を持つだけではプロフェッショナルとは認められにくくなった社会的状況に適した，新たなプロフェッショナル像が必要だと考えたからである．これを踏まえて彼は，プロフェッショナルとはタスクを遂行するために自らの能力を状況に応じて使いこなし，必要であれば思考や行動のパターンをも変革，刷新していける者，すなわち"reflective practitioner"でなければならないとした．この条件に当てはまる限り，プロフェッショナル，エキスパート，スペシャリストという古典的分類はあまり意味を持たない．また，成果の高さもそれほど重要ではない．

　以上を踏まえてSchönは，アカデミックプロフェッショナル，サイコセラピー，都市計画者などの多様な専門職業従事者を対象に，彼らが実行過程で具体的にどのようなことをしているかをインタビューや会話の内容から分析した．そして，プロフェッショナルたちは実行を通じて常に自らの行動やその影響を内省していること（reflection-in-action），実行を通じてそれらを理解し把握していること（knowing-in-action）を明らかにした．

(2) プロフェッション間競争から捉えたプロフェッショナル

　Abbott（1988）が注目したプロフェッショナルの危機は，知識の使用と範囲をめぐるプロフェッション間の支配権（jurisdiction）争いとそれにともなうプロフェッションの序列化である．Wilensky（1964）をはじめとする制度的アプローチをとるプロフェッション研究者たちは，制度的境界によって規定されたプロフェッションの排他性を議論の前提としている．プロフェッショナルの仕事はプロフェッション確立過程を通して制度的に規定されるものであり，いったんあるプロフェッションのカテゴリー内に定義された業務はそのままそのプロフェッションのタスクとして引き継がれていくものとしている．それらが他のプロフェッションに奪われたり，社会的要求によって変更されたりすることは想定していない．

　一方Abbottは，社会の中で技術やニーズの高度化や多様化にともなってプロフェッショナルが担当すべき新規タスクが次々に登場していること，それらの取り込みや既存業務の囲い込みあるいは再配置をめぐってプロフェッション同士が激しく争っていることを踏まえて，プロフェッション間競争の鍵として彼らの抽象化能力（abstraction ability）に注目した．抽象化能力は社会に存在する具体的問題を自らの専門領域に適するように分類，解釈，定義する力であり，この優劣がプロフェッションのステイタスや存続可能性を決める．たとえばアルコール依存症はプロフェッショナルの担当業務だが，社会問題と解釈すればカウンセラーやソーシャルワーカーの仕事に，医学的問題とすれば医者の仕事になる．より多くの，あるいはより重要な業務を囲い込んだプロフェッションは，そうでないプロフェッションより相対的に強いパワーを持ち，自らの境界線を安定化させるとともに，より多くの利益を享受できる．

　Abbottは以上のようなプロフェッション間競争の源泉は彼らの業務にあるとし，それを①診断（diagnosis），②推論（inference），③治療（treatment），の三段階で説明づけた．診断とは問題の分類，すなわち，プロフェッショナルの知識システムに情報を取り込み，問題を構造化することをさす．治療とは問題解決のためのアクション，すなわち診断を踏まえて適切な解決策を出すことをさす．推論は診断と治療の間のプロセスであり，そのように診断した理由づけおよび治療の方向性や範囲の設定をさす．推論は診

断と治療の関係があいまいな時になされるが，ルーティンワークのように両者の関係が明確な場合には必要ではない．したがってAbbottによると，推論こそが純粋にプロフェッショナル的仕事だという．彼はプロフェッショナルたちが診断，推論，治療をどのように実行しているか，それが彼らのプロフェッションとしての地位確立や影響力拡大にどのように寄与しているかを，法律家，メンタルヘルスに関わる専門家，情報プロフェッションの3つの事例をもとに論じている．

3-4-3　知識利用方法の共有による集団的差別化

AbbottとSchönの研究は，プロフェッショナル研究に対していくつかの重要なインプリケーションをふくむ．中でも特に重要だと思われるのが，プロフェッショナルが特別であると認めつつもそれを自明とする官僚制ベース研究の考えを否定したこと，プロフェッショナルの対象者を知的業務従事者にも拡大したこと，である．

官僚制ベース研究は，プロフェッショナルが特別であることを大前提とし，それを資質や成果など客観的に差別化される点に求めてきた．しかしAbbottとSchönは，資質から定義される古典的な意味でのプロフェッショナルでは現代のプロフェッショナルの姿を表現しきれないこと，成果が必ずしもプロフェッショナルを特徴づけるものではないこと，実行過程のみがプロフェッショナルの証明となることを，それぞれ示した．彼らが明らかにしたプロフェッショナルの知的活動プロセスは，プロフェッショナルだけの特別なものというより，一般従業員にも当てはまるどちらかといえば普遍的なものである．活動プロセス，資質，成果のいずれにもプロフェッショナルの特別性を認めないのであれば，いったいどこにそれを見出すべきなのだろうか．

彼らはそれを，同じプロセスを踏んでいてもプロフェッションごとにその運用の仕方やノウハウが違う点，すなわち，知識使用過程の集団単位での差別化に見出している．2人が示したプロフェッショナルの知的活動プロセスは，同一プロフェッションのメンバーが共有するある種のプロトコルであり，彼らだけが理解し再現できるブラックボックス，すなわち潜在的差別化要因にあたる．プロフェッションの境界内部では移転可能だが，境界外部へ

の移転は非常に難しい．なぜなら，部外者が同じプロセスを踏んでも同じ結果が得られるわけではなく，場合によっては何がこのプロセスに該当するのかさえわからないからである．AbbottとSchönは官僚制ベース研究が立ち入っていない認知メカニズムに踏み込むことで，顕在的差別化要因だけではプロフェッショナルの特別性を表せないことを指摘し，プロフェッションの境界が知識の運用方法によって規定されるという新たな考えを提示した．これにより，プロフェッショナルが知識の担い手であること，そのことが彼らを差別化し，専門家としての社会的信用と地位をもたらす要因であることを示したのである．

　以後，プロフェッショナル研究には，従来の官僚制ベース研究のほかに，知識利用プロセスに焦点を当てた研究（知識ベース研究）が加わる．これを機にプロフェッショナル研究は，専門職従事者を対象にした研究から，次第に知的業務従事者およびその組織を対象にした研究にシフトしていく．研究対象の拡大は知識ベース登場以降顕著になる．

3-5　プロフェッショナル研究の展開

　官僚制ベース研究と知識ベース研究は，その後キャリア研究とプロフェッショナル組織研究を中心に発展した．キャリア研究は官僚制ベース研究と知識ベース研究の双方が対照的な議論を展開している．プロフェッショナル組織研究は知識ベース研究のみが扱う萌芽的領域で，現在は体系化できるほどの蓄積はないが，イノベーション，戦略，組織間関係で比較的研究が進んでいる．

3-5-1　キャリア研究
（1）　官僚制ベース研究のキャリア論

　プロフェッショナルを対象とするキャリア研究は，当初コンフリクト研究を中心とする官僚制ベース研究が主流を占めるが，次第に知識ベース研究が影響力を持ち始める．組織とプロフェッショナルのコンフリクトそれ自体は1950年代前後から研究されていたが（ex., McEwen, 1956），組織研究に影響を与えることはほとんどなかった．60年代までに官僚機構におけるコンフ

リクト発生メカニズムがほぼ明らかにされると，コンフリクト研究は徐々に様々なプロフェッショナルを対象にした実証研究にシフトする．これを契機にコンフリクト研究は，キャリア，コミットメント，リーダーシップなどのミクロ組織の諸研究と結びつきを強め，伝統的なプロフェッションをふくむ三者関係ではなく，組織とプロフェッショナルの関係にのみ関心を向けるようになる．こうしてコンフリクト研究は，特に80年以降，プロフェッショナル研究からプロフェッショナルを対象にした組織心理学研究へと変わっていく．

1970年代の初期のコンフリクトの研究は，主に組織とプロフェッショナルの対立そのものを論じている．Corwin (1969), Sorensen (1967), Sorensen & Sorensen (1974), Schroeder & Imdieke (1977) は，Hall (1967, 1968) の官僚制の6側面やGouldnerのコスモポリタンとローカルを用いて，官僚制組織に取り込まれたプロフェッショナルと組織の関係性を分析している．その結果，職位上昇にともなってプロフェッショナルたちはプロフェッショナル指向より官僚指向が強まること，官僚指向は職務満足と負の関係だがプロフェッショナル指向は正の関係にあること，組織規模や職位がプロフェッショナルの官僚指向に影響していること，などを明らかにしている．そのほか，コンフリクトがもたらす影響やコンフリクトを踏まえたキャリア論として，プロフェッショナル組織におけるストレス (Bartol, 1979; Cummings & DeCotiis, 1973)，プロフェッショナル組織におけるMBO (Shetty & Carlisle, 1975)，組織構造が役割コンフリクトとあいまいさにおよぼす影響 (Morris et al., 1979)，プロフェッションと組織へのコミットメントと関与 (Thornton, 1970)，も研究されている．

1980年代になると，コンフリクト研究が続けられる一方で (ex., Gregory, 1983; Marcus, 1985; Raelin, 1985)，動機づけ，コミットメント，満足や離職行動など，コンフリクトと関連のある行動や態度およびキャリアにおよぼす影響に関心がシフトする．研究の結果，組織とのコンフリクトがプロフェッショナルの離職行動や職務満足と関係していること (Aranya & Ferris, 1983; Bartol, 1979; Norris & Niebuhr, 1984)，プロフェッショナルのキャリア指向性の違いが動機づけと関連していること (Miner, 1980)，プロフェッショナルと組織のコンフリクトそれ自体は実際にはあまり存在しない

こと (Aranya & Ferris, 1983),プロフェッショナル組織で働くプロフェッショナルとノンプロフェッショナル組織で働くそれではコンフリクトの強さが違うだけでなく,コンフリクトは職位階層の高さと負の関係にあること (Aranya & Ferris, 1984),などが明らかにされた.

(2) 日本の研究:プロフェッショナル的働き方の研究

1990年代になると,欧米では80年代と同様のコンフリクト関連研究が続けられる中 (ex., Wallace, 1996),日本でもプロフェッショナル研究が盛んになる.この時期の日本のプロフェッショナル研究は,大企業を中心に起きた年功序列終身雇用慣行の見直しと,それに代わる雇用システムとしての成果主義への急速な関心の高まりを背景に行われており,研究関心が欧米研究とは本質的に異なる.主な研究テーマは,プロフェッショナルの自律的な働き方をホワイトカラーなどのノンプロフェッショナルに適用することであり,内容的にはプロフェッショナル研究というよりも,プロフェッショナル的働き方の研究,あるいはそのような働き方をする人に関する研究にあたる.

プロフェッショナル研究自体は1990年以前から行われ,組織科学では特集も組まれている.そこではプロフェッショナル企業人の育成(森川,1980),労働市場における専門職の地位(神代・桑原,1980),管理職と専門職のあり方や関連性(岡本,1980;友安,1980)などが議論されている.このほか,長尾(1980, 1986, 1995)や佐藤(1971, 1973)によって,プロフェッショナリズムや現代プロフェッショナルの問題が論じられた.これらの90年以前の研究は,官僚制理論を踏まえた理論的知見からの議論が中心で,どちらかといえば組織研究というより官僚制研究や労働研究にあたる.プロフェッショナルへの関心も他の組織関連テーマに比べてあまり高くなく,特集号以外ではプロフェッショナル関連研究はほとんどない.プロフェッショナル研究がある種のブームになるのも,専門職ではなく「プロフェッショナル」という表現が定着するのも,90年代以降である.

1990年代以降の日本のプロフェッショナル研究の特徴は,実践的見地からプロフェッショナルを論じる研究や非学術的成果物[8]が短期間に量産され

---

8 一例として波頭(2006),茂木(2006-2007)がある.

3 組織研究の視座からのプロフェッショナル研究レビュー

たことである．学術的成果物としては，たとえば太田（1993），佐藤（1994），宮下（2001），藤本（2005）がある．そのうち欧米研究と同様のプロフェッショナル研究といえるのが藤本（2005），プロフェッショナル的働き方の研究が太田（1993）と宮下（2001），プロフェッショナル的働き方をする人の働き方やキャリア形成の具体例を明らかにしているのが佐藤（1994）である．藤本（2005）はプロフェッション研究の丹念なレビューを踏まえて，先行研究でコスモポリタン的特性を持つことが明らかにされている専門職従事者（企業勤務の研究者）を対象に，彼らが内部組織である企業と外部組織である学会などにどのように関わりながらキャリアを形成しているかを，データ分析やインタビューから明らかにしている．太田（1993）と宮下（2001）は大企業勤務のホワイトカラーを主な対象とした調査を通じて，従業員であってもプロフェッショナルのように組織の管理の枠組みから自立し，コスモポリタン的な働き方をすべきであること，それが今後の組織従業員にとって望ましいキャリア形成のあり方だとする主張を展開している．佐藤（1994）は技術者や記者など，定義上ではプロフェッショナルに該当しないが，働き方や要求される仕事の水準の点で一般従業員とは異なる「プロフェッショナル的な人々」を対象に，その働き方を具体的に明らかにしている．

(3) 知識ベース研究のキャリア論

知識ベース研究におけるキャリア研究は，プロフェッショナルが業務を通じて構築する関係とその影響に注目し，組織自立的なキャリア形成を是とする官僚制ベース研究の主張に対して，実際にはそれが非現実的であることを様々な方法で明らかにしている．知識ベース研究の中でも組織自立的キャリア形成を支持する研究はある．ただしそれらも，自律的であることが組織自立的なキャリア形成をもたらすという，日本のプロフェッショナル研究者たちが想定するような単純な因果関係は想定していない．自由なキャリア形成がプロフェッショナルの自律的活動を支えているという逆の因果関係や（Jones, 1996；Saxenian, 1996），資格獲得によって誘発される機会主義的行動の影響など（Robson et al., 1996），自律性以外の要素も考慮している．

リーダーの影響に着目したのが Katz を中心とする一連の研究とその後続研究（Allen & Katz, 1986；Debackere et al., 1997；Katz & Tushman, 1983；Kats et al., 1995）である．彼らは R&D に従事するエンジニアや研究

者を対象にした調査を通じて，上司のバウンダリースパニングロールのタイプや複線型キャリアパスにおける昇進パターンの違いが，部下のキャリア形成パターンに影響することを明らかにしている．リーダーだけでなく，同僚もふくめた複雑な関係がもたらす影響について論じているのが，会計士を対象にした Anderson-Gough, Grey, & Robson（2006）と西脇（2009）である．前者は，プロフェッショナルの成功は個人の知識だけでなく，他者の持つそれを統合・利用するスキルに影響される点に着目し，上司や同僚との関係づくりが会計士のキャリア形成に様々な形で影響を与えていることを，長期インタビューから明らかにしている．後者は，監査法人勤務の会計士を対象にした業務関係のネットワーク分析とインタビューから，部内でパワーを持つ上司が形成する排他的ネットワーク（クリーク）への参加の有無が，部下の昇進に影響していることを明らかにしている．

　プロフェッショナル同士の関係がキャリア形成に影響することは，外部環境や組織制度の影響に着目した Morris & Pinnington（1998）も明らかにしている．この研究は英国の監査法人を対象に，内部昇進できなければ組織を去る "up-or-out" と呼ばれるプロフェッショナル特有の伝統的キャリア形成システムの有効性を研究し，up-or-out は都市部の大規模法人の方が地方の小規模法人よりも有効であることを発見した．その理由として，後者では業務環境の変化によって up-or-out を維持する意義が薄れたこと，up-or-out よりもピアプレッシャーを利用したコントロールの方が有効である点をあげている．コンサルタントなどの知識従業員を対象にした研究（Groysberg & Lee, 2008；日詰, 2011）でも，プロフェッショナル同士の関係がキャリアの基盤となるパフォーマンスに影響することが明らかにされている．

(4) キャリア研究におけるプロフェッショナル研究の独自性

　キャリアをめぐる官僚制ベース研究と知識ベース研究の主張は対立的である．ただし本質的に対立しているわけではなく，自律性と組織自立の関係づけをめぐる両者の見解の違いが反映されたにすぎない．

　自律性はプロフェッショナルが社会的に承認された専門職業集団の一員として有するもので，自らのルールや規範に則って主体的に活動することをさす．一方，自立はプロフェッショナルが官僚構造内でも自律的であろうとした結果必要になるものだが，プロフェッショナルの必要条件ではない．組織

の規範やルールと自身のそれが対立し，調整困難な場合に限られる．もし両者に矛盾や対立がなければ，プロフェッショナルは組織から自立していなくても自律的でいられる．官僚制ベース研究は，組織とプロフェッショナルがそれぞれ独自の統治メカニズムとそれに準じた価値基準に従って動いていることを踏まえて，双方のルールや規範も本質的に相容れないと考えている．自律性と組織からの自立を同一視するのはそのためであり，組織自立的キャリア形成を奨励する理由でもある．一方，知識ベース研究は，組織をプロフェッショナルがつくり出す協働体系と捉えており，双方のルールや規範はもともと矛盾しないか，調整可能であることを前提としている．自律的活動の実現と組織からの自立は同じものではなく，自律的活動をしながらも，あるいは自律的活動をするからこそ，キャリア形成過程で組織の諸要素に影響を受けると考えている．

　両者の意見対立は，自律性と組織自立の関係を一面的に捉えるか柔軟に捉えるかの違いである．自律性がプロフェッショナル特有のキャリアを生み出す要因と考える点では両者とも共通しており，キャリア研究においてプロフェッショナル研究が独自性を持ちうる根拠を示したといえよう．

3-5-2　プロフェッショナル組織研究

(1)　KIF, PSF への関心の高まり

　プロフェッショナル組織研究の主な対象は，知識集約型組織 (knowledge intensive firm/organization：KIF) とプロフェッショナルサービス組織 (professional service firm/organization：PSF) である．PSF と KIF の正式な定義はまだないが，先行研究では，法律事務所，監査法人，コンサルティング会社などの，プロフェッショナルやそれに準ずる専門職従事者や知識労働者を雇用し，知的業務サービスを提供する組織の総称として用いられている．特集号もすでに数回組まれていて，*International Studies of Management & Organization* (2002) では KIF とプロフェッショナルの関係についての小規模な特集が，*Research in the Sociology of Organization* (2006) と *Journal of Organizational Behavior* (2008) では，PSF の大規模な特集がある．PSF の 2 つの特集号のうち，前者は PSF が官僚制理論以来論じられてきた社会的分業の一翼を担うアクターであることを踏まえて，PSF の社会

的影響力増加にともなう様々な緊張を論じている．後者は PSF の組織や従業員を従来の組織のそれとあまり区別してこなかった反省を踏まえて，PSFという新たな組織を前提とする組織理論と組織行動研究のあり方を模索している．

プロフェッショナル組織研究台頭の背景には，①伝統的なプロフェッショナルのタスクの多くが専門組織によって遂行されるようになり，かつそれらの多くが大規模化している，②遂行すべきタスクが1つのプロフェッションの範囲に収まらなくなり，異なる専門性を持つプロフェッショナル同士の連携が必要な場面が増加した，③インターネットなどのメディアツールの発達により，物理的に距離の離れたプロフェッショナル（個人，組織）同士の組織化や連携が容易になった，という事情がある．これらを踏まえて，先行研究はプロフェッショナル組織を近代組織理論から派生した他のどの組織とも違うものと捉え，それらの組織体としての一般的特性よりも，機動的で柔軟な側面を強調する傾向にある．

研究関心の高さに反してプロフェッショナル組織そのものに関する研究は非常に少ない．一部の研究者がその社会的役割や機能（Teece, 2003），タイプの違い（Brock, 2006；Malhotra & Morris, 2009）を述べるにとどまる．

(2) 学習とイノベーション

現在までのプロフェッショナル組織研究の主要領域はイノベーション，戦略，組織間関係であるが，学習とイノベーションに関する研究は，March (1991) の "exploitation" と "exploration" を用いて，性質の異なる学習がイノベーションやパフォーマンスに与える意味や影響を様々なデータや事例から明らかにしている．

建設業界の小規模 PSF を対象にした Lu & Sexton (2006) は，イノベーションには開発に関わるもの（explorative innovation）と利用に関わるもの（exploitative innovation）があるとし，質的研究から両者と PSF のタイプおよびパフォーマンスとの関係を分析している．それによると，開発型イノベーションは新規プロジェクトと関係が深く，探索，多様性，実験，プロジェクト特有の課題の解決で特徴づけられるのに対して，利用型イノベーションは既存領域と関連しており，将来的な活動のための生産性向上と関係している．この論文では2つのイノベーションのバランスの維持が提言され

ているが，Litrco & Lee（2008）でも同様の指摘がなされている．

Søren, Poulfleta, & Sascha（2010）は，組織ルーティンが組織の採用やイノベーションにもたらす影響について，PSF（法律，建設，ITコンサルティング）のCEOへのインタビューデータから分析している．この研究が注目した組織ルーティンは，マネジャーが日々の活動の中で扱うマネジリアル・ルーティンで，意思決定や実践と関係している．分析の結果，PSFのイノベーションはルーティンでありかつ主に受動的であること，大部分のルーティンは探索と直接的に関係していること，PSFは効率性や規模の経済性追求のためにルーティンを利用していること，などを明らかにしている．Heusinkveld & Benders（2002）はコンサルタント会社とそこに勤務するコンサルタントを対象に，彼らが業務遂行過程で異なる3つのセクター（プロフェッション，市場，組織）からの相容れない要求やそれにともなう摩擦を処理していること，それが組織イノベーションにつながっていることを，質的研究から明らかにしている．

Ferlie, Fitzgerald, Wood, & Hawkins（2005）は，複数のプロフェッションをまたぐプロフェッショナル間関係を枠組みに，医療現場におけるイノベーションの波及と定着（新しい治療方法が定着するか否か）の関係を分析している．それによると，イノベーションの成否はプロフェッション内およびプロフェッション間の連携が成立するか否かにかかっており，どちらかが欠けた場合にはうまくいかないという．Swart & Kinnie（2010）は，複数タイプのプロフェッショナル組織を対象に組織学習のケーススタディを通じて，開発と利用の2つの学習が組み合わさることで生じる緊張やその対応について論じている．

(3) 戦略

プロフェッショナル組織を対象にした戦略論には，組織や事業の戦略に関するものと，人事戦略に関するものがある．前者に該当する研究のうち，法律事務所を対象にしたJennigs, Jennings, & Greenwood（2006）は，業界内での戦略的ポジショニング（収斂，拡散，それらの中庸）[9]と組織パフォー

---

9 ポジショニングとは，業界内の制度や慣例，業界内の他社の行動に則する程度を表す．できるだけ業界慣例や他社の行動に合わせるポジションを「収斂（convergence）」，それらとは違う独自のやり方をとるポジションを「拡散（divergence）」としている．

マンス（プロフェッショナル個人の収益と法人全体の収益）の関係を分析している．それによると，新規参入法律事務所にとって成功の鍵となる業界内での評判には，業界内他社への同調によって得られる部分（収斂）と他社との差別化によって得られる部分（拡散）があるが，新規設立法人は戦略上収斂か中庸（収斂と拡大の間）を選択する傾向があるという．しかし，実際には拡散を選択した方がパフォーマンス（特に法人収益）の面でプラスであることを明らかにしている．法律事務所や監査法人の市場内競争を研究したAmonini, McColl-Kennedy, Soutar, & Sweeney（2010）は，プロフェッショナル組織が様々な付加価値の提供，評判の形成，顧客との長期的関係形成，などを通じて他社と自社を差別化し，市場において優位な戦略的ポジションを得ようとしていることを明らかにしている．

　監査法人を対象にした Greenwood, Li, Prakash, & Deephouse（2005）も評判の効果を論じている．それによると，プロフェッショナル組織の戦略やパフォーマンスには，クライアントからの評判と，知識の保有と使用に直接関わるプロフェッショナル従業員が影響を与えるが，組織デザインには，従業員の保持および動機づけと，プロフェッショナル間の知識移転のバランスをどうとるかが重要課題になるという．設計事務所を対象にした Jones & Livne-Tarandach（2008）は，PSFにとって言語やその使い方（レトリック）が戦略的資源の1つであることを，制度理論や「フレーム[10]」を理論基盤にした質的研究とネットワーク分析から明らかにしている．それによると，個々のPSFが保有するボキャブラリーとその使い方は，顧客説得や同業他社とのプロジェクト獲得競争において重要な役割を果たしているという．

　後者の人事戦略に関する研究のうち，Hittら（Hitt et al., 2001, 2006）は，組織の人事政策とパフォーマンスの関係について，レバレッジ（leverage）[11]という独自の指標を用いた分析を行っている．これは up-or-out が有効に機能しているかを測る指標であり，同時にスタッフがパートナーになれ

---

[10] フレームに関する先行研究は多数存在するがこの研究は Benford & Snow（2000）や Diani（1996）を用いている．Benford & Snow（2000）はフレームについて，「解釈のスキーム」であり，「それを用いることで個人は自身の生活あるいは世界の中に出来事を配置，知覚，認識（identify），ラベルづけする」という Goffman（1974）の説明を用いている．
[11] レバレッジは組織内の全スタッフの数をパートナーの数で除したもので，この数値が高いほど up-or-out が適切に機能していることを示す．

る可能性を示す．その結果，レバレッジが組織のパフォーマンスと有意に関係していること，ヒューマンキャピタル（パートナーの出身ロースクールのランクとパートナーとしての経験年数から算出）が組織の戦略とパフォーマンスを媒介することのほか（Hitt et al., 2001），国際化（海外オフィスの数とそれらが業務を行っている年数）がヒューマンキャピタルおよび HR 政策に影響していることを明らかにしている（Hitt et al., 2006）．McClean & Collins（2011）は医療と法律の分野の小規模 PSF を対象にした調査から，①組織へのコミットメントを誘発する HR 政策（ハイコミットメント・プラクティス）は従業員の努力を媒介として組織パフォーマンスに影響していること，②努力とパフォーマンスの関係は従業員が持つ組織の競争優位性を生み出す力によって変わること，を明らかにしている．Malhotra, Morris, & Smets（2010）は英国の複数の大規模法律事務所への質的調査から，法律事務所は公式的には up-or-out ポリシーを持っていないが実質的にはその利点を享受していること，新たな市場や制度的圧力に対して自らの人事政策をどのように適合させているかについて論じている．

(4) 組織間関係

組織同士の関係を論じる通常の組織間関係論と異なり，プロフェッショナル組織を対象とした組織間関係論は，同一プロフェッション内の組織間関係のほか，プロフェッショナル組織とクライアントとの関係や，プロフェッショナルを介した組織間関係など，多様な関係を取り上げている．

同一プロフェッション内の組織間関係の研究に，たとえば Koza & Lewin（1999）がある．彼らは国際展開する監査法人グループ内の企業間の業務提携ネットワークを分析し，グループ内部のメンバー法人は提携を通じて参加当初の目的（業務委託収入の獲得）だけでなく，様々な二次的利益（他のメンバー法人が持つ市場への参入機会，メンバー間相互作用がもたらす利益，など）を得ていることを明らかにしている．

PSF とクライアント企業の組織間関係の研究では，たとえば Broschak & Niehans（2006）がある．彼らは，市場で繰り返される組織とクライアント企業の関係構築，解体，再構築の循環についてデータ分析を行っている．分析の結果，PSF（広告代理店）とクライアントの関係再構築は，PSF が，①大規模，②市場とのつながりが多い，③自社の前にクライアントと取引関係

にあった代理店と共通点が多い，④その代理店からマネジャーを引き抜いた，場合に起きやすいことを明らかにしている．Fichman & Levinthal（1991）は，監査法人とクライアント企業の関係を社会的関係に埋め込まれた関係と位置づけ，イベントヒストリー分析を用いてその形成と変化を研究している．分析の結果，監査法人とクライアント企業は長期的関係を形成するが，それが両者を縛りつける要因にもなること，両者の構造的特性と対人関係要因が組織間関係のダイナミズムに影響することを明らかにしている．

　組織同士の直接的な関係ではなく，プロフェッショナル個人を介した間接的関係の研究では，たとえばPawlowski & Robey（2004）がITプロフェッショナルを対象にしたインタビューから，プロフェッショナルの媒介機能は組織的要因（分権化など）と技術的条件によって説明されること，媒介された情報は仲介されたそれぞれの組織内部のユニット間でも移転されることを明らかにしている．Fincham, Clark, Handley, & Sturdy（2008）は，Abbotが示した3つの知識マネジメントプロセスをもとに，専門的ではあるが体系化された知識を持たない「セクタースペシャリスト」としての経営コンサルタントを対象に，彼らの知識正当化と知識形成（knowledge production）のメカニズムを分析した．その結果，コンサルタントとクライアント企業の相互作用が両者と深く関係していることを明らかにした．

3-6　まとめ

3-6-1　プロフェッショナル研究の成果と課題

　組織研究におけるプロフェッショナル研究の意義は，時代に応じて様々なタイプの組織とプロフェッショナルを想定しながら，両者の関係を一貫して議論してきたことである．プロフェッショナル研究の鍵はプロフェッションの扱い方である．これが官僚制ベース研究と知識ベース研究の位置づけや方向性を決めてきたといっても過言ではない．

　官僚制ベース研究はプロフェッションを基盤に持つ専門職従事者としてのプロフェッショナル個人を対象に，機能合理的に設計された階層構造としての組織と，そこに埋め込まれるプロフェッショナルの関係を取り上げてい

る．組織とプロフェッショナルの統治メカニズムの違いがもとで生じる対立を一貫して論じ，コンフリクトやコミットメントをふくむキャリア研究で多くの成果を上げてきた．分析枠組みは当初，プロフェッショナル，組織，プロフェッションの三者だったが，キャリア研究に移行するにしたがい組織とプロフェッショナルの二者だけになる．その結果，官僚制ベース研究のプロフェッショナル研究としての独自性はプロフェッショナルを対象にしている点だけになり，コミットメントなどの周辺領域との差別化が困難になった．対立だけでは組織と個人の多様な関係を論じるのが困難になったこと，タイトルにプロフェッショナルを標榜しただけでそれについて何かを明らかにすることを目的としない「疑似プロフェッショナル研究」が増加したことで，官僚制ベース研究はプロフェッショナル研究としては完全に行き詰まった．

　日本で行われたプロフェッショナル的働き方の研究は，擬似プロフェッショナル研究が1つのカテゴリーを形成した例である．この研究は，プロフェッショナルブームを背景に一時は日本におけるプロフェッショナル研究の中心であったが，理論的根拠が希薄で事例や理想論が先行したこと，プロフェッショナルの本質を無視した表面的な主張が目立ったことで，その後起きた成果主義批判や日本的雇用慣行再評価（城，2004；高橋，2004）を受けて一気に衰退した．

　知識ベース研究はプロフェッショナルが主体的につくり出す協働体系とその関係性について，プロフェッショナル個人と組織の関係だけでなく，様々なプロフェッショナル間関係をふくめて多角度から論じている．プロフェッショナルを知識の担い手とし，個人だけでなく組織もその対象とした点，プロフェッショナルの知識や活動の基盤であるプロフェッションを再び重視している点に特徴があり，プロフェッショナルの持つ様々な役割や可能性だけでなく，組織がプロフェッショナルの自律的活動の結果として，あるいはそれを支える手段としてプロフェッショナルと共存していることを明らかにしている．知識ベース研究では組織と個人の対立は扱われないか，市場やプロフェッションなどセクター間の摩擦が引き起こす問題として扱われている．知識ベース研究のキーワードの1つがネットワークだが，ネットワーク研究との学術的関連性は薄い．その理由として，プロフェッショナル研究はネットワークを直接研究対象としないこと，制度化された知識の保有と運用を論

じるプロフェッショナル研究と,どちらかといえば制度化されない知識のネットワーク内移転や現場での学習を研究しているネットワーク論では,知識をめぐる関心が違うことがあげられる.

　組織と個人の対立から抜け出したことが知識ベース研究の特徴であり,今後バウンダリーレスキャリアやプロフェッショナル組織研究などの新領域で存在感を示す可能性にもなっている.しかし,知識ベース研究が今後プロフェッショナル研究の中心となるかどうかは,現時点ではまだ判断できない.なぜなら,ナレッジマネジメント研究への接近により,研究対象の急速な拡大とそれにともなう存立基盤のあいまい化に直面しているからである.

　知識ベース研究には情報技術を中心とする理工系研究の参入が相次いでおり,急速に文理融合が進んでいる.ITを中心とする多様な理系職種がプロフェッショナルとして扱われているほか (ex., Treem, 2012),古典的組織研究の分析指標や分析枠組みがそのまま利用されている (ex., Dinger et al, 2012)[12].社会科学の枠組みを超えた学際化は官僚制ベース研究にはなかった現象で,知識ベース研究がまさにAbbottが指摘したプロフェッション間競争に巻き込まれていることを示している.知識ベース研究がナレッジマネジメント研究とも理系の諸研究とも違う「プロフェッショナル研究」であるためには,境界線設定の問題,すなわち,関連する周辺研究に対して自身の領域をどのように定義づけるか,どのような方法でそれらと差別化していくべきかに取り組むべき時期に来ているといえよう.

3-6-2　プロフェッショナル研究のインプリケーション

　プロフェッショナル研究で論点となってきたのは,定義に示された,①専門知識,②自律性,③職業規範,の三要素,特に①と②である.知識をめぐる議論は,保有と利用どちらの点からプロフェッショナルを捉えるべきかに集約される.この違いが官僚制ベース研究と知識ベース研究間に,研究テーマ,対象,アプローチ方法の違いを生み出した.組織もプロフェッショナルもアクターであり,周囲の環境変化に適応しながら互いの関係を適宜構築,

---

12 この研究は,分析モデルに組織離脱の意思決定 (March & Simon, 1958),分析指標にHall (1968) のプロフェッショナル測定指標とJDS (job diagnostic survey: Hackman & Oldham, 1975) を用いて,IT技術者の離職行動を分析している.

変化させている．このような観点からの組織と個人の関係はプロフェッショナル研究以外では論じられていない．プロフェッショナル研究が示した多様な関係とそれらがもたらす影響は，知識社会における組織とそこで活動する我々に対する様々なインプリケーションをふくむ．

その1つが，たとえば知識修得コストと知識の質の担保の問題である．弁護士などの古典的プロフェッショナルの場合，知識修得コストは個人が負担し，修得された知識の質は原則としてプロフェッションが担保する．IT技術者やコンサルタントなどの知識従業員の場合，日々刷新される新たな知識に対応するための持続的学習が求められるが，その負担は主に個人，知識の質を担保する第三者機関は多くの場合存在しない．しかし，外部労働市場を通じた移動が比較的容易なため，知識修得のための投資が無駄になるリスクは相対的に低い．今後組織間移動が困難な一般従業員にも高度な知識や技術を求めるようになれば，知識修得コストの負担と質の担保の問題に加えて，組織間移転も問題となるだろう．この問題は，たとえば組織特殊資産の形成とトレーニングに関する議論（たとえば小池，1991）や，教育投資負担をめぐる組織と個人の駆け引き（Cappelli, 1999）とも重複するもので，従来の労働問題でありながら知識社会における課題の1つでもある．この点については，技能形成の観点から知的業務に従事するプロフェッショナルのキャリア形成を論じた小池（2006）の研究が参考になるが，事例研究中心にとどまっている．

もう1つが自律性と管理の問題である．自律性をめぐる議論は，プロフェッショナルは自律的であるから（構造としての）組織とは独立的であるべきとする主張と，自律的だからこそ（プロフェッショナル自身がつくり出した）組織に拘束される，という2つの対立的な主張に集約される．2つの主張はそれぞれ組織と個人の関係のある側面を説明しており，どちらか一方が正しいというものではない．Scott（1965）が述べたように，官僚的な組織では一般従業員とは切り離した形でのプロフェッショナルの管理が必要であろうし，自律性の高い組織ではプロフェッショナルによる自主的運営も可能であろう．ただし，一部の先行研究（Ferner et al., 1995；Karreman et al., 2002）がケーススタディなどを通じて指摘しているように，自律性を是とするプロフェッショナル組織であっても大規模化や仕事のルーティン化は

避けられず，それが組織硬直化や官僚制化といった既存組織と同様の問題を引き起こす．組織のプロフェッショナル化は知識社会における組織マネジメントの1つの方法ではあるが，それだけで従来の管理の問題を解決できるほど万能ではない．

組織内部の管理という点では，ピアプレッシャーの問題も無視できない．知識ベース研究者たちが明らかにしているように，プロフェッショナルの自律的活動は自身と仲間による統制によって支えられている．しかしBarker (1993) によると，このような管理方法は非常に強いピアプレッシャーを生み出し，時として官僚制組織以上にメンバーの心理的自由を奪うという．プロフェッショナルが自由と自己統制のバランスをうまく維持できるのは，自律性が内輪の論理ではなく，外部団体であるプロフェッションのルールや価値にもとづいているからである．自律性はそれを制御するアクター次第でパワーや組織内政治と容易に結びついてしまう．自律性が本来の統制機能を果たすためには，プロフェッショナル的働き方研究者が述べるように従業員の自主性に任せるだけでなく，組織として彼らの自律性の根拠をどこに求めるか，私的に利用されないようどのように客観性を持たせるかが鍵となるだろう．

3-6-3 今後の研究に向けて

組織研究における今後のプロフェッショナル研究の課題の1つは，プロフェッションをどのような方法で議論に反映させるかであろう．プロフェッションはプロフェッショナルの優位性の基盤である．それを議論の枠組みから外してしまうと，組織研究においてプロフェッショナルを取り上げる意義はかなり薄れる．官僚制ベース研究でキャリア研究を中心に起きた野放図な対象拡大と停滞，現在知識ベース研究で起きているナレッジマネジメント研究との差別化問題は，プロフェッションを無視するか，その特性を議論に反映させていないことが主な原因である．議論の枠組みからプロフェッションを外すべきではないが，古典研究のようにプロフェッショナル，組織，プロフェッションの関係を硬直的に捉えてしまうと，プロフェッショナルが生み出す多様性やダイナミズムを扱うのは難しい．三者をどう関係づけるかはプロフェッショナル研究の方向性や発展性を決めると同時に，組織研究にも大

きな影響を与えることになるだろう．

　今後研究の進展が期待される領域はいくつかあるが，その1つが組織の経済学である．一例として，プリンシパル・エージェント理論のプロフェッショナル研究への応用とその際の課題を論じているSharma (1997) がある．情報の非対称性を軸にアクター同士の関係とそのダイナミズムを分析するプリンシパル・エージェント理論は，知識の保有と使用をめぐるプロフェッショナル間関係や，プロフェッショナルとノンプロフェッショナルの関係のどちらの議論にも適用可能である．しかし，現時点では組織の経済学のプロフェッショナル研究への応用はあまり盛んではない．情報の非対称性はプロフェッショナル研究の焦点となってきた不均衡と関係があり，理論面での貢献が期待される．

　もう1つが組織戦略関連研究への応用である．古典研究以来，プロフェッショナルは組織内で専門的タスクを担うという特性上，どちらかというと組織をまとめるリーダーではなく，管理者であるリーダーのもとでタスクを遂行するフォロワーと位置づけられてきた．Katzらの研究（Katz et al., 1983, 1985；Allen & Katz, 1986）が示しているように，また法律事務所や監査法人が実際にそうであるように，プロフェッショナルが組織のリーダーになる場合，役割上実行者よりも管理者になることが求められる．しかし，今日多くの組織にとって知識の運用それ自体が重要戦略となっており（Jones & Livne-Tarandach, 2008），プロフェッショナルがプロフェッショナルとしての役割を維持したまま，リーダーとして戦略策定や実行において主導的役割を果たす必要性が生じている．このような新しいタイプのプロフェッショナルは今後重要性が増すと考えられるが，現時点ではそのような研究はあまりなされていない．具体的な研究テーマに落とし込むとすれば，たとえば戦略論であれば，事業戦略遂行における役割や組織の長期計画策定における役割，戦略的人的資源管理理論であれば，複線型キャリアパスを想定しないリーダー育成や，管理者として求められるプロフェッショナルの役割と実行者として求められるプロフェッショナルの役割の違い，およびそれにともなう心理的葛藤などが考えられるだろう．

【参考文献】

Abbott, A. (1988). *The system of professions: An essay on the division of expert labor*. Chicago: University of Chicago Press.

Abrahamson, M. (1965). Cosmopolitanism, dependence-identification, and geographical mobility. *Administrative Science Quarterly, 10* (1), 98-106.

Aldrich, A., & Herker, D. (1977). Boundary spanning roles and organization structure. *Academy of Management Review, 77* (2), 217-230.

Allen, T., & Katz, R. (1986). The dual ladder: Motivation solution or managerial delusion? *R&D Management, 16*, 185-197.

Alvesson, M. (1993). Organizations as rhetoric: Knowledge-intensive firms and the struggle with ambiguity. *Journal of Management Studies, 30* (6), 997-1015.

Amonini, C., McColl-Kennedy, J. R., Soutar, G. N., & Sweeney, S. J. (2010). How professional service firms compete in the market: An exploratory study. *Journal of Marketing Management, 26*, 28-55.

Anderson-Gough, F., Grey, C., & Robson, K. (2006). Professionals, networking, and the networked professional. *Research in the Sociology of Organizations, 24*, 231-256.

Aranya, N., & Ferris, K. R. (1983). Organizational- professional conflict among US and Israeli professional accountants. *Journal of Social Psychology, 119*, 153-161.

Aranya, N., & Ferris, K. R. (1984). A reexamination of accountants' organizational-professional conflict. *Accounting Review, 59* (1), 1-15.

Arthur, M. B. (1994). The boundaryless career: A new perspective for organizational inquiry. *Journal of Organizational Behavior, 15* (4), 295-306.

Bailyn, L. (1985). Autonomy in the industrial R&D lab. *Human Resource Management, 24* (2), 129-146.

Barker, J. R. (1993). Tightening the iron cage: Concertive control in self-management teams. *Administrative Science Quarterly, 38*, 408-437.

Barnard, C. I. (1938). *The functions of the executive*. Cambridge, MA.: Harvard University Press（山本安次郎・田杉競・飯野春樹訳『経営者の役割』ダイヤモンド社, 1968）.

Bartol, K. M. (1979). Professionalism as a predictor of organizational commitment, role stress, and turnover. *Academy of Management Journal, 22* (4), 815-821.

Benford, R. D., & Snow, D. A. (2000). Framing processes and social movements: An overview and assessment. *Annual Review of Sociology, 26*, 611-639.

Berger, P. K., & Grimes, A. J. (1973). Cosmopolitan-local: A factor analysis of the construct. *Administrative Science Quarterly, 18* (2), 223-235.

Brandenburg, W. O. (1968). Executive relationships with professional employees. *Advanced Management Journal, 33* (3), 64-69.

Brock, D. M. (2006). The changing professional organization: A review of competing archetypes. *International Journal of Management Reviews, 8* (3), 157-174.

Broschak, J. P., & Niehans, K. M. (2006). Social structure, employee mobility, and the circulation of client ties. *Research in the Sociology of Organizations, 24*, 369-402.

Cappelli, P. (1999). *The New Deal at work: Managing the market-driven workforce*. Boston, MA.: Harvard Business School Press（若山由美訳『雇用の未来』日本経済新聞社, 2001）.

Carr-Saunders, A. M., & Wilson, P. A. (1933). *The professions.* Oxford: Clarendon Press.

Corwin, R. (1969). Patterns of organizational conflict. *Administrative Science Quarterly, 14,* 507-521.

Cummings, L. L., & DeCotiis, T. A. (1973). Organizational correlated of perceived stress in a professional organization. *Public Personnel Management, 2* (4), 275-282.

Debackere, K., Buyens, D., & Vandenbossche, T. (1997). Strategic career development for R&D professionals: Lessons from field research. *Technovation, 17* (2), 53-62.

Diani, M. (1996). Linking mobilization frames and political opportunities: Insights from regional populism in Italy. *American Sociological Review, 61,* 1053-1069.

Dinger, M., Thatcher, J. B., Stepina, L. P., & Craig, K. (2012). The grass is always greener on the other side: A test of present and alternative job utility on IT professionals' turnover. *IEEE Transactions on Engineering Management, 59* (3), 364-378.

Engel, G. V. (1970). Professional autonomy and bureaucratic organization. *Administrative Science Quarterly, 15* (1), 12-21.

Etzioni, A. (1961). *A comparative analysis of complex organizations: On power, involvement, and their correlates.* New York: The Free Press of Glencoe.

Etzioni, A. (1964). *Modern organizations.* Englewood Cliffs, NJ.: Prentice-Hall.

Evan, W. A. (1965). Superior-subordinate conflict in research organizations. *Administrative Science Quarterly, 10* (1), 52-64.

Ferlie, E., Fitzgerald, L., Wood, M., & Hawkins, C. (2005). The nonspread of innovations: The mediating role of professionals. *Academy of Management Journal, 48* (1), 117-134.

Ferner, A., Edwards, P., & Sisson, K. (1995). Coming unstuck? In search of the "Corporate Glue" in an international professional service. *Human Resource Management, 34* (3), 343-361.

Fichman, M., & Levinthal, D. A. (1991). History dependence in professional relationships: Ties that bind. *Research in the Sociology of Organizations, 8,* 119-153.

Fincham, R., Clark, T., Handley, K., & Sturdy, A. (2008). Configuring expert knowledge: The consultant as sector specialist. *Journal of Organizational Behavior, 29,* 1145-1160.

Flango, V., & Brumbaugh, R. D. (1974). The dimensionality of the cosmopolitan-local construct. *Administrative Science Quarterly, 19* (2), 198-210.

Freidson, E. (1986). *Professional powers: A study of the institutionalization of formal knowledge.* Chicago: University of Chicago Press.

藤本昌代 (2005).『専門職の転職構造―組織準拠性と移動―』文眞堂.

Giddens, A. (2006). *Sociology* (5th ed.). Cambridge, U. K.; Malden, MA.: Polity Press (松尾精文・西岡八郎・藤井達也・小幡正敏・立松隆介・内田健訳『社会学』而立書房, 2009).

Glaser, B. G. (1965). "Differential association" and the institutional motivation of scientists. *Administrative Science Quarterly, 10* (1), 82-97.

Goffman, E. (1974). *Frame analysis: An essay on the organization of experience.* Cambridge. Mass.: Harvard University Press.

Goldberg, L. C., Baker, F. A., & Rubenstein, H. (1965). Local-cosmopolitan: Unidimen-

sional or multidimensional? *The American Journal of Sociology, 70*, 704-710.
Gouldner, A. W. (1957). Cosmopolitans and locals: Toward an analysis of latent social roles I. *Administrative Science Quarterly, 2*, 281-306.
Gouldner, A. W. (1958). Cosmopolitans and locals: Toward an analysis of latent social roles II. *Administrative Science Quarterly, 2*, 444-480.
Greenwood, E. (1957). Attributes of a profession. *Social Work, 2* (3), 44-55.
Greenwood, R., Li, A. X., Prakash, R., & Deephouse, D. L. (2005). Reputation, diversification, and organizational explanations of performance in professional service firms. *Organization Science, 16* (6), 661-673.
Gregory, K. (1983). Native-view paradigms: Multiple cultures and culture conflicts in organizations. *Administrative Science Quarterly, 28* (3), 359-376.
Grimes, A. J., & Berger, P. K. (1970). Cosmopolitan-local: Evaluation of the construct. *Administrative Science Quarterly, 15*, 407-416.
Groß, C., & Kiesler, A. (2006). Are consultants moving towards professionalization? *Research in the Sociology of Organizations, 24*, 69-100.
Groysberg, B., & Lee, L. E. (2008). The effect of colleague quality on top performance: The case of security analysts. *Journal of Organizational Behavior, 29*, 1123-1144.
Hackman, J. R., & Oldham, G. R. (1975). Development of the Job Diagnostic Survey. *Journal of Applied Psychology, 60*, 159-170.
Hall, R. H. (1967). Some organizational consideration in the professional-organizational relationship. *Administrative Science Quarterly, 12*, 461-478.
Hall, R. H. (1968). Professionalization and bureaucratization. *American Sociological Review, 33* (1), 92-104.
波頭亮 (2006).『プロフェッショナル原論』筑摩書房．
Heusinkveld, S., & Benders, J. (2002). Between professional dedication and corporate design: Exploring forms of new concept development in consultancies. *International Studies of Management and Organization, 32* (4), 104-122.
Hinings, C. R., Brown, J. L., & Greenwood, R. (1991). Change in an autonomous professional organization. *Journal of Management Studies, 28* (4), 375-393.
Hitt, M., Bierman, L., Shimizu, K., & Kochhar, R. (2001). Direct and moderating effects of human capital on strategy and performance in professional service firms: A resource-based perspective. *Academy of Management Journal, 44* (1), 13-28.
Hitt, M., Uhlenbruck, K., & Shimizu, K. (2006). The importance of resources in the internationalization of professional service firms: The good, the bad, the ugly. *Academy of Management Journal, 49* (6), 1137-1157.
日詰慎一郎 (2011).「協働志向の人的資源管理とプロフェッショナル組織の成果：経営コンサルタント間のソーシャル・キャピタルに関する実証研究」『金城学院大学論集社会科学編』*8* (1), 122-138.
Jennings, J. E., Jennings, P. D., & Greenwood, R. (2006). The strategic positioning of professional service firm start-ups: Balance beguiles but purism pays. *Research in the Sociology of Organizations, 24*, 45-68.
城繁幸 (2004).『内側から見た富士通「成果主義」の崩壊』光文社．
Johnson, R. A., & Hill, W. A. (1963). Management's dilemma: The professional employee. *California Management Review, 5* (3), 37-46.
Jones, C. (1996). Careers in project networks: The case of the film industry. In M. B.

Arthur & D. M. Rousseau (Eds.), *The boundaryless career: A new employment principle for a new organizational era* (pp. 58-77). New York: Oxford University Press.

Jones, C., & Livne-Tarandach, R. (2008). Designing a frame: Rhetorical strategies of architects. *Journal of Organizational Behavior, 29*, 1075-1099.

神代和欣・桑原靖夫 (1980).「わが国労働市場における専門職の地位と展望」『組織科学』*14* (4), 29-38.

Karreman, D., Sveningsson, S., & Alvedssion, M. (2002). The return of the machine bureaucracy? : Management control in the work settings of professionals. *International Studies of Management and Organization, 32* (2), 70-92.

Katz, R., & Tushman, M. (1983). A longitudinal study of the effects of boundary spanning supervision on turnover and promotion in research and development. *Academy of Management Journal, 26* (3), 437-456.

Katz, R., Tushman, M., & Allen, T. J. (1995). The influence of supervisory promotion and network location on subordinate careers in a dual ladder RD & E setting. *Management Science, 41* (5), 848-863.

小池和男 (1991).『仕事の経済学』東洋経済新報社.

小池和男編著 (2006).『プロフェッショナルの人材開発』ナカニシヤ出版.

Koza, M. P., & Lewin, A. Y. (1999). The coevolution of network alliances: A longitudinal analysis of international professional service network. *Organizational Science, 10* (5), 638-653.

Lamont, M., & Molnar, V. (2002). The study of boundaries in the social science. *American Sociological Review, 28*, 167-195.

La Porte, T. R. (1965). Conditions of strain and accommodation in industrial research organizations. *Administrative Science Quarterly, 10* (1), 21-38.

Litrco, J. B., & Lee, M. D. (2008). Balancing exploration and exploitation in alternative work arrangements: A multiple case study in the professional and management services industry. *Journal of Organizational Behavior, 29*, 995-1020.

Lu, S. L., & Sexton, M. (2006). Innovation in small construction knowledge-intensive professional service firms: A case study of an architectural practice. *Construction Management and Economics, 24*, 1269-1282.

Macdonald, K. M. (1995). *The sociology of the professions.* London: Sage.

Malhotra, N., & Morris, T. (2009). Heterogeneity in professional service firms. *Journal of Management Studies, 46* (6), 895-922.

Malhotra, N., Morris, T., & Smets, M. (2010). New career models in UK professional service firms: From up-or-out to up-and-going-nowhere? *The International Journal of Human Resource Management, 21* (9), 1396-1413.

March, J. G. (1991). Exploration and exploitation in organizational learning. *Organization Science, 2*, 71-87.

March, J. G., & Simon, H. A. (1958). *Organizations.* New York: Wiley (土屋守章訳『オーガニゼーションズ』ダイヤモンド社, 1977).

Marcus, A. A. (1985). Professional autonomy as a basis of conflict in an organization. *Human Resource Management, 24* (3), 311-328.

McClean, E., & Collins, C. J. (2011). High-commitment HR practices, employee effort, and firm performance: Investigating the effects of HR practices across employee groups within professional service firms. *Human Resource Management, 50* (3),

341-363.

McEwen, W. J. (1956). Position conflict and professional orientation in a research organization. *Administrative Science Quarterly, 1*, 208-224.

McKelvey, W. W. (1969). Expectational noncomplementarity and style of interaction between professional and organization. *Administrative Science Quarterly, 14* (1), 21-32.

Merton, R. K. (1957). Patterns of influence: Local and cosmopolitan influentials. *Social theory and social structure* (Rev. and enl. Ed.). (pp. 441-473). New York: Free Press (森東吾・森好夫・金沢実・中島竜太郎訳「影響の様式」『社会理論と社会構造』pp.351-383. 第10章, みすず書房, 1961).

Miles, R. E., & Snow, C. C. (1987). Organizations: New concepts for new forms. *California Management Review, 28* (3), 62-73.

Miner, J. B. (1980). The role of managerial and professional motivation in the career success of management professors. *Academy of Management Journal, 23* (3), 487-508.

宮下清 (2001).『組織内プロフェッショナル—新しい組織と人材のマネジメント—』同友館.

茂木健一郎 (2006-2007).『プロフェッショナル 仕事の流儀』(1)-(15), 日本放送出版協会.

森川英正 (1980).「日本におけるプロフェッショナル企業人の形成」『組織科学』*14* (4), 39-47.

Morris, J. H., Steers, R. M., & Koch, J. L. (1979). Influence of organization structure on role conflict and ambiguity for three occupational grouping. *Academy of Management Journal, 22* (1), 58-71.

Morris, T., & Pinnington, A. (1998). Promotion to partner in professional service firms. *Human Relations, 51* (1), 3-24.

長尾周也 (1980).「プロフェッショナリズムの研究:(1) プロフェッションおよびプロフェッショナル」『大阪府立大學經濟研究』*25* (1), 18-49.

長尾周也 (1986).「プロフェッショナリズムの研究:(4) プロフェッショナルの適応と組織の適応」『大阪府立大學經濟研究』*31・32* (4・1), 1-28.

長尾周也 (1995).『プロフェッショナルと組織』大阪府立大学経済研究叢書, 83.

西脇暢子 (2009).「プロフェッショナル組織における協働関係形成と昇進の関係:会計監査法人の事例研究からの一考察」『日本経営学会誌』*23*, 63-74.

Nonaka, I. (1994). A dynamic theory of organizational knowledge creation. *Organization Science, 5* (1), 14-37.

Norris, D. W., & Niebuhr, R. E. (1984). Professionalism, organizational commitment and job satisfaction in an accounting organization. *Accounting, Organizations & Society, 9* (1), 49-59.

岡本康雄 (1980).「アメリカにおける経営管理・組織の意味—アメリカにおける管理職・専門職の前提と含意—」『組織科学』*14* (4), 8-21.

太田肇 (1993).『プロフェッショナルと組織—組織と個人の「間接的統合」—』同文舘.

Pawlowski, S. D., & Robey, D. (2004). Bridging user organizations: Knowledge brokering and the work of information technology professionals. *MIS Quarterly, 28* (4), 645-672.

Raelin, J. A. (1985). The basis for the professional's resistance to managerial control.

Human Resource Management, 24 (2), 147-175.
Raelin, J. A. (1989). An anatomy of autonomy: Managing professionals. *Academy of Management Executive, 3* (3), 216-228.
Reed, M. I. (1996). Expert power and control in late modernity: An empirical review and theoretical synthesis. *Organization Studies, 17* (4), 573-597.
Robson, G. S., Wholey, D. R., & Barefield, R. M. (1996). Institutional determinations of individual mobility: Bringing the professions back in. *Academy of Management Journal, 39* (2), 397-420.
佐藤厚 (1994).『プロフェッショナルの仕事と管理に関する調査研究　R/D 技術者・番組製作者・記者』日本労働研究機構．
佐藤慶幸 (1971).「プロフェッションの組織論的アプローチ」『社会学年誌』*12*, 112-153. 早稲田大学社会学会．
佐藤慶幸 (1973).「社会変革をめぐる現代プロフェッションの問題」『日本労働協会雑誌』*15* (6), 25-33.
Saxenian, A. (1996). Beyond Boundaries: Open labor markets and learning in Silicon Valley. In M. B. Arthur & D. M. Rousseau (Eds.), *The boundaryless career: A new employment principle for a new organizational era* (pp. 23-39). New York: Oxford University Press.
Schön, D. A. (1983). *The reflective practitioner: How professionals think in action*. New York: Basic Books.
Schroeder, R. G., & Imdieke, L. F. (1977). Local-cosmopolitan and bureaucratic perceptions in public accounting firms. *Accounting, Organizations & Society, 2* (1), 39-45.
Scott, W. R. (1965). Reactions to supervision in a heteronomous professional organization. *Administrative Science Quarterly, 10*, 65-81.
Sharma, A. (1997). Professional as agent: Knowledge asymmetry in agency exchange. *Academy of Management Review, 22* (3), 758-798.
Shetty, Y. K., & Carlisle, H. M. (1975). A study of management by objectives in a professional organization. *Journal of Management Studies, 12* (1), 1-11.
Søren, H., Poulfelta, F., & Sascha, K. (2010). Managerial routines in professional service firms: Transforming knowledge into competitive advantages. *The Service Industries Journal, 30* (12), 2045-2062.
Sorensen, J. E. (1967). Professional and bureaucratic organization in the public accounting firm. *Accounting Review, 42* (3), 553-565.
Sorensen, J. E., & Sorensen, T. L. (1974). The conflict of professionals in bureaucratic organizations. *Administrative Science Quarterly, 19* (1), 98-106.
Starbuck, W. H. (1992). Learning by knowledge-intensive firms. *Journal of Management Studies, 29* (6), 713-740.
Swart, J., & Kinnie, N. (2010). Organizational learning, knowledge assets and HR practices in professional service firms. *Human Resource Management Journal, 20* (1), 64-79.
高橋伸夫 (2004).『虚妄の成果主義―日本型年功制復活のススメ―』日経 BP 社．
Teece, D. J. (2003). Expert talent and the design of (professional services) firms. *Industrial and Corporate Change, 12* (4), 895-916.
Thompson, V. A. (1965). Bureaucracy and innovation. *Administrative Science Quarterly, 10*, 1-20.

Thornton, R. (1970). Organizational involvement and commitment to organization and profession. *Administrative Science Quarterly, 15* (4), 417-426.

友安一夫 (1980).「管理職／専門職・二分法の再検討―任務の組織と配備の組織を通じてのライフサイクル開発―」『組織科学』*14* (4), 22-28.

Treem, J. W. (2012). Communicating expertise: Knowledge performance in professional-service firms. *Communication Monographs, 79* (1), 23-47.

Wallace, J. E. (1996). Organizational and professional commitment in professional and nonprofessional organizations. *Administrative Science Quarterly, 40* (2), 228-255.

Weber, M. (1947). *The theory of social and economic organization* (A. M. Henderson & T. Parsons, Trans.). New York: Oxford University Press.

Weick, K. (1979). *The social psychology of organizing* (2nd ed.). New York: McGraw-Hill (遠田雄志訳『組織化の社会心理学』文眞堂, 1997).

Weick, K. (1995). *Sensemaking in organizations*. Thousand Oaks: Sage Publications (遠田雄志・西本直人訳『センスメーキングインオーガニゼーションズ』文眞堂, 2001).

Whitley, W., Dougherty, W. T., & Dreher, G. F. (1991). Relationship of career mentoring and socioeconomic origins to managers' and professionals' early career progress. *Academy of Management Journal, 34* (2), 331-351.

Wilensky, H. (1964). The profession of everyone? *The American Journal of Socioligy, 70* (2), 137-158.

3 Comment：
「プロフェッショナル研究レビュー」を読んで

小林 敏男

1. 研究の意義は認められる

　著者は，大会報告要旨（以下，要旨）において，「本稿は，学術的には未整理で領域横断的になされたプロフェッショナル研究を整理・体系化し，組織研究におけるプロフェッショナルの重要性を示すとともに，現代の組織と我々に対するインプリケーションを得る」とし，そのもとになったフルペーパー（以下，FP）では，「実践的意義としては進展する知識社会化との関係があげられる．……プロフェッショナル研究で論じられている諸テーマは知識社会に生きる我々の課題そのものであり，これらの整理・体系化は，我々の働き方や組織の関わりについて様々なヒントを得ることにもつながる」としている．この主張について，とりわけその「実践的意義」部分について，ITCの急速な進展とともに，科学技術の細分化・深化，組織の多様化等が目覚ましい状況において，概ね首肯できる．

2. 研究フレームワークに論理が欲しい

　著者は，「プロフェッショナル研究の全体像は，……（官僚制ベース研究）と（知識ベース研究）からなる」（要旨）と，一刀両断で，大きな区分を行っているが，その妥当性については論証していない．定義論を中心に，なぜ，官僚制あるいは知識という軸が重要であるのか，それらはどのような観点から整理する必要があるのか，論理の組み立てが見えてこない．

　確かに著者は，FPの末尾「今後の研究に向けて」において，「プロフェッショナル研究において常に論点となってきたのは，定義に示された(1)専門知識，(2)自律性，(3)独自の職業規範，の三要素，特に(1)と(2)である．知識をめぐる議論は保有と利用のどちらの点からプロフェッショナルを捉えるべきかに集約される．この違いが，官僚制ベース研究と知識ベース研究間に，研究テーマ，対象，アプローチ方法の違いを生み出した」（FP, p.23）として，(2)自律性に対峙する，システムとしての「官僚制」を捉え，それ

を中心に扱った研究を「官僚制ベース研究」とし，他方(1)専門知識に関連する研究を「知識ベース研究」として捉えている．論文の末尾に主張が記されている，ということから論旨がわかりづらいだけでなく，果たしてこの区分が妥当であるのか，と疑問を呈せざるを得ない．

3．定義論を深めて欲しい

　まずここで指摘しておかなければならないことは，研究数と概念の重要性とは異なる，という点である．研究数が少ないからといって，その重要性を見失えば，議論の実は乏しくなる．たとえば，著者も参照している Wilensky（1964）は，プロフェッショナルの要素として，①理論によって支持された特殊技能と仕事に則した体系的訓練，②移転可能な技能，③同僚集団による規制とキャリア，および④客観的・公正な一連の規則と基準をあげ，とりわけ「理論的法則や知識を駆使するか否かという点にこそ重要な意味がある」（長尾，1981）としている．

　また，Elliot（1972）は，「産業化」という軸をもとに，「ステイタス・プロフェッショナル」（産業化前）と「オキュペーショナル・プロフェッショナル」（産業化後）という区分の下，後者が前者の社会的特権（エリート）意識を引き継ぐために設置された「訓練学校」における教育等を取り上げ，公共性，エリート性，倫理性等の意識づくりに注目している．それは著者が言うような単なる「職業規範」ではなく，社会における地位および倫理を念頭においている．

　すなわち，これら2つの定義論において重要なことは，一方は，知識のサービス性に注目し，他方は，そうしたサービスを提供する際の倫理性に注目している，ということである．両者は，情報の非対称性，という観点からすれば，相互補完的で，一方なくして他方はない．

　知識を提供するサービスにおいてもっとも重要な点は，社会的信用であり，サービス享受者が提供者との間において情報（知識）格差があることは十分納得した上で，そのサービスを受け入れるのは，提供者側に倫理規定によって担保された社会的信用があるからであり，これなくしては知識サービスの需給は成立しない．事実，倫理規定違反によって，失職するのは，狭義のプロフェッショナルだけである．

また，著者が重要視する「自律性」については，知識サービス性と倫理性から導き出される従属変数であって，すなわちWilenskyが言うように，理論によって支持された特殊技能と仕事に則した体系的訓練から得た移転可能な技能を同僚集団間で共有し，客観的・公正な一連の規則と基準（倫理）から相互規制すれば，自ずと自律的な集団にならざるを得ず，いきおいプロフェッショナルを特徴づける要素として，果たして重要であるのか，ということに疑問を覚えざるを得ない．

4. 官僚制研究の本質を明示して欲しい

　ウェーバー流の官僚制研究について共通して言えることは，「法の支配」のために制度化された社会的統治（統制）装置としての官僚機構がその対象であり，そこでは理念として，法の下での「人格的」平等（対等）と契約（権利・義務規定）からの法施行（行政）を念頭に置きつつも，法の特性としての社会性（開放性）および不完備性，そして装置特性としての目的限定性（硬直性）および冗長性（曖昧性）のゆえに，理念における人格主義および合理主義からの属人性排除が，法と装置の諸特性のために属人性を排除しきれず，不完全な装置として実存し，行政官（ふくむ文書官，技官）と一般市民との間にある情報（知識）格差，すなわち情報の非対称性，に起因する権力あるいは逆機能問題を惹起する，としている点である．この問題に対して，プロフェッショナル論からはどのように解決策を導くのか，ということは，重要な論点であるが，著者はこの点には触れていない．

　思うに，著者の「官僚制ベースの基礎研究は，プロフェッショナル研究の学説史上では機能主義や構造主義と呼ばれるグループに該当し，独自の定義や新しい概念を作り出すよりも，既存研究の援用や組み合わせからオリジナリティを生み出している」（FP, p.5）とする程度であり，要するに，協働体管理装置（組織の活動調整と統制）としての官僚制，すなわちマネジメントシステムであり，「自律性」と「他律性」を基軸として，Gouldner（1957），Scott（1965）等の調査研究を紹介するにとどまっている．

　確かに，自律的でピアグループを有し，独自にキャリア形成していくプロフェッショナル（コスモポリタン）たちを組織としてどのようにコントロールしていくか，というマネジメント問題は，1つの重要な実践課題であり，

その組織設計・形態論を紹介することは意義深いが，他面組織内部にいる専門知識に長けた疑似プロフェッショナルたちの情報非対称性問題をどのように解決していくかについては，職業倫理を有するプロフェッショナル論からの議論の援用（Goode, 1961; 長尾，1981）も十分行いうるもので，そうした研究の紹介も求められるところである．あるいは，プロフェッショナルがそのサービスを提供する株式会社等を設立する場合，マネジメントシステムと倫理規定との整合性を如何に確保するか，というような実践的課題に関する議論も，マネジメントシステムの特性論からすれば興味深い点ではあるが，そうした研究の紹介もない．

5. レビューの再構築を求めて

まず定義論を充実させて，その構成要素に影響を与えている要因を炙り出さなければならない．とりわけ，専門知識を提供するサービスにおける情報の非対称性と，それを補完するための職業倫理規定は，プロフェッショナルという個人が，組織社会，知識社会においてどのように関わっているのかについて，重要な視座をなしている．

そのもとで，マネジメントシステムの観点から（狭義の官僚制論は射程外，とすることも可能），戦略策定，組織設計，HRM 等について整理することは，意義深いし，また個人の観点からキャリア形成，働き方等を捉えることも有意義である．その上で，プロフェッショナルサービスファーム（PSF）等の戦略，イノベーション，マネジメント，組織間関係等を紹介することは興味深いが，その際，社会における倫理をどのように担保するかは重要な視点である．ここにこそ，官僚制（マネジメントシステム）研究の本質があると言っても過言ではない．

次に，プロフェッショナルに関する議論をまとめた上で，そこから得られた知見をノンプロフェッショナル（ナレッジワーカー）たちに，定義における示差性を強く意識しながら応用すれば，研究開発型ベンチャー企業のマネジメントや医療・技術系人材の HRM 等への貢献はより高まるのではないだろうか．

【参考文献】［西脇論文に書誌情報があるものは除く］

Elliot, P. (1972). *The sociology of the professions*. UK: Macmillan Publishers Ltd.

Goode, W. J. (1961). The librarian: From occupation to profession. *The Library Quarterly, 31* (4), 306-318.

長尾周也（1981）.「プロフェッショナリズムの研究—(2)プロフェッショナリゼーションの可能性と限界—」『大阪府立大学 経済研究』*26* (3・4), 1-32.

4 心理的契約研究の過去・現在・未来

50年間にわたる研究の到達点と課題

服部 泰宏

4-1 はじめに

　企業の国際競争の激化，労働市場の成熟化といった変化を受けて，日本企業は現在，雇用関係の大きな変化の節目を迎えている．こうした変化によって，人事制度を一律に適用したり，労働組合の代表者と交渉を行ったりといった，いわゆる集合的な人事管理の限界が浮き彫りになった．働く個人に目を転じてみても，組織内キャリアから境界のないキャリア，ジェネラリストからスペシャリスト，そして長期雇用保障から就業可能性（エンプロイアビリティ）と，雇用に対する考え方の変化を表す言葉には事欠かない．こうした中で，近年注目を集めている概念が「心理的契約（psychological contracts)」である．心理的契約は1960年代に米国の研究者によって提唱され，90年代に入って再び注目され，すでに多くの実証研究が蓄積されている成熟した研究分野である．本稿では，この心理的契約が提唱され，1つの研究分野として確立し，やがて成熟していく様子を，具体的な研究成果を紹介しながら検討する．またそうした検討を通じて，この分野が抱える研究上の課題と今後の展開の可能性について議論する．

4-2 心理的契約の起源

　心理的契約研究は，概念の捉え方という点から，1990年代以前の研究とそれ以降の研究とに大きくわけることができる．以下では，まず，1960～

1980年代にかけての研究群をレビューする．これら初期の研究群において，心理的契約概念がどのように登場し，1つの研究分野として確立されるに至ったのか．初期の研究者たちが，心理的契約をどのようなものとして概念化したのかという，いわば心理的契約概念の「初期設定」を探ることが目的である．その次に，そうした初期の研究者の「初期設定」を一部変更し，再定義した Rousseau（1989）の議論を紹介する．Rousseau の再定義がどのような特徴を持っており，それが「初期設定」をどのような点で踏襲し，どのような点で変更したのかということを議論する．

4-2-1　心理的契約概念の登場：1989年以前 [1]

　組織の研究における心理的契約概念の萌芽は，Argyris（1960）に求めることができる [2]．Argyris は，工場におけるフィールドワークの中で，職長が採用する特定のリーダーシップスタイルの結果として，職長と労働者との間に合意が形成されることを発見し，こうした合意を，「心理的な労働契約（psychological work contract）」と呼んだ．Argyris によれば，そのような契約は，職長が従業員の仕事環境を整え，従業員が高い業績をあげ続けている限り意識されることがないという意味で，暗黙の合意であるという．ただ，Argyris は心理的な労働契約に対して，理論的・操作的な定義を与えているわけではない．Argyris にとってこの概念は，実証研究に使用する構成概念というよりは，クライアント企業における問題解決を導く臨床的なアイディアであったといえる（Conway & Briner, 2005）．

　組織研究において心理的契約という言葉を初めて用い [3]，かつ学術的に定義したのは，Levinson, Price, Munden, Mandl, & Solley（1962）である．ミッドランド社の従業員へのインタビューの結果，Levinson らは，従業員と組織とがお互いに様々な期待を形成させていることを発見し，そのような

---

[1] なお，心理的契約研究の初期から Rousseau（1989）までの期間に焦点化した詳細なレビューについては Roehling（1997）を参照されたい．
[2] 心理的契約の理論的な源泉を，Barnard（1938）の組織均衡論に求める研究者もいれば（Guest, 2004），社会契約説に求める研究者もいる（Roehling, 1997）．
[3] なお，心理的契約という言葉そのものは，患者と臨床家との間の関係を，非物質的な側面をも含む契約関係として捉えた Menninger（1958）に求められるという見解が一般的なようである（Roehling, 1997；Conway & Briner, 2005）．

相互期待を心理的契約と呼んだ．Levinson らは心理的契約を，「交換当事者が滅多に自覚することがないが，お互いの関係を規定する一連の相互期待」と定義している（Levinson et al., 1962）．彼らによれば，従業員と組織はそれぞれに，相手側に対する自分自身の期待と，自分自身に対する相手側の期待とを知覚しており，しかもそうした相互期待は，多くが文章化されないままであるばかりか，当事者ですらそのような期待を持っていることを自覚することが稀であるという．このように暗黙的なものでありながら，そうした期待に応えるよう当事者が拘束される点こそが，心理的契約の特徴であると考えたのである．最後に，Levinson らが，ある時点において現実的であった心理的契約が別の時点の現実にはそぐわないというようなことがあるため，それは時間の経過に合わせて変更・調整される必要があるとしている点も重要である．このように，Levinson らは，組織と従業員双方が知覚する相互期待はしばしば暗黙的なものであるが，その暗黙的な期待に当事者が拘束されること，ただしそれはいったん成立した後でも，変更・調整を必要とするという点を強調した．

　Levinson らの考え方は，Schein（1965, 1978）によって引き継がれている．Schein（1965）によれば，「心理的契約という言葉は個人が組織に対して様々な期待を抱き，そして組織も彼に対して様々な期待を抱いている事を暗に意味している」（邦訳. pp.14-15）．Levinson らと同様，Schein もまた，従業員と組織という当事者の相互期待として心理的契約を定義している．ただし，Schein は，心理的契約を当事者が自覚しない暗黙のものとしてではなく，報酬や昇進のように，当事者が明確に意識しうる具体的な期待に限定した．Schein はまた，心理的契約をキャリアという長期的な時間の中で捉え，組織と従業員の関係が継続するためには，両者の間にしっかりと調整された，現実的な期待水準の心理的契約が形成されなくてはならないと主張する（Schein, 1978）．現実的な契約は，両者の関係が開始された時点で成立するのではなく，組織社会化[4]の期間を通じて組織と従業員とが相互に調整しあう中で，お互いに対する期待を徐々に形成・批准させていくものだという．

---

[4]　組織社会化とは，「組織への新規参入者が，新たな役割・規範・価値を習得するという形で変化し，組織に適応していく過程」（Wanous et al., 1992, p.187）をさす．

そして，もしどちらかの当事者が相手の期待に応えられない時，それはお互いの関係にとって容易ならぬ結果[5]を招くという．また，いったん調整された相互期待もまた，個人の成長や組織の変化によって再調整を迫られるため，そこでもまた調整が必要になる（Schein, 1978）．このように従業員のキャリアを通じて形成され，批准され，必要に応じて調整されるという意味で，心理的契約をダイナミックなプロセスとして捉えた点にSchein（1978）の特徴がある．

心理的契約とはどのような概念であるかということについて，初期の研究者たちに共通する点は4つある．1点目は，心理的契約の分析単位を個対個という二者関係レベル（dyad-level）においたことである．初期の研究者たちは，心理的契約を，組織と従業員との「間」にあるものと捉え，従業員と組織それぞれが，相手に対する期待と自分自身に対する相手からの期待を知覚していることを強調した．2点目は，組織と従業員との間に成立する，必ずしも文書化されない相互期待に注目し，それが文書化された契約と同じように拘束力を持つと考えたことである．心理的契約があくまで「契約」と呼ばれる理由は，この拘束力にある．3点目は，心理的契約を特定の企業とそこに所属する従業員との間で成立する，企業特殊的な現象として捉えられていたことである．ArgyrisやLevinsonらの研究が特定の企業における問題解決を図るという臨床的な問題意識を持っていたことからもわかるように，心理的契約は，特定の企業において固有の内容を持つ，企業特殊的な期待を表す概念として登場したのである．4点目は，Levinson et al.（1962）やSchein（1978）に見られるように，心理的契約を，従業員のキャリアを通じて組織と個人とがお互いの期待を調整しあうプロセスとして捉えていた点である．契約に関わる研究は，法学や経済学において多く行われているが，それらは文章化された約束を契約とみなし，それを雇用関係の開始に先立っていかに作成するか，という点に注目する．契約が事後的にどのような問題を引き起こすかという点に関心が向けられることもたしかにあるが，そこでの主たる関心はあくまで，事後的にそうした問題が起こらないように事前にいかに契約をデザインするかという点にある．これに対して心理的契約は，経

---

[5] Schein（1978）があげているのは，モチベーションの低下，異動，昇進不足，解雇である．

済学や法学が捨象した雇用関係開始後のプロセスに注目する．すでに契約成立のための様々なデザインがなされていることを前提に，それがどのような契約内容を導くのか，その後のプロセスにおいて契約がどのように運用されるのか（どれが履行されるか，されないか）という問題こそが心理的契約研究の焦点となる．このように雇用関係開始後のプロセスに光を当てたことが，心理的契約論の大きな意義であった[6]．

上記の点のいくつかは，後の研究者によって修正されていくことになるのだが，いずれにせよ，こうした点を初期設定として心理的契約研究はスタートした．

4-2-2 初期の研究群の限界

初期の研究者たちは，必ずしも文章化されない相互期待を概念化することで，雇用関係の分析に新たな視座をもたらした．とりわけ，雇用関係の開始後のプロセスに光を当てたことは，心理的契約と経済学や法学における契約の議論との重要な相違であったいえる．ただ，初期の研究は，多くの実証研究が蓄積される研究領域として確立されるには至らなかった（Rousseau, 1989）．それには大きく2つの理由が考えられる．

1つ目は，初期の研究者たちが上記のような点を初期設定として共有しながらも，心理的契約とはいったい何かということに関して，根本的な部分で共通認識を欠いていたことである．たとえば，Levinson et al.（1962）は，心理的契約を当事者の欲求にもとづく暗黙的なものであり，第三者には観察されえないものと捉えているのに対して，Schein（1978）は，心理的契約は文章化されないという意味であいまいであるとしつつも，契約内容を「仕事内容」や「労働条件」のような実体のある項目に限定している．このように，研究者によって捉え方がばらばらであり，統一された定義が存在しな

---

[6] 経済学もまた，雇用関係の開始の時点で完全な文章化された契約を作成できないという事実に注目する．ただし，心理的契約においてはそうした関係開始後のプロセスにおいて形成される書かれざる約束をも契約とみなすのに対して，経済学では，そうした書かれざる約束は，契約以外のものとして扱われる．経済学の関心は，そうした不完備な契約を契約以外のデバイス（組織や制度など）によっていかに補完するか，という点に向けられる．このように比較すると，心理的契約は，経済学が契約の「不完備」として扱った雇用関係開始後のプロセスの部分に，契約としての実体を与えたものと評価することができる．なお，経済学における契約の議論と心理的契約との異同に関する詳細な議論ついては，服部（2012a）を参照されたい．

151

かったことによって,研究が蓄積的というよりは散発的に展開されざるをえなかったと考えられる.

2つ目の,より直接的な理由は,心理的契約の分析単位を個対個という二者関係レベルにおくという設定そのものが,分析上の重要な問題を抱えていたということである.Levinson（1965）がいうように,組織において従業員が対峙するのは,経営者や人事担当者や直属の上司といった,組織の中に存在する具体的かつ複数の他者,および彼（女）らが運用する諸制度,さらにはそうした他者が体現する文化や伝統といった多様なものなのであって,組織という1つの集合体ではない.研究者もまた,従業員が組織という集合体と一対一で向き合っていると素朴に仮定しているわけではなく,本来は複数の他者や制度,文化や伝統などの集合であるものを,「組織」という擬制的な主体としてひとくくりにしているにすぎない.したがって,組織と従業員との契約を個対個という二者関係レベルで捉えるのであれば,組織とはいったい誰（経営者なのか,人事担当者なのか,上司なのか）をさすのかと,組織の期待とは具体的には誰の期待をさすのか,いうことをまず明確にする必要がある.このように擬制的な契約主体である「組織」というものを,実証研究においてどのように扱うかということに関して明確な答えを出すことができなかったことが,初期の研究が実証研究の蓄積へとつながらなかった最大の要因であったと考えられる[7].その結果,やがて心理的契約を扱った研究そのものが少なくなっていった.

4-2-3 Rousseauによる再定義

初期の研究群から20年ほどの空白期間を経て,心理的契約研究は再燃することになる.その契機となったのが,Rousseau（1989, 1995）による概念

---

[7] 組織と個人の関わり合いを扱った多くの研究においてこうした擬制化が行われているのだが,この点を明確に議論している研究者はほとんどいない.そうした中で少ない例外がLevinson（1965）やCoyle-Shapiro & Shore（2007）である.Levinsonによれば,経営者あるいはそのエージェントとして振る舞う上司や人事担当者といった複数の他者とのやりとりの中で,従業員は,そうした複数のエージェントの行為を,あたかも「組織」という統一した主体の行為であるかのように感じるようになる.Levinsonは,心理学の概念である「転移（transfer）」を援用して,従業員がなぜそのように「組織」なるものを知覚するようになるのかということを説明してはいるのだが,複数のエージェントのうちいったいどこに注目するのかということについては語っていない.こうした点についての詳細な議論については,服部（2011）を参照されたい.

の再定義である．1989 年以降に展開した心理的契約研究のほとんどが，Rousseau（1989）の定義にもとづいて進められたといってよい（相原，2002；Conway & Briner, 2005；服部，2011）．

Rousseau（1989）は心理的契約を，「当該個人と他者との間の互恵的な交換について合意された項目や条件に関する個人の信念」[8]（p.123）と定義している．やや難解な定義だが，これは Rousseau の心理的契約概念の重要な特徴を表している．そこで以下では，Rousseau の定義に含まれる4つのキーワードに注目して，彼女が心理的契約をどのように再定義したのかを検討する．

1つ目のキーワードは，個人の信念（individual's beliefs）である．初期の研究者が，心理的契約の分析単位を個対個という二者関係レベルに設定したのに対して，Rousseau（1989）は心理的契約を個体レベルの概念へと転換させた．Rousseau によれば，心理的契約とは，従業員による知覚現象であり，それが組織側にも共有されている必要はない．

2つ目は，合意（agreement）である．心理的契約が従業員の知覚にすぎないとしても，それは当事者を契約の履行へと拘束する．法的な拘束力を持たない契約が履行されるのは，当事者が相手との間で合意が成立していると考えるからである．ただし，ここでいう合意は，契約当事者間で契約内容についての合意が成立しているという客観的な事実ではなく，合意が成立しているという知覚である（Morrison & Robinson, 1997）．

3つ目は，項目（terms）である．心理的契約にはどのような項目がふくまれるのかということに関して，初期の研究者たちが統一した見解を持ち合わせていなかったのに対して，Rousseau は，組織と従業員とがお互いに提供しあう具体的な項目レベルで心理的契約を定義した．これにより，心理的契約と組織と個人の関わり合い（employee-organization relationship）に関する他の概念との区別が鮮明になった．組織と個人の関わり合いを捉える概念は，心理的契約の登場以前にも，組織コミットメント（organizational commitment），組織サポート（organizational support）など多数存在した

---

[8] Indevidual's belief regarding the terms and conditions of reciprocal agreement between focal person and another party.

が、それらはいずれも、個人と組織との間に強い結びつきがあること、いわば組織と個人が何らかの意味でお互いに「入れ込んでいる」ことに関わるものであった[9]。これに対して、Rousseauの心理的契約概念は、組織と個人の関係を両者の相互期待の具体的な中身の点から記述・説明する、よりドライな概念であるといえる。

4つ目のキーワードは、互恵的な交換（reciprocal exchange）である。心理的契約とは、相手に対して何かを求める代わりに、自分も相手に何か提供するであろう（あるいはその反対）、という双方向の期待である。そして相手の期待に応えられなかった場合には、両者の関係にネガティブな結果が生じる。このようにRousseauは、心理的契約の持つ拘束力を強調するという点に関して、初期の研究者による概念設定を踏襲している。

まとめると、Rousseauが定義する心理的契約とは、組織と従業員の間に相互期待に関する合意が成立しているという、従業員の知覚である。Rousseauによる再定義が、心理的契約研究に与えた最大のインパクトは、分析単位の転換である。二者関係レベルという初期設定を変更し、心理的契約を従業員の知覚現象と捉えなおしたことで、組織とはいったい誰をさすのかという問題を解決しなくとも、心理的契約の測定が可能となった。加えて、Schein（1978）同様、心理的契約を観察可能な項目として捉えたことも、測定の問題を容易にさせた。その結果、心理的契約研究は、初期の散発的な段階から実証研究が蓄積的に展開される段階へと移行した。

4-3 心理的契約研究の全般的な動向[10]

Rousseauによる再定義の後、心理的契約研究はどのように展開されたの

---

9 組織コミットメントは「組織と従業員の関係を特徴づけ、組織におけるメンバーシップを継続もしくは中止する決定に関わる心理的状態」（Meyer & Allen, 1991, p.67）、組織サポートは「組織が彼ら（従業員）の貢献を評価してくれたり、彼らの幸福（well-being）に配慮してくれることに対する信念」（Eisenberger, Huntington, Hutchison, & Sowa, 1986, p.501）と定義される。
10 文献の選択基準は以下の通りである。まずGoogle Scholarを用い、「psychological contract」というキーワードで検索を行った。ヒットした論文のうち、①Rousseau（1989）以降に公刊されたものであり、かつ②以下にあげる主要ジャーナルに掲載された論文をすべて収集した。*Academy of Management Journal, Administrative Science Quarterly, British Journal of Management, Human Relations, Human Resource Management Journal, Human Resource*

だろうか．表1は，1989〜2012年5月までに発表された心理的契約の主要な研究105編[11]について，それぞれの研究の目的，調査対象（サンプル特性，実施国，調査デザイン等），調査方法，分析手法についてまとめたものである．表にはそれぞれの項目に該当する研究の実数をカウントした数字が，「1989〜2012年の全期間」と，Rousseau（1989）以降の最初の10年間である「2000年以前」および，それ以降の「2001年以降」にわかれて記載されている．ここではまず，この表をもとに，Rousseau（1989）以降の研究動向を大づかみに抑えていく．

4-3-1　研究トピックのバラエティとその推移

まず，研究トピックのバラエティについて検討する．レビュー対象とした105編で探求された研究トピックは119あり，それらは研究内容によって，大きくわけて2つの研究群に分類できる．1つ目は，心理的契約の内容とその変化，契約内容に影響を与える先行要因，契約内容が従業員の行動・態度に与える影響といった，心理的契約の内容に関わる研究群であり，全119トピック中45（38％）を占める．本稿では心理的契約の内容に関わるこうした研究群を，内容指向の研究と呼ぶことにする（服部，2011）．2つ目は，心理的契約の履行および不履行，とりわけ組織側による履行／不履行に注目する研究群であり，全119トピック中52（44％）を占めている．具体的には，組織側による契約の履行／不履行が従業員の態度・行動に対して与える影響の検討，そうした影響関係を調整するモデレータの特定や，従業員が知覚する組織による契約履行／不履行の度合いに影響を与える要因の特定といった

Management Review, Journal of Applied Psychology, Journal of Management, Journal of Occupational and Organizational Psychology, Journal of Management Studies, Journal of Organizational Behavior, Journal of Vocational Behavior, Organization Science, Personnel Psychology, Psychological Bulletin. 次に，これらのうち，心理的契約に直接関係がないにもかかわらずヒットしたもの（たとえば，心理的契約の論文を引用していたためにヒットしたものや，仮説構築や分析結果の解釈枠組みとして心理的契約を用いているが，直接的には測定していないもの），経験的研究（質的・量的ともに含む）ではないものを除外した．最後に，上記のジャーナルには掲載されていないが，心理的契約研究の発展に寄与したと判断される（複数の研究者によって引用されている）論文や書籍を加えた全105編を，レビューの対象とした．

11 同一の論文の中で複数の研究テーマが検討されていたり，複数の分析手法や測定尺度が併用されたりすることが多々あるが，その場合には当てはまるすべてをカウントしてある．たとえば，ある論文において契約履行とその成果の関係と，契約内容の特定という2つのテーマが検討されている場合，その研究は2つの研究テーマを検討しているものとしてカウントする．

表1　1989年以降の実証研究の動向

研究トピック			
カテゴリ	全体	～2000年	2001年～
契約内容（内容指向）			
内容変化・形成	8	2	6
先行要因⇒契約内容	23	5	18
契約内容⇒成果	7	5	2
尺度・内容特定・概念弁別	7	2	5
契約履行（評価指向）			
履行（不）⇒成果	15	6	9
履行（不）⇒成果（モデレータ付）	26	2	24
先行要因⇒履行（不）	11	5	6
【その他】			
契約特性	3	0	3
メタ分析	2	0	2
その他	17	5	12
合計	119	32	87

調査対象			
カテゴリ	全体	～2000年	2001年～
MBA現役	16	6	10
民間企業の社員	65	13	52
MBA同窓生	14	7	7
軍隊	1	1	0
病院スタッフ	4	1	3
契約社員・パート・派遣社員	6	2	4
公務員・大学職員	13	3	10
合計	119	33	86

対象の複数性			
カテゴリ	全体	～2000年	2001年～
複数組織	69	20	49
単一組織	27	5	22
その他	9	9	0
合計	105	34	71

測定尺度（履行・不履行）			
カテゴリ	全体	～2000年	2001年～
Robinson et al.(1994)	7	2	5
Robinson (1996)	3	1	2
Eisenberger et al.(1986)	1	1	0
Robinson & Rousseau (1994)	6	2	4
Guzzo et al.(1994)	1	1	0
Turnley & Feldman (1998)	3	1	2
De Vos et al.(2003)	4	0	4
Rousseau (1990)	2	2	0
Tekleab & Taylor (2003)	1	0	1
Robinson & Morrison (2000)	25	1	24
Kickul & Lester(2001)	1	0	1
Claes et al.(2002)	1	0	1
Coyle-Shapiro & Kessler (2000)	2	0	2
Coyle-Shapiro & Conway (2005)	1	0	1
Restubog & Bordia (2006)	1	0	1
オリジナル	12	5	7
合計	71	16	55

調査実施国			
カテゴリ	全体	～2000年	2001年～
米国	31	14	17
英国	15	6	9
シンガポール	2	2	0
ベルギー	8	0	8
オランダ	2	0	2
中国	6	0	6
オーストラリア	2	0	2
フィリピン	3	0	3
日本	7	0	7
その他	4	0	4
ギリシア	2	0	2
不明	23	5	18
合計	105	27	78

4 心理的契約研究の過去・現在・未来

分析手法			
カテゴリ	全体	〜2000年	2001年〜
回帰（ノーマル）	65	16	49
回帰（プロ・ロジ）	3	0	3
回帰（多項式）	4	0	4
線形階層モデル	2	0	2
探索的因子分析	30	5	25
確証的因子分析	22	2	20
分散分析	9	5	4
平均値差の検定	7	4	3
正準相関分析	1	1	0
一般線形モデル	1	0	1
カイ二乗検定	2	0	2
共分散構造分析	14	2	12
信頼性中心保全分析	1	0	1
潜在成長モデル	2	0	2
クラスター分析	3	1	2
パス解析	3	1	2
相関分析	2	0	2
合　計	171	37	134

測定尺度（内容）			
カテゴリ	全体	〜2000年	2001年〜
Rousseau（1990）	13	3	10
Robinson et al.（1994）	1	0	1
Millward & Hopkins（1998）	6	2	4
Rousseau（2000）	5	1	4
Claes et al.（2002）	1	0	1
Baccili（2001）	1	0	1
Isaksson et al.（2003）	1	0	1
Schalk et al.（2001）	1	0	1
Kickul & Lester（2001）	1	0	1
Coyle-Shapiro（2002）	2	0	2
オリジナル	13	5	8
Schalk et al.（2001）	1	0	1
合　計	46	11	35

調査方法			
カテゴリ	全体	〜2000年	2001年〜
紙質問票	87	22	65
ウェブ	12	0	12
インタビュー	5	2	3
メタ分析	2	0	2
実験	1	0	1
シナリオメソッド	1	0	1
ダイアリーメソッド	1	0	1
合　計	109	24	85

調査デザイン			
カテゴリ	全体	〜2000年	2001年〜
横断的	68	19	49
縦断的	30	2	28
その他	7	3	4
合　計	105	24	81

トピックがふくまれる．こうした研究はいずれも，契約相手の契約履行状況の評価に関わっているので，以下では，評価指向の研究と呼ぶことにする．上記2つの研究群に加えて，その他様々な研究が蓄積されているが，これらすべてを合計しても全119トピック中22（18％）にすぎない．つまり，これまでに実施された心理的契約研究の実に80％以上を，内容指向と評価指向の研究が占めているということである．

次に研究トピックの推移について見てみると，2000年までは，内容指向については，契約内容の特定（尺度開発含む）が多いのに対して，2001年以降は契約内容の変化や，契約内容を規定する要因の特定へと，主要なトピックが変化していることがわかる．評価指向については，2000年までは，契約履行／不履行とその成果というシンプルな因果関係の検証が行われていたのに対して，2001年以降は，そうした因果関係を調整するモデレータの特定へと研究者の関心が移っている．初期の研究によって，契約内容および，契約履行／不履行とその成果との関係について，ある程度の研究蓄積がなされてきたことを受けて，より複雑なモデルの検証へと研究者の関心が移ったことを反映しているのだろう．

4-3-2 調査対象（調査実施国と調査対象）

心理的契約の研究者たちは，どのような国において，どのような従業員を対象に調査を実施してきたのだろうか．表1を見れば，2000年以前も2001年以降も，一貫して米国における調査が多いことがわかる（全105編中31編（30％））[12]．ただし，2001年以降は米国における調査が全体に占める割合が低下しており，米国においてスタートした心理的契約研究が，徐々にアジアおよび欧州へと拡散していることがわかる．具体的な調査対象については，民間企業に所属する従業員（全119調査中65），および企業に所属しながら社会人大学で学ぶ大学院生（全119調査中16調査）が大半を占めている（68％）．また，特定の企業に所属する従業員のみからなるサンプル（全27調査（26％））よりも，様々な企業の従業員が混在したサンプル（全105

---

[12] ただし，論文に記載された情報から，これらの調査にふくまれたサンプルがすべてアメリカ人であると判断することはできない．ここでの記載が，あくまで調査を実施した国に関する情報であることに注意が必要である．

調査中 69（66％））を対象とした調査の方が多いこともわかる．

4-3-3　調査方法とデザイン

　調査方法については，紙媒体の質問票調査が全109調査中87（80％）と圧倒的多数を占めている．2001年以降は，Webベースの質問票調査が全109調査中12（11％）と増加してきており[13]，紙媒体と合わせると，実に91％の心理的契約研究が質問票調査であることがわかる．調査デザインについては，全体を通じて横断的調査が主流だが（全105編中68（65％）），2001年以降，縦断的調査が急激に増加していることがわかる（全105編中30（29％））[14]．いずれにせよ，質問票調査にもとづく定量データの収集が，心理的契約研究の圧倒的な主流であるといえるだろう．

4-3-4　分析手法

　収集したデータはどのような手法を用いて分析されてきたのだろうか．表1によれば，2000年以前もそれ以降も，最小二乗法にもとづく回帰分析（階層的重回帰分析をふくむ）が圧倒的多数を占めている（全171の分析中65（38％））．次いで多いのが，そうした回帰分析の前段階として実施される，探索的因子分析である（全171の分析中30（18％））．つまり典型的な心理的契約研究は，測定した顕在項目について探索的因子分析を実施し，潜在因子[15]を抽出した上で，それを回帰分析に投入するというものであったといえる．ただし，2001年以降は，そうしたオーソドックスな分析手法が全体に占める割合が低下し，プロビット回帰分析やロジスティック回帰分析，多項式回帰モデルといった非線型回帰分析や，潜在因子間の因果パスを解析する共分散構造分析，複数時点において測定されたパネルデータを扱う潜在成長モデルといった，高度な分析手法を用いた研究が増加している．また，因

---

[13] いわゆるトップジャーナルにおいても，近年，Webベースの質問票調査，とりわけ調査会社を通じてデータ収集を行った論文が目立つようになってきている．
[14] いわゆるトップジャーナルにおいては，クロスセクショナル・データを用いた論文は，レフェリープロセス前のエディター段階で不受理とされることすらある．またAcademy of Management Journal や Journal of Organizational Behavior などでは，説明変数と従属変数とを異時点で測定したデータセットを用いることがすでに常識化しているといってよい．
[15] 顕在項目とは，質問票などによって実際に測定される項目をさす．これに対して，顕在項目について因子分析を行った結果として抽出されるものを潜在因子という．

子分析において確証的因子分析が採用されるようになったのも，2001年以降の特徴といえるだろう．4-3-1で指摘したような研究トピックの多様化，複雑化にともなって，分析手法もまた多様化・高度化しているということだろう．

4-3-5 測定尺度[16]

Rousseau & Tijoriwala（1998）によれば，心理的契約の測定尺度には，組織と個人の契約内容を測定する内容尺度，（主として）組織側による契約の履行／不履行を評価する評価尺度，そして契約内容の拘束力や文言の明確さといった，契約の全般的特性を測定する特性尺度の3種類がある．ここでは，これまで主として使用されてきた前者2つについて概観する．

まず内容尺度と評価尺度の比較でいうと，全117調査中71（61％）と，評価尺度の方が実証研究に多く用いられてきたことがわかる．既存研究の研究トピックの大半が評価指向であることを考えれば，これは当然といえるだろう．内容尺度については，Rousseau（1990）がもっとも頻繁に用いられているが，その割合は全46調査中13（28％）と少なく，同数で並ぶのが，各研究者が独自に開発したオリジナル尺度（46調査中13（28％））である．内容尺度については，いわゆる定番尺度があるとはいいがたい状況である．これに対して評価尺度については，Robinson & Morrison（2000）が全71項目中25項目（35％）ともっとも多く，続くRobinson, Kraatz, & Rousseau（1994）の7調査（10％）を大きく引き離している．評価指向においてもいくつかのオリジナル尺度が見られるが（全71調査中12（17％）），総じて，Robinson & Morrison（2000）が定番として定着しているといえるだろう．

4-4 研究トピックごとの展開

以上の全般的な研究動向の検討から，これまでに蓄積された実証研究のおよそ80％が，内容指向あるいは評価指向に該当することがわかった．以下ではさらに，研究トピックごとに具体的にどのような研究が展開されてきた

---

16 この部分の記述は，全105編のうち，質問票調査を実施した99編に関するものである．

のか，そこではどのような事実が報告され，どのような課題が残されているのかということを検討する[17]．

4-4-1 内容指向の研究の展開

　内容指向の研究とは，心理的契約に含まれる具体的な契約内容（contents）に主眼をおく研究群である．Conway & Briner（2005）によれば，心理的契約の内容とは，組織に対する従業員側の期待，そして組織の従業員に対する期待に関する従業員の信念である．内容指向の研究とは，具体的には知覚される契約内容によってその人の態度・行動が決定されることを前提に（Conway & Briner, 2009；服部，2011），契約内容そのもの，契約内容を規定する先行変数，そして契約内容とその成果との関係を特定することを目指すものである．以下，こうした点を検討している代表的な研究を取り上げる．

(1) 契約内容の探求

　心理的契約が当事者によって知覚されたものである以上，契約内容を研究者が調査に先立って確定することはできない．したがって，質問票調査などを実施する前段階として，従業員側，組織側双方を対象としたインタビュー調査を実施して，心理的契約の項目リストを作成する作業が必要になる．Rousseau（1989）以降しばらくは，契約内容そのものを探求する研究が行われた．

　Rousseau（1990）は，複数企業の人事担当者に対するインタビュー調査の結果，表２のような契約内容を報告し，これをもとに心理的契約の内容尺度を開発している．Rousseau（1990）の尺度は，現時点で，内容指向の研究者によって最も多く使用される尺度となっている．同様に，Herriot, Manning, & Kidd（1997）も，心理的契約の内容を調べるためのインタビュー調査を実施している．Herriotらはインタビュー調査によって得られた具体的な契約内容を，内容の類似性にもとづいてカテゴリー化することで，最終的に組

---

17 個々の研究においては，内容指向と評価指向の区別が必ずしも明確でない．たとえば，組織側による契約履行が従業員の態度に影響を与えているかどうかを検討した研究において，契約履行を測定する際に，具体的な契約内容についてそれらが履行されている程度をたずねている研究（Guzzo, Noonan, & Elron, 1994）などもある．以下では，研究者の主たる関心が契約内容そのものにあるのか，契約の履行にあるのかという基準で，それぞれの研究がどちらに該当するのかを判断している．

161

表2 Rousseau (1990) における心理的契約内容

（従業員が知覚する）雇用者への期待	（従業員が知覚する）従業員への期待
昇進，高い賃金，業績にもとづく賃金，訓練，長期雇用保障，キャリア開発，個人的な問題へのサポート	超過時間勤務，忠誠心，職務記述書に記載されていない仕事，転職時の事前の通知，異動の受容，競合他社への支援の拒否，職務上知りえた情報の機密保持，最低限の勤続年数

織への期待として12カテゴリー，従業員への期待として7カテゴリーを抽出した．サブサンプルごとに抽出された契約内容を比較してみると，同じ組織に所属する上司と従業員とでは，知覚する契約内容に大きな差がなく，知覚する契約内容に相違が見られるのは，所属している組織の規模，公的企業か民間企業かといった組織の種類であることがわかった．

先行研究の中には，このように具体的な契約内容を列挙するだけでなく，それらを意味的なまとまりに従って分類しようとするものもある．もっともよく見られるのは，法学者のMacneil (1985) が提示した「取引的契約 (transactional contracts)」と「関係的契約 (relational contracts)」という枠組みである．Macneilによれば，取引的契約とは，経済的な側面に主眼をおき，短期的に更新される契約である．たとえば，労働市場での自由な移動を前提に，短期的な利益最大化を目指して行動する，非正規従業員と雇用組織との契約は，取引的契約の典型である．取引的契約の対極に位置するのが，関係的契約である．これは，経済的側面だけでなく，社会心理的側面までをふくむ包括的な契約であり，長期安定的な性格を持つ．長期雇用を前提に，両者の利益を長期的にバランスさせる，日本企業の正社員と雇用組織との契約は，関係的契約の典型とされる（蔡, 2002）．

こうした分類が，経験的にもある程度妥当なものであるということが，すでに複数の研究者によって報告されている（Millward & Hopkins, 1998；Millward & Brewerton, 1999；Millward & Cropley, 2003；Raja, Johns, & Ntalianis, 2004；Cuyper & Witte, 2006；Rousseau & Tijoriwala, 1999）．Rousseau (1990) は，上記のインタビュー調査から得られた心理的契約内容について因子分析を実施し，「取引的契約」と「関係的契約」という2因子を抽出している．取引的契約に対しては，組織への期待のうち「高い賃金」「業績にもとづく賃金」「訓練」「キャリア開発」，従業員への期待のうち「超

過時間勤務」「役割外行動」「転職時の事前の通知」などが負荷し，関係的契約については，組織への期待のうち「雇用保障」，従業員への期待のうち「忠誠心」「最低限の勤続年数」がそれぞれ負荷した．さらに，Rousseau (1990) は，取引的契約を知覚する従業員は関係的契約の諸項目を知覚せず，反対に関係的契約を知覚している従業員は，取引的契約の諸項目を知覚しないというように，取引的契約と関係的契約とは相互に排他的な関係にあるということを報告している．同様の結果は，Millward & Brewerton (1999) においても報告されている．

その一方で，「取引的契約」「関係的契約」という分類に疑問を投げかける研究も多い（青木, 2001；Coyle-Shapiro & Kessler, 2000；De Vos, Buyens, & Schalk, 2003, 2005；Hess & Jepsen, 2009；Ho, Rousseau, & Levesque, 2006；Hui, Lee, & Rousseau, 2004；Linde & Schalk, 2008；Rousseau, 2000；山岡, 2006；服部, 2011）．たとえば，上記の Rousseau (1990) と同じ尺度の修正版を用いた Hess & Jepsen (2009) や Rousseau (2000) においては，取引的契約と関係的契約に「バランス契約」を加えた3因子が抽出されている．さらに，De Vos, Buyens, & Schalk (2003) においては，組織の義務として「キャリア開発」「仕事内容」「社会的雰囲気」「報酬」「ワークライフバランス」，従業員の義務として「役割内外の行動」「柔軟性」「倫理的行動」「忠誠心」「エンプロアビリティ」のそれぞれ5因子が抽出された．また，Millward & Hopkins (1998) においては，取引的契約，関係的契約という2因子が抽出されたのに対して，同じ尺度を用いた青木においては3因子，山岡においては4因子が抽出されているなど，抽出される潜在因子に関する研究結果は一貫しない．

特定の顕在項目がどの因子に負荷するかという点に関しても，既存研究の結果は一貫しない．たとえば，「訓練」「キャリア開発」「超過時間勤務」といった顕在項目は，Rousseau (1990) においては取引的契約に負荷したのに対し，Robinson, Kraatz, & Rousseau (1994) においては関係的契約に負荷した．つまり，同じ項目であっても，状況によって，あるいは回答者によって異なった意味づけがなされたのである．Conway & Briner (2005, 2009) は以上のような結果を受けて，少なくとも現時点においては，「取引的契約」「関係的契約」という分類は疑わしいと結論づけている．この問題について

は，改めて取り上げることにする．

(2) 知覚される契約内容の分散／収斂を規定する要因および契約内容の変化

心理的契約が個人に知覚されたものである以上，同じ企業における同じ契約であっても，従業員の間で知覚された期待の強度に差異が見られる可能性がある．当該契約について，ある従業員は強い期待を持つが，他の従業員は弱い期待しか持たないということもありうる．内容指向の研究群の中にも，このような知覚される契約内容の分散／収斂に関する問題を扱ったものがある．先行研究で検討されている要因は，世代（Hauw & De Vos, 2010；Hess & Jepsen, 2009），個人の価値観（De Vos et al., 2005），過去の所属組織での経験（Linde & Schalk, 2008），個人特性（Coyle-Shapiro & Neuman, 2004；Nikolaou, Tomprou, & Vakola, 2007；Raja, Johns, & Ntalianis, 2004）といった個人要因，雇用形態（Cuyper & Witte, 2006；Millward & Brewerton, 1999；Millward & Hopkins, 1998；Saunders & Thornhill, 2006），仕事上の経験（Bellou, 2007；Cavanaugh & Noe, 1999），勤続年数（De Vos et al., 2003；Robinson et al., 1994；Thomas & Anderson, 1998），職場での人間関係（Ho & Levesque, 2005；Ho, Rousseau, & Levesque, 2006），組織側による履行（De Vos et al., 2003）といった組織内要因にわけることができる．

世代や個人の価値観，個人特性に注目する研究では，こうした要因が，当該個人の職業や組織の選択に影響を与え，結果として，知覚する心理的契約にも相違をもたらすと考える（Raja et al., 2004）．たとえば Raja et al.（2004）は，「神経症」「外交性」「誠実性」「公平さへの感受性」「統制感」「自尊」の6つのパーソナリティのうち，神経症および公平さへの感受性タイプが強い人は取引的契約，誠実性および自尊が強い人は関係的契約を強く知覚するという結果を報告している．また従業員の世代効果に注目した Hauw & De Vos（2010）では，従業員が知覚する心理的契約内容が，当該個人の世代や入社時の経済状況（好景気／不景気）によって有意に異なること，ただし契約内容によっては，そうした世代効果の影響を受けず，世代間で共通していることが示された．

こうした当該組織にとって外生的な，個人要因に注目する研究がある一方で，組織側にとって政策変数となりうる組織内要因に注目した研究もある．

たとえば Millward & Brewerton（1999）は，正規従業員，長期の契約社員，そして臨時契約社員という3つの雇用形態と，心理的契約の内容との対応関係を検討している．その結果，取引的契約については，正規雇用の従業員の方が他の2種類の雇用形態の従業員よりも，弱い相互期待を持っているのに対して，長期契約社員と臨時契約社員との間には，有意な差異が見られなかった．関係的契約については，臨時契約社員が他に比べては弱い相互期待を持っていたが，正規従業員と長期の契約社員との間には，有意な差が見られなかった．こうした結果を受けて，Millward & Brewerton は，客観的な雇用形態は，従業員が知覚する心理的契約の期待水準に影響を与えはするが，強力な説明要因ではないと結論づけている．Ho, Rousseau, & Levesque（2006）は，職場におけるインフォーマルな人間関係の影響に注目している．Ho らは，当該個人が知覚する心理的契約内容はその人が社会的ネットワーク上に占める位置によって影響を受けること，ただしそうした影響はネットワークの種類や契約の内容によって異なることを示している（Ho, Rousseau, & Levesque, 2006）．

個人要因に注目するにせよ，組織的要因に注目するにせよ，これらの研究が特定の心理的契約内容に関する個人間の差異に注目するのに対して，特定の契約内容に関して個人内で生じる変化に注目する研究もある．たとえば Robinson et al.（1994）は，組織入社後の数年間で，従業員が知覚する組織の期待および組織側の従業員への期待がどのように変化するのかを検討している．米国のビジネススクールに所属する 96 名の MBA 生を対象に，入社直前と入社2年後の2時点において行った質問票調査の結果，入社後の2年間の間に，多くの組織への期待が有意に上昇するのに対して，従業員自身への期待の多くが有意に減少していることがわかった[18]．Thomas & Anderson（1998）は，さらに短い時間幅で，契約の変化を検討している．英国陸軍の新人兵士に対して，雇用保障，交流・余暇，家族への影響の考慮，設備，キャリアの見通し，職務満足，賃金といった項目について，組織加入後の6カ月でどのような変化が起こるかを検討した結果，組織加入後の6カ月

---

[18] 入社後の2年間で期待度が減少していたのは，組織への期待では訓練，サポート，雇用保障，従業員への期待では競合他社への支援の禁止であった．ただし，これらの変化はいずれも，統計的に有意なものではなかった．

で，雇用保障，交流・余暇，家族への影響の考慮，設備については期待度が上昇するが，キャリアの見通し，職務満足，賃金については変化が見られなかった．Robinson et al.（1994）や Thomas & Anderson（1998）の調査結果を受けて，2001年以降は，共分散構造分析や潜在成長モデルといったより高度な分析手法を用いて，個人内の変化の問題を検討する研究が少しずつ蓄積され始めている（Lester, Kickul, & Bergmann, 2007；De Vos & Freese, 2011）．

(3) 契約内容の成果

契約内容やそれを規定する要因が探求されてきた背景には，知覚される契約内容によってその人の態度・行動が決定される，という研究者の前提がある（Conway & Briner, 2009；服部, 2011）．この点に関する実証研究は少ないが（119トピック中7（5.9%）），ある程度一貫した結果が報告されている．

たとえば，新人が知覚する心理的契約内容に注目した Rousseau（1990）は，関係的契約は長期雇用への期待，取引的契約は立身出世志向と，それぞれ正の関係があることを報告している．また英国に拠点を持つ多国籍企業における Millward & Hopkins（1998）の調査では，関係的契約を知覚する従業員は，取引的契約を知覚する従業員に比べて，仕事および組織へのコミットメントが強いこと，また前者は後者よりも，超過時間勤務に従事する傾向が強いことを発見している．同様に，Raja, Johns, & Ntalianis（2004）は，関係的契約を知覚する従業員の方が，取引的契約を知覚する従業員よりも，強い組織コミットメントと職務満足を知覚し，離職意図を低く知覚することを報告している．これらの研究が心理的契約内容とその成果の直接的な関係に注目するのに対して，Rousseau & Tijoriwala（1999）は，知覚される契約内容の相違が，組織変革における原因帰属のあり方に差異をもたらす可能性を検討した．過去に組織変革を実施した米国北東部の病院の看護師に対する調査の結果，関係的契約を知覚している従業員は，その変革を外的な環境に対応するため，あるいは治療の質の向上のために，やむなく行われたものであると捉えていたのに対して，取引的契約を知覚している従業員は，同じ変革を，経営者の自己都合によるものであり，正当な変革とはいえないものとして捉えていた．

数が少ないとはいえ，こうした研究から，心理的契約内容とその成果との

関係についていくつかの重要な示唆を得ることができる．1つ目は，関係的契約を知覚する従業員は，取引的契約を知覚する従業員よりも，組織にとってより望ましい態度・行動をとるということである．2つ目は，知覚する契約の内容によって，同じ出来事に直面した際の原因帰属のあり方が異なるということ，より具体的には，関係的契約を知覚した従業員の方が，組織変革のような出来事に対して，より好意的な反応を示し，それを受容する傾向が強いということである（Rousseau & Tijoriwala, 1999）．研究数が少なく，対象となる組織および取り上げられている成果変数のバラエティが十分であるとはいえないが，少なくとも現時点で，組織は関係的契約を形成することによって，より大きなメリットを得ることができるといえそうである．

4-4-2 内容指向研究の貢献と問題点

内容指向の研究は，これまでに他の研究者が参照すべき契約内容の一覧を示し[19]，個人間においても（Herriot et al., 1997；Millward & Brewerton, 1999；Ho et al., 2006；Hauw & De Vos, 2010），個人内でも（Robinson et al., 1994；Thomas & Anderson, 1998；De Vos & Freese, 2011），従業員が知覚する心理的契約にバラつきが存在するということを実証してきた．心理的契約は個人の知覚現象であるというRousseau（1989）の指摘の正しさが，断片的にではあるが実証されたことになる．また契約内容とその成果の関係に関する研究は，取引的契約よりも関係的契約の方が，組織にとって望ましい態度・行動をもたらすということを報告している．知覚される契約内容によって個人の態度・行動が決定されるということが，部分的にではあるが明らかにされつつあるといえるだろう．

こうした発見事実がある一方で，内容指向の研究には，重要な点において未解決の課題がある．それは，第1に，抽出される契約の潜在因子が一貫しないこと（服部，2011），そして第2に，知覚される期待の強度に影響を与える要因の相対的な重要度や，要因間の関係が明らかにされていないということである（Conway & Briner, 2009）．いずれも，従業員が知覚する契約内容に分散と収斂をもたらすのはどのような要因であるかということに関わっ

---

[19] 先行研究で提示されている契約内容の一覧については，服部（2011）を参照．

ているが，その意味合いは若干異なる．

　1つ目の課題は，どのような契約項目を一群の契約（e.g., 取引的契約や関係的契約）と捉えるかという従業員の知覚の分散と収斂に関わっている．すでに述べたように，先行研究において報告される潜在因子の構造（抽出される因子数や特定の因子に顕在項目が負荷するパターン）は一貫しない．一般的な内容指向研究では，「長期雇用保障」「訓練」「キャリア開発」「超過時間勤務」といった顕在項目について「期待する／される」程度を回答者に答えてもらった上で，因子分析を実施し，顕在項目の背後に存在する潜在因子を特定する，というアプローチがとられる．この際に問題となるのは，個別の顕在項目が取引的契約や関係的契約といった潜在因子のいずれに負荷するかということが，回答者自身がその項目に対してどのような意味づけを行ったかということに，大きく依存するということである（Conway & Briner, 2005）．たとえば，従業員に対して適切な「キャリア開発」を実施するという項目を，回答者の多くが，「社員の雇用がいつまで保障されるかわからない時代なのだから，そうした事態に備えてキャリア開発を行うことが会社側の義務である」という文脈で捉えた場合，この項目は取引的契約に負荷することになるだろう．反対に，「自分はこの会社の中で長期間働くことになるのだから，会社の長期的なビジョンに合わせた適切なキャリア開発が実施されるべきだ」という文脈で捉えられれば，この項目は関係的契約に負荷することになるだろう．そして，従業員が各項目をどのような文脈で捉えるかということは，当該企業の人事制度や経営理念，雇用形態や，個人のパーソナリティ，価値観といった，様々な要因によって左右される（Conway & Briner, 2009）．したがって研究者は，心理的契約内容の尺度を用いて測定し，測定された顕在項目について因子分析を実施し，解釈を行う際に，文脈によって多様な意味づけがなされ，その結果，調査対象によって特定の項目が負荷する因子が異なっていたり，抽出される因子数が異なったりといったことが起こりうることを理解する必要がある．研究によって抽出される潜在因子が異なるという問題は，すでに複数の研究者によって指摘されているのだが，この問題に対して理論的・実証的に取り組んだ研究は少ない[20]．

　2つ目，すなわち知覚される期待の強度に影響を与える要因の相対的な重要度や，要因間の関係が明らかにされていないという課題は，いったん抽出

された一群の契約（e.g., 取引的契約や関係的契約）に対する，知覚された期待の強度における分散と収斂に関わる．ある従業員は，関係的契約以上に取引的契約を強く知覚しているが，別の従業員はそれらを同等に重要なものとして知覚している，といった問題がこれにあたる．従業員が知覚する期待の強度が，世代，個人特性，勤続年数，職位などによって影響を受けることは，すでに報告されているが，そうした要因の相対的な重要度や，要因間の関係（e.g., 世代，勤続年数，職位のうち，従業員の知覚に対してもっとも強い影響を持つのはどれか）についてはこれまでのところ明らかにされていない（Conway & Briner, 2009）．

このように，①どのような契約項目を一群の契約と捉えるか，そして②そうした一群の契約に対する期待の強度は何によって決定されるか，という2つのレベルにおいて，研究結果が一貫しないことがすでに指摘されたにもかかわらず（Conway & Briner, 2005, 2009），そうした違いがなぜ起こったのかということについて十分な探求がなされてきたとはいえない．内容指向の研究は，その意味で，蓄積的というよりは散発的に展開されてきたといえる．

4-4-3　評価指向の研究の展開

本稿のレビュー対象である105編の実証研究において探求されている119トピック中52（44％）を占め，もっとも多くの研究者によって取り組まれてきたのが評価指向の研究である．評価指向の研究は，組織側による心理的契約の履行状況とりわけ契約不履行に対する従業員の評価と，それがもたらす結果に注目するものである．ここでいう契約不履行（contract breach）とは，組織が期待に反して契約を果たし損ねたという従業員の知覚である（Morrison & Robinson, 1997）．組織側による契約の不履行がかなり頻繁に発生しているということを背景に（Robinson & Rousseau, 1994；Turnley & Feldman, 1998；Conway & Briner, 2002a；服部, 2011），組織側による契約の履行／不履行が組織コミットメントや離職意図といった態度・行動に

---

[20] 服部（2011）は，サブサンプル間で探索的因子分析の結果を比較するというアプローチによって，この問題に対して部分的な回答を与えている．

対して与える影響の検証，そうした影響関係を調整するモデレータの特定や，従業員が知覚する組織による契約履行／不履行の度合いに影響を与える要因の特定といったことが検討されてきた．内容指向の研究が，知覚される契約内容によってその人の態度・行動が決定されることに注目するのに対して，評価指向の研究は，相手の契約不履行に対する評価への反応としてその人の態度・行動が決定されることに注目する．

評価指向の研究は，大きく2つに分類できる．1つ目は，組織による契約不履行と従業員の態度・行動との関係，あるいはそうした関係を調整する要因に関わる研究，2つ目は，契約不履行の知覚に対して影響を与える要因に関する研究である．それぞれに関する具体的な研究を見ていこう．

(1) 組織による契約不履行とその成果

すでに見たように，契約不履行とその成果の関係，およびそうした関係を調整する要因に関する研究は，心理的契約研究の中でもとりわけ研究蓄積が多い（表1）．この種の研究で取り上げられている成果変数は研究者によって様々だが，そこで一貫して見出されている結果は，組織の不履行が従業員のネガティブな反応を引き起こす，というものである．以下，代表的な研究を紹介する．

Robinson（1996）は，心理的契約の不履行の知覚と，従業員の組織に対する信頼との関係を検討している．米国中東部の大学のビジネススクールに所属する従業員を対象とした質問票調査の結果，組織による契約の不履行が，従業員の業績，組織市民行動，組織にとどまる意図に対してマイナスの影響を与えていることがわかった．さらに，不履行に先立って従業員が組織に対して強く信頼している場合には，そうでない場合に比べて，契約不履行が信頼喪失させる程度が弱いことがわかった．Turnley & Feldman（1998）においても，同様の結果が報告されている．Turnley & Feldman によれば，複数の組織を対象に実施した調査協力者の25％が，組織による何らかの契約不履行を経験していた．そしてこうした不履行によって，従業員の退出行動や発言行動が喚起され，組織への忠誠が低下することがわかった．

表3は，心理的契約の履行とその成果の関係を扱った51の研究に関するメタ分析を行った Zhao, Wayne, Glibkowski, & Bravo（2007）の結果である．この表では，心理的契約の先行研究で用いられてきた履行成果の変数の大部

表3　心理的契約の不履行に関するメタ分析

成果変数	K	N	r	χ^2
職務満足	28	14,252	−0.45	246.54**
組織コミットメント	20	12,523	−0.32	172.20**
離職意図	22	6,268	0.34	109.82**
離職	5	730	0.05	20.17**
組織市民行動	21	12,662	−0.11	69.74**
業績	16	3,504	−0.20	32.11**

出所：Zhao et al.（2007）を参考に筆者作成
注1：K＝分析に用いられた研究の数，N＝メタ分析にふくまれるサンプルの数，r＝相関係数の平均値，χ^2＝カイ二乗検定
2：* $p < .05$，** $p < .01$

分が掲載されている．これを見れば，組織による契約不履行が，従業員の「職務満足」「組織コミットメント」「組織市民行動」と「業績」を低下させ，「離職意図」および実際の「離職」を高めるということが確認できるだろう．このように先行研究では，組織側が契約を不履行することが，従業員の職務満足，組織への信頼，組織コミットメントなどの低下，そして離職意図の増加につながることが一貫して報告されている[21]．

2001年以降は，組織による契約不履行とその成果とを異なった時点で測定する縦断的調査が増え，さらに不履行とその成果との関係を調整するモデレータを導入したより複雑なモデルによる研究が増加している（表1）．組織側にとってある程度の契約不履行が避けられないということを前提に，不履行の影響が増大／軽減される条件とはどのようなものか，ということに注目が集まっているのである．先行研究において取り上げられている調整変数は，公平性（Coyle-Shapiro, 2002 ; Kickul, Lester, & Finkl, 2002 ; Lo & Aryee, 2003 ; Robinson & Morrison, 2000），不履行理由の正当性（Robinson & Morrison, 2000），フルタイム／パートタイム（Conway & Briner, 2002b），互恵性の規範（Coyle-Shapiro, 2002），組織への信頼（Lo & Aryee, 2003），組織コミットメント（Sturges, Conway, Guest, & Liefooghe, 2005 ; Restubog, Bordia, & Tang, 2006），組織サポート（Guerrero & Herrbach,

---

21 ただし，心理的契約の不履行は，組織市民行動や業績，実際の離職といった従業員の行動よりも，組織コミットメントや職務満足といった態度の方を，より説明することもわかっている（Conway & Briner, 2009）．

2008), メンターとの関係 (Zagenczyk, Gibnry, Kiewita, & Restubog, 2009), 伝統を重視する程度 (Chen, Tsui, & Zhong, 2008), 原因帰属のスタイル (Chiu & Peng, 2008), 組織内ポリティクスの知覚 (Montes & Zweig, 2009), パーソナリティ (Ho, Weingart, & Rousseau, 2004), 組合の手段性 (Turnley, Bolino, Lester, & Bloodgood, 2004), 契約内容の重要性 (Conway & Briner, 2002b) などである．こうした要因の多くが，契約の不履行の態度・行動との関係を調整することがわかっている．

(2) 契約不履行の知覚に対して影響を与える要因

評価指向の研究群を構成するもう1つのトピックが，契約不履行の知覚に対して影響を与える要因の探求である．契約内容の知覚が様々な要因によって影響を受けるように，契約不履行に関する知覚も，組織内外の様々な要因によって影響を受けることがわかっている (Robinson & Morrison, 2000 ; Guest & Conway, 2002 ; Sutton & Griffin, 2004 ; Sturges et al., 2005 ; Tekleab et al., 2005 ; Dulac, Coyle-Shapiro, Henderson, & Wayne, 2008).

たとえば，Raja et al. (2004) は，個人のパーソナリティと知覚される契約不履行との関係に注目している．そして「神経症」「外向性」「誠実性」「公平さへの感受性」「統制感」「自尊」の6つのパーソナリティのうち，「神経症」「誠実性」「統制感」は不履行の知覚と有意な正の関係があるのに対して，「外向性」「公平さへの感受性」「自尊心」は関係が見られないことを明らかにしている．このような組織にとっての外生的な要因だけでなく，人的資源施策のような組織の内生的な要因に注目する研究もある．たとえば，組織社会化戦術 (Robinson & Morrison, 2000 ; Dulac et al., 2008) や，公式および非公式のキャリアマネジメント (Sturges et al., 2005) の導入は，組織が契約を履行しているという従業員の知覚を高める．また，雇用関係開始前の相互作用の頻度 (Robinson & Morrison, 2000) は，組織によって契約が不履行されているという従業員の知覚を減ずることがわかっている．

4-4-4 評価指向研究の貢献と問題点

すでに述べたように，これまでの心理的契約研究者の努力の大半が，組織による契約（不）履行とその成果の関係の解明に向けられてきたといってよい (Conway & Briner, 2005 ; Rousseau, 2011 ; 服部, 2011). こうした研究

は，時系列で見れば，組織による契約不履行とその成果との関係の探求から出発し，そうした関係を調整するモデレータの影響について検証する段階へと進んできた．またそうした中で，横断的調査から縦断的調査，線形回帰から非線形回帰などの高度な分析手法へと，調査デザインや分析手法が精緻化されてきた（表1）．そしてこのような研究の拡散と進化の中で，組織による契約不履行と，従業員の職務満足，組織への信頼，組織コミットメントとの一貫した関係を報告してきた．

以下では，評価指向の研究の課題について整理しておきたい．ここで注目するのは，組織による契約不履行にもかかわらず，契約関係が維持される理由が説明できていないという点である．組織による契約不履行はしばしば発生しており，そのことが，従業員の職務満足，組織への信頼，組織コミットメントなどの低下，そして離職意図の増加をもたらしている，というのが評価指向の研究の基本的な結論である．ここで重要なのは，契約の不履行が従業員の態度・行動に対して与え，しかも契約不履行がしばしば行われているにもかかわらず，多くの場合，雇用関係は維持され続けているし，従業員は依然としてその契約の履行を信じているということである．契約の不履行にもかかわらず，すぐに関係が解消されないとすれば，そこには何らかの調整作用が働いているはずである．Rousseau (1989) 以降の先行研究は，組織による契約履行によって従業員の態度・行動がいかに影響を受けるか，ということに関心を寄せてはいたが，Schein (1978) が指摘したような，契約の調整という側面を見逃していた．

4-4-5 日本企業における研究動向

近年，日本においても心理的契約概念を用いた理論研究および実証研究の蓄積が進んでいる（Morishima, 1996；相原, 1999；青木, 2001；蔡, 2002；櫻木, 2003；横田, 1998, 2004；山岡, 2006；新井, 2008；西村, 2008；若林・山岡・松山・本間, 2006；服部, 2008, 2011；Hattori, 2010；Hattori & Morinaga, 2011；服部, 2012b；Hattori, in press；平野, 2004；林, 2012）．これは，心理的契約が欧米の研究者によって提唱されたものでありながら，日本企業の雇用関係と密接に関わっているためであろう．Abegglen (1958) は『日本の経営』の中で，日本企業の特徴が福利厚生といった具体的な雇用

制度ではなく,雇用主と従業員の終身の関わり合いにあるとし,それを「life time commitment(終身関係)」と呼んだ.組織側は,極端な状況にならない限り従業員を解雇せず,従業員側もまた,容易に他の企業に移ることはしない.そして,そのことがお互いの義務と権利として共有されていることに,日本企業の特徴があるとしたのである.こうした指摘は,法学者の川島(1967)によっても,早い段階からなされていた.このように,日本においては「長期雇用保障」のような雇用関係における重要な期待までもが,必ずしも法的な拘束力を持たない,本稿の言葉でいえば心理的契約として成立し維持されてきたのである.

ところが,今日の雇用制度の変化は,上記のような重要な期待の裏切りを意味する可能性がある.実際,様々な人事制度上の変化の結果,日本企業において,「組織と個人の関係」に関する従業員側の期待と現実のギャップを生じさせていることを示す調査結果が報告されている.たとえば,関西の大手電機メーカー3社の正規従業員を対象とした若林・山岡・松山・本間(2006)の調査では,会社につくすことで定年までの長期的な雇用を保障されたいという「定年雇用志向」について,「肯定的」あるいは「やや肯定的」と答えた従業員が全体の58.4％にのぼった.これは,会社との関係を金銭と時間の交換と割り切った「割り切り関係志向」の39.94％を大きく上回っていた.

このように,心理的契約が日本企業の雇用制度を支える役割を果たしてきたこと,そして雇用制度の変化が従業員にとって,期待と現実のギャップや期待への裏切りとして知覚されている可能性があるという2つの意味で,心理的契約は,現在の日本企業における重要な問題として認識され始めているといえる.とはいえ,日本における研究はまだ開始されたばかりであり,さらなる研究の蓄積が期待される.

4-5 心理的契約研究の挑戦

4-5-1 要約

以上,初期の研究群からRousseau(1989),そして2012年現在までの心

理的契約研究を概観した上で，各研究トピックについて具体的な研究を紹介しつつ，そこでの発見事実と問題点を検討してきた．最後に，これまでの議論を簡単にまとめ，さらなる研究の進化の方向性を探りたい．

　Rousseau（1989）以前の研究者は，組織と個人の間に成立している相互期待を心理的契約と捉え（二者関係），そうした必ずしも文章化されない契約が文書化された契約と同じように個人の行動を拘束する点に注目した（拘束力）．また初期の研究者たちは，そうした期待は，特定の企業とそこに所属する従業員との間で成立する企業特殊的なものであり（企業特殊性），従業員のキャリアを通じて組織と個人とがお互いの期待を調整しあうものと捉えていた（プロセス）．こうした点を概念の初期設定として心理的契約研究はスタートした．

　Rousseau（1989）およびそれ以降の研究者は，こうした初期設定をいくつかの点において踏襲し，またいくつかの点において修正した．まずRousseau（1989）は，心理的契約を従業員による知覚として定義するという，重要な変更を行っている．初期の研究者が心理的契約を二者関係レベルで捉えたことを考えれば，これは初期設定の明らかな変更であった．こうした転換によって，初期の研究が抱えていた問題が解消され，心理的契約は多くの実証研究が蓄積される研究分野として確立するに至る．

　Rousseau（1989）以降しばらく，研究者たちの関心は，契約内容の特定，および契約履行とその成果との関係の解明に向けられてきた．これは心理的契約の研究者が，従業員の態度・行動を，①知覚された契約内容の違いよる影響，および②相手の契約履行に対する評価およびそれに対する反応として説明してきたことを意味する（Conway & Briner, 2009）．当初の研究は，その多くが米国において実施されたものであり，主として横断的な調査デザインによる質問票調査が実施されてきた．2001年以降は，調査実施国がアジアおよび欧州へと拡散し，研究トピックも少しずつ拡散していった．内容指向の研究についていえば，契約内容そのものを探求する研究から，契約内容を規定する要因の特定へと主要なトピックが変化していった．ただ，内容指向の研究が必ずしも体系的に蓄積されてきたとはいえず，報告される研究結果も一貫していない．操作的定義が一貫していないことや，因子分析の結果が不確定であることなどは，そうした問題の典型例である．これまでに実施

175

された研究の中で，とりわけ研究蓄積が多いのが，評価指向の研究である．評価指向研究は，契約履行とその成果との関係の解明から，そうした関係を調整する要因の探求へと研究トピックを微妙にシフトさせつつも，組織による契約不履行と，従業員の行動・態度の関係に関して一貫した報告をしてきた．またそうした研究の深化にともなって，縦断的調査が多用され，変数間の複雑な関係を解析するより高度な分析手法が導入されるなど，総じて研究の進化（深化）が見られる．Rousseau（1989）およびそれ以降の研究者の努力は，主として，初期の研究者が強く主張した契約の拘束力の解明に向けられてきたといってよいだろう．

4-5-2　さらなる深化のために

ここで改めて注目したいのは，Rousseau（1989）以降20数年間の研究の進化（深化）の中で，研究者の関心が，次第に組織による契約不履行とその成果に関わるトピックへと収斂して行ったという事実である．これには少なくとも3つの理由が考えられる．1つ目は，心理的契約研究が開始された1990年代，多くの企業が雇用関係の転換期を迎え，心理的契約の不履行が実践的にも学術的にも重要な問題となっていたことである（Morishima, 1996；Cappelli, 1999）．2つ目は，Robinson & Morrison（2000）のような定番となる契約不履行の尺度が登場したことにより，契約不履行研究が蓄積的に行われる地盤が比較的早期に形成されたことである．このように，優れた測定尺度が登場し，多くの研究者がそれを用いた実証研究を開始すると，当該研究トピックの研究量が増え，それ以外のトピックを扱った研究が減少するという現象は，その他多くの研究分野においても観察される（金井, 1991；鈴木, 2002）．これは，2012年現在においても定番尺度が登場していない内容指向の研究ときわめて対照的である．そして3つ目の，もっとも直接的な理由として，組織による契約の不履行が組織の中の人間行動を強力に説明するということが，一貫して報告されてきたことがあげられる（Conway & Briner, 2005）．報告される研究成果が一貫しているからこそ，研究の蓄積的な展開が可能となったのだろう．

こうした進化（深化）の反面，初期の研究者によって指摘されながら後の研究において取り上げられることがなくなった重要なトピックがある．初期

の研究者による初期設定のうちの2つ，企業特殊性とプロセスである．本稿では最後に，このような古典的なトピックを改めて取り上げ，これらが心理的契約の新たな研究トピックの萌芽となりうることを議論したい．

企業特殊性の問題から始めよう．図1は，契約内容に関する従業員の知覚の分散／収斂に影響を与える要因のバリエーションを表している．Conway & Briner（2005, 2009）がいうように，心理的契約の知覚に影響を与える要因は，大きくわけて①企業レベルの要因（e.g., 特定の企業で採用されている人事制度や経営理念，その他経営上の施策），②組織内要因（e.g., 雇用形態，職場の人間関係），③個人要因（e.g., 価値観，個人特性）といった，少なくとも3つのレベルが考えられる．したがって，A，B，Cという少なくとも3つの影響関係が考えられるのである[22]．この図に合わせてこれまでの研究をまとめてみよう．Argyris（1960），Levinson et al.（1962），Schein（1965, 1978）ら初期の研究者は，心理的契約を特定の企業において共有される企業特殊的なものと捉えていた．つまり，どの契約項目（e.g., 長期雇用保障，訓練など）について，どの程度期待するのかという従業員の知覚，またそうした項目に対してどのような意味づけがなされるかということは，所属する企業ごとに異なるということである．ただ，初期の研究者たちは，企業内において従業員の知覚が分散する可能性については言及していない．つまり初期の研究者たちは，組織と従業員の心理的契約は，企業によって様々であるが，いったん特定の企業に所属すると組織内の従業員が知覚する契約はお互いに近似したものになる，と考えていたようである．図1でいえば，主として企業間の分散を説明する企業レベルの要因（A）に注目し，組織内の分散に関わる組織内要因（B）や，従業員間の分散に関わる個人要因（C）については，それほど重視してこなかったことになる．ただし，初期の研究の多くが理論的なものであり，Aについても，実証的な証拠が示されているわけではない．つまり，契約内容に分散／収斂をもたらす要因について，初期の研究者たちの間で，実証的な結論は保留されたままとなっていたのである．

---

[22] 4-2で述べたように，契約内容には大きくわけて，①抽出される潜在因子と②因子ごとの期待の強度という2つの問題があるから，ここでいう分散／収斂の源泉と契約内容の組み合わせは，厳密にいえば，6つあることになる．

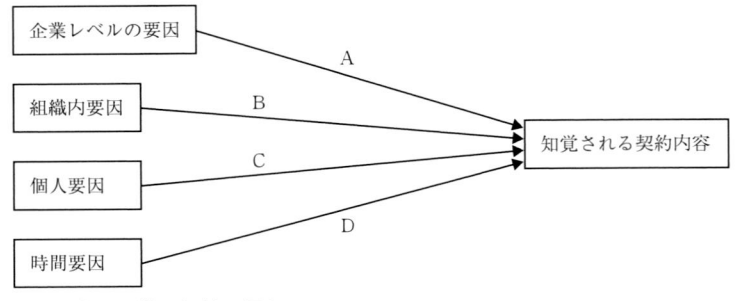

図1 契約内容の分散／収斂の源泉

（図：企業レベルの要因→A、組織内要因→B、個人要因→C、時間要因→D、いずれも「知覚される契約内容」へ）

　これに対して，Rousseau（1989）は，心理的契約が個人の知覚現象であると主張した．どの契約項目についてどの程度期待するのか，またそうした項目に対してどのような意味づけがなされるかということに関して，同じ企業に所属する従業員間においてすら分散が生じる可能性があることを示したのである．他方でRousseauは，知覚された契約が企業特殊的なものであるか，それとも特定の企業の枠を超えて広く共有されたものであるのかという問題について明確には語っていない．ただ，組織内において知覚される心理的契約が共有された状態として「規範的契約（normative contract）」という別概念を提起していること（Rousseau, 1989, 1995），また心理的契約の形成において個人の認知的バイアスや解釈枠組みが大きな影響を与えることを強調していることなどから（Rousseau, 1995），彼女は心理的契約が特定の企業内においても相当程度分散すると考えていたと推測できる．Rousseauの定義を踏襲した研究者たちもまた，組織内要因（B）と個人要因（C）に注目してきた．つまり，Rousseau（1989）以降の研究者は，組織内の分散と従業員間の分散に注目し，企業間で生じる分散にはそれほど注意を払ってこなかったことになる．

　このように，内容指向の研究は大まかにいえば，企業レベルの要因（A）に注目してきた初期の理論研究から，Rousseau（1989）を経て，組織内要因（B）と個人要因（C）へと研究の関心をシフトさせてきた．いくつかの組織内要因，個人要因について，重要な発見事実が報告されている一方で，企業レベルの要因（A），組織内要因（B），個人要因（C）のうち，いったいど

178

れが，契約内容の分散／収斂を決定するもっとも重要な要因なのか，また，A，B，Cといった各要因は，相互にどのような関係にあるのか，といった点に関する理解は進んでいない．初期の研究者たちがいうように，心理的契約は特定の企業への参加によって初めて共有されうるものなのか，それとも企業の枠を超えて広く共有されるものなのか．あるいはまた，特定の企業内においてすら共有されえないものなのか．このように，初期の研究者によって投げかけられた「企業特殊性」という問題設定は，それ自体が経験的に検証されるべき課題なのだが，この点に関しては明らかに棚上げされた形となっている．

初期の研究者によって指摘されたにもかかわらず，Rousseau（1989）以降の研究者によって十分な検討がなされていないもう1つの要因が「プロセス」である（Schalk & Roe, 2007；Conway & Briner, 2009）．Schein（1978）がいうように，組織と従業員の関係を継続させるためには，両者の間にしっかりと調整された，現実的な相互期待が形成されなくてはならない．そうした相互期待は，雇用関係の開始時点ですぐに成立するわけではなく，組織社会化の期間を通じて，両者が相互に調整し合う中で，徐々に形成・批准されていくべきものである．しかも，いったん成立した組織側の期待は変化し続けるし，従業員の期待もまた変化する．このように，心理的契約は，従業員のキャリアの進展と不可分な，ダイナミックな調整プロセスとして捉えるべき現象なのである（Schein, 1978；Schalk & Roe, 2007；Conway & Briner, 2005）．ところが，Rousseau（1989）以降の研究が，組織側による契約の不履行と成果との関係性というトピックへと収斂していく中で，心理的契約概念はいつしか，キャリアと切り離されたスタティックなものとなっていき，現在では，組織参入直後における契約の変化に関する縦断的調査がいくつか実施されているにとどまっている（De Vos et al., 2003；Lester et al., 2007；服部, 2011）．

それでは，契約の調整にはどのようなバリエーションが考えられるだろうか．1つは，組織側の不履行への反応として起こる調整である．多くの研究者が指摘するように，従業員が組織側による契約不履行を知覚しており，それが従業員の態度や行動に対してマイナスの影響を与えているとすれば，その時，組織と従業員の契約について何らかの調整が行われているはずであ

179

る．ところがこうした問題については，Schalk & Roe（2007）や服部（2011）といった少数の研究が行われているにすぎない．2つ目は，事前の説明を経て実施される人事制度の変更のように，周到な手続きを経て行われる契約の調整である．契約の不履行が知覚されるに先立って組織側による説明が行われるという意味で，これは契約不履行をともなわない調整プロセスである．人事評価制度や雇用の安定のような重要な契約に関わる契約の調整は，いったいどのようなプロセスを経て実施されるのか．組織と従業員の間のパワーバランスは，こうした契約の調整プロセスにどのような影響をおよぼすのだろうか．このような，契約不履行をともなわない契約の調整について，わかっていることは少ない．3つ目は，従業員のキャリア発達の結果として起こる契約の変化に対応するための調整である．Rousseau（1995）もいうように，加齢やキャリア発達にともなって，特定の契約項目に対する従業員の解釈や特定の項目に対する捉え方は変化する．同様に組織側にとっても，企業規模や人口構成上の変化の結果，従業員との契約について何らかの変更をせざるをえない場合があるだろう．時間の経過とともに，組織と従業員双方が様々な変化を経験する場合，両者の間の相互期待もまた，変化する必要がある（Rousseau, 1995）．このようなプロセスとしての心理的契約，図1でいうならば，時間要因（D）の影響に関して我々が持っている知識は，あまりにも不十分であるといわざるをえない．

　総じて，研究蓄積の数と報告内容の一貫性，調査の実施されるエリアの拡散，定番尺度の存在といった点からいえば，心理的契約はすでに研究分野として成熟期を迎えているといって良いだろう．ところがそうした成熟化の反面で，というよりも成熟化した分野であるがゆえに，研究トピックが固定化し，心理的契約という概念が本来持っていたはずの様々な側面が捨象されていったように思われる．こうした状況から抜け出し，さらなる研究の展開を行うためのヒントは，一見逆説的であるが，初期の研究者たちが投げかけた古典的な問題設定の中にあるのではないだろうか．

【参考文献】

Abegglen, J. C. (1958). *The Japanese factory: Aspects of its social organization*. Illinois: The Free Press（占部都美監訳『日本の経営』ダイヤモンド社, 1958）.

相原章 (1999).「心理契約と契約違反行為に関する研究：R&D要因の意識調査結果による分析」『早稲田商学』382, 141-165.
相原章 (2002).「最近の心理契約研究の動向：実証研究の整理を中心にして」『成城大学 経済研究』158, 343-372.
青木惠之祐 (2001).「従業員の心理的契約と組織コミットメントが退職意思に及ぼす影響について」『産業・組織心理学研究』15 (1), 13-25.
新井康平 (2008).「日本企業のマネジメント・コントロールにおける心理的契約の役割：経験的研究」『管理会計学』16 (2), 23-27.
Argyris, C. (1960). *Understanding organizational behavior*. Homewood, IL.: The Dorsey Press.
Baccili, P. A. (2001). *Organization and manager obligations in a framework of psychological contract development and violation*. Claremont Graduate University. Doctorl Dissertation.
Barnard, C. I. (1938). *The function of the executive*. MA.: Harvard University Press（山本安次郎・田杉競・飯野春樹訳『新訳 経営者の役割』ダイヤモンド社, 1968）.
Bellou, V. (2007). Psychological contract assessment after a major organizational change. *Employee Relations*, 29 (1), 68-88.
Cappelli, P. (1999). *The new deal at work: Managing the market-driven workforce*. MA.: Harvard Business School Press.
Cavanaugh, M., & Noe, R. (1999). Antecedents and consequences of relational components of the new psychological contract. *Journal of Organizational Behavior*, 20 (3), 323-340.
蔡芢錫 (2002).「心理的契約の違反と人的資源管理システムの変革戦略」『組織科学』35 (3), 73-82.
Chen, Z. X., Tsui, A. S., & Zhong, L. (2008). Reactions to psychological contract breach: A dual perspective. *Journal of Organizational Behavior*, 29 (5), 527-548.
Chiu, S. F., & Peng, J. C. (2008). The relationship between psychological contract breach and employee deviance: The moderating role of hostile attributional style. *Journal of Vocational Behavior*, 73 (3), 426-433.
Clues, R., De Witte, H., Schalk, R., Guest, D., Isaksson, K., Krausz, M., Mohr, G., & Peiró, J. M. (2002). Het psychologisch contract van vaste en tijdelijke werknemers (The psychological contract of permanent and temporary workers). *Gedrag en Organisatie*, 15 (6), 436-455.
Conway, N., & Briner, R. B. (2002a). A daily diary study of affective responses to psychological contract breach and exceeded promises. *Journal of Organizational Behavior*, 23 (3), 287-302.
Conway, N., & Briner, R. B. (2002b). Full-time versus part-time employees: Understanding the links between work status, the psychological contract, and attitudes. *Journal of Vocational Behavior*, 61 (2), 279-301.
Conway, N., & Briner, R. B. (2005). *Understanding psychological contracts at work*. Oxford: Oxford University Press.
Conway, N., & Briner, R. B. (2009). Fifty years of psychological contract research: What do we know and what are the main challenges? *International Review of Industrial and Organizational Psychology*, 24, 71-130.
Coyle-Shapiro, J. A-M. (2002). A psychological contract perspective on organizational

citizenship behavior. *Journal of Organizational Behavior, 23* (8), 927-946.
Coyle-Shapiro, J. A-M., & Conway, N. (2005). Exchange relationships: Examining psycholugical contracts and perceived organizational support. *Journal of Applied Psychology, 90* (4), 774-781.
Coyle-Shapiro, J. A-M., & Kessler, L. (2000). Consequences of the psychological contract for the employment relationship: A large scale survey. *Journal of Management Studies, 37* (7), 903-930.
Coyle-Shapiro, J. A-M., & Neuman, J. H. (2004). The psychological contract and individual differences: The role of exchange and creditor ideologies. *Journal of Vocational Behavior, 64* (1), 150-164.
Coyle-Shapiro, J. A-M., & Shore, L. M. (2007). The employee-organization relationship: Where do we go from here? *Human Resource Management Review, 17* (2), 166-179.
Cuyper, N. D., & Witte, H. (2006). The impact of job insecurity and contract type on attitudes, well-being and behavioral reports: A psychological contract perspective. *Journal of Occupational and Organizational Psychology, 79* (3), 395-409.
De Vos, A., Buyens, D., & Schalk, R. (2003). Psychological contract development during organizational socialization: Adaptation to reality and the role of reciprocity. *Journal of Organizational Behavior, 24*, 537-559.
De Vos, A., Buyens, D., & Schalk, R. (2005). Making Sense of a new employment relationship: Psychological contract-related information seeking and the role of work values and locus of control. *International Journal of Selection and Assessment, 13* (1), 41-52.
De Vos, A., & Freese, C. (2011). Sensemaking during organizational entry: Changes in newcomer information seeking and the relationship with psychological contract fulfillment. *Journal of Occupational and Organizational Psychology, 84* (2), 288-314.
Dulac, T., Coyle-Shapiro, J. A-M., Henderson, D., & Wayne, S. J. (2008). Not all responses to breach are the same: The interconnection of social exchange and psychological contract processes in organizations. *Academy of Management Journal, 51* (6), 1079-1098.
Eisenberger, R., Huntington, R., Hutchison, S., & Sowa, D. (1986). Perceived organizational support. *Journal of Applied Psychology, 71* (3), 500-507.
Guerrero, S., & Herrbach, O. (2008). The affective underpinnings of psychological contract fulfillment. *Journal of Managerial Psychology, 23* (1), 4-17.
Guest, D. E. (2004). The psychology of the employment relationship: An analysis based on the psychological contract. *Applied Psychology: An International Review, 53* (4), 541-555.
Guest, D. E., & Conway, N. (2002). Communicating the psychological contract: An employer perspective. *Human Resource Management Journal, 12* (2), 22-38.
Guzzo, R. A., Noonan, A. K., & Elron, E. (1994). Expatriate managers and the psychological contract. *Journal of Applied Psychology, 79* (4), 617-626.
服部泰宏 (2008).「日本企業における心理的契約の探索的研究： 契約内容と履行状況, 企業への信頼に対する影響」『組織科学』*42* (2), 75-88.
Hattori, Y. (2010). Psychological contract in Japanese companies: An explorative study on contents, fulfillment, and breach of contracts. In R. Bebenroth & T. Kanai (Eds.), *Challenges of human resource management in Japan* (*Contemporary Japan series*)

(pp.150-170). Oxon: Routledge.

服部泰宏（2011）.『日本企業の心理的契約：組織と従業員の見えざる約束』白桃書房.

服部泰宏（2012a）.「組織における契約の諸相」『組織科学』46（1），4-17.

服部泰宏（2012b）.「日本企業の組織・制度変化と心理的契約：組織内キャリアにおける転機に着目して」『日本労働研究雑誌』628, 60-72.

Hattori, Y. (in press). Impact of career change on employee-organization relationship: A case of Japanese company. *Journal of International Business Research*.

Hattori, Y., & Morinaga, Y. (2011). Self-regulative changes in psychological contracts over time: A case of Japanese pharmaceutical company. *Journal of International Business Research*, 10 (3), 19-34.

Hauw, S. D., & De Vos, A. (2010). Millennials' career perspective and psychological contract expectations: Does the recession lead to lowerd expectations? *Journal of Business Psychology*, 25 (2), 293-302.

Herriot, P., Manning, W. E. G., & Kidd, J. M. (1997). The content of the psychological contract. *British Journal of Management*, 8 (2), 151-162.

Hess, N., & Jepsen, D. M. (2009). Career stage and general differences in psychological contracts. *Career Development International*, 14 (3), 261-283.

平野光俊（2004）.「組織モードの変容とコア人材のマネジメント」『神戸大学大学院経営学研究科ディスカッションペーパーシリーズ』No. 2004-08.

Ho, V. T., & Levesque, L. (2005). With a little help from my friends (and substitutes): Social referents and influence in psychological contract fulfillment. *Organization Science*, 16 (3), 275-289.

Ho, V. T., Rousseau, D. M., & Levesque, L. (2006). Social networks and the psychological contract: Structural holes, cohesive ties, and beliefs regarding employer obligations. *Human Relations*, 59 (4), 459-481.

Ho, V. T., Weingart, L. R., & Rousseau, D. M. (2004). Responses to broken promises: Does personality matter? *Journal of Vocational Behavior*, 65 (2), 276-293.

Hui, C., Lee, C., & Rousseau, D. M. (2004). Psychological contract and organizational citizenship behavior in China: Investigating generalizability and instrumentality. *Journal of Applied Psychology*, 89 (2), 311-321.

林有珍（2012）.「両立支援施策の利用プロセスにおける心理的契約の内容と影響」『一橋大学機関レポジトリ』145.

Isaksson, K., Bernhard, C., Claes, R., De Witte, H., Guest, D., Krausz, J. M., Mohr, G., M., Peiró, & Schalk, R. (2003). *Employment contracts and psychological contracts in Europe: Results from a pilot study*. National Institute for Work Life.

金井壽宏（1991）.『変革型ミドルの探求：戦略・革新指向の管理者行動』白桃書房.

川島武宜（1967）.『日本人の法意識』岩波書店.

Kickul, J., & Lester, S. W. (2001). Brokon promises: Equity sensitivity as a moderator between psychological contract breach and employee attitudes and behavior. *Journal of Business Psychology*, 16 (2), 191-217.

Kickul, J., Lester, S. W., & Finkl, J. (2002). Promise breaking during radical organizational change: Do justice interventions make a difference? *Journal of Organizational Behavior*, 23 (4), 469-488.

Lester, S. W., Kickul, J. R., & Bergmann, T. J. (2007). Managing employee perceptions of the psychological contract over time: The role of employer social accounts and

contract fulfillment. *Journal of Organizational Behavior, 28,* 191-208.
Levinson, H. (1965). Reciprocation: The relationship between man and organization. *Administrative Science Quarterly, 9* (4), 370-390.
Levinson, H., Price, C. R., Munden, K. J., Mandl, H. J., & Solley, C. M. (1962). *Men, management, and mental health.* MA.: Harvard University Press.
Linde, B., & Schalk, R. (2008). Influence of pre-merger employment relations and individual characteristics on the psychological contract. *South African Journal of Psychology, 38* (2), 305-320.
Lo, S., & Aryee, S. (2003). Psychological contract breach in a Chinese context: An integrative approach. *Journal of Management Studies, 40* (4), 1005-1020.
Macneil, I. R. (1985). Relational contract: What we do and do not know. *Wisconsin Law Review, 483,* 55-69.
Menninger, K. (1958). *Theory of psychoanalytic technique.* NY.: Basic Books（小此木啓吾・岩崎徹也訳『精神分析技法論』岩崎学術出版社, 1969）.
Meyer, J. P., & Allen, N. J. (1991). A three component conceptualization of organizational commitment. *Human Resource Management Reivew, 1* (1), 61-89.
Millward, L. J., & Brewerton, B. M. (1999). Contractors and their psychological contracts. *British Journal of Management, 10* (3), 253-274.
Millward, L. J., & Cropley, M. (2003). Psychological contracting: Processes of contract formation during interviews between nannies and their 'employers'. *Journal of Occupational and Organizational Psychology, 76* (2), 213-241.
Millward, L. J., & Hopkins, L. J. (1998). Psychological contracts, organizational and job commitment. *Journal of Applied Social Psychology, 28* (16), 1530-1556.
Montes, S. D., & Zweig, D. (2009). Do promises matter? An exploration of the role of promises in psychological contract breach. *Journal of Applied Psychology, 94* (5), 1243-1260.
Morishima, M. (1996). Renegotiating psychological contracts: Japanese style. *Trends in Organizational Behavior, 3,* 139-158.
Morrison, E. W., & Robinson, S. L. (1997). When employees feel betrayed: A model of how psychological contract violation develops. *Academy of Management Review, 22* (1), 226-256.
Nikolaou, I., Tomprou, M., & Vokola, M. (2007). Individuals' inducements and the role of personality: Implications for psychological contracts. *Journal of Managerial Psychology, 22* (7), 649-663.
西村孝史 (2008).「人材マネジメント・ポリシーの3タイプ：従業員認知と働く意欲に与える影響の差異」一橋大学日本企業研究センター編『日本企業研究のフロンティア』(pp.206-222). 第4号（一橋大学日本企業研究センター研究年報）有斐閣.
Raja, U., Johns, G., & Ntalianis, F. (2004). The impact of personality on psychological contracts. *The Academy of Management Journal, 47* (3), 350-367.
Restubog, S. L. D., & Bordia, P. (2006). Workplace familism and psychological contract breach in the Philippines. *Applied Psychology: An International Reriew, 55* (4), 563-585.
Restubog, S. L. D., Bordia, P., & Tang, R. L. (2006). Effects of psychological contract breach on performance of IT employees: The mediating role of affective commitment. *Journal of Occupational and Organizational Psychology, 79* (2), 299-306.

Robinson, S. L. (1996). Trust and breach of the psychological contract. *Administrative Science Quarterly, 41* (4), 574-599.

Robinson, S. L., Kraatz, M. S., & Rousseau, D. M. (1994). Changing obligations and the psychological contract: A longitudinal study. *Academy of Management Journal, 37* (1), 137-152.

Robinson, S. L., & Morrison, E. W. (2000). The development of psychological contract breach and violation : A longitudinal study. *Journal of Organizational Behavior, 21* (5), 525-546.

Robinson, S. L., & Rousseau, D. M. (1994). Violating the psychological contract: Not the exception but the norm. *Journal of Organizational Behavior, 15* (3), 245-259.

Roehling, M. V. (1997). The origins and early development of the psychological contract construct. *Journal of Management History, 3* (2), 204-217.

Rousseau, D. M. (1989). Psychological and implied contracts in organization. *Employee Responsibilities and Rights Journal, 2* (2), 121-139.

Rousseau, D. M. (1990). New hire perceptions of their own and their employer's obligations: A study of psychological contracts. *Journal of Organizational Behavior, 11* (5), 389-400.

Rousseau, D. M. (1995). *Psychological contracts in organizations: Understanding written and unwritten agreements.* CA.: SAGE Publications.

Rousseau, D. M. (2000). *Psychological contract inventory (Technical Report).* Pittsburgh, PA.: Carnegie Mellon University.

Rousseau, D. M. (2011). The individual-organization relationship: The psychological contract. In D. Sheldon (Ed.), *APA handbook of industrial and organizational psychology, 3* (pp. 1991-219). American Psychological Association.

Rousseau, D. M., & Tijoriwala, S. A. (1998). Assessing psychological contracts: Issues, alternatives and measures. *Journal of Organizational Behavior, 19* (1), 679-695.

Rousseau, D. M., & Tijoriwala, S. A. (1999). What's a good reason to change? Motivated reasoning and social accounts in promoting organizational change. *Journal of Applied Psychology, 84* (4), 514-528.

櫻木晃裕 (2003).「組織における心理的契約とキャリア開発」『浜松短期大学研究論集』60, 63-90.

Saunders, M. N. S., & Thornhill, A. (2006). Forced employment contract change and the psychological contract. *Employee Relations, 28* (5), 449-467.

Schalk, R., Heinen, J., & Freese, C, (2001). Do organizational changes impact the psychological coutract and workpluce attitudes? : A study of merger of two home care organizations in the Netherlands. in Jonge, J., Büssing, V. A., & Schaufeli, W. B. (Eds), *Organizational Psychology and Health Care at the Start of a New Millennium*, Rainer Hampp Verlag.

Schalk, R., & Roe, R. E. (2007). Towards a dynamic model of the psychological contract. *Journal of the Theory of Social Behavior, 37* (2), 167-182.

Schein, E. H. (1965). *Organizational psychology,* NJ.: Prentice-Hall(松井賚夫訳『組織心理学』岩波書店, 1966).

Schein, E. H. (1978). *Career dynamics.* MA.: Addison-Wesley Publishing(二村敏子・三善勝代訳『キャリア・ダイナミクス』白桃書房, 1991).

Sturges, J., Conway, N., Guest D., & Liefooghe, A. (2005). Managing the career deal:

The psychological contract as a framework for understanding career management, organizational commitment and work behavior. *Journal of Organizational Behavior, 26* (7), 821-838.

Sutton, G., & Griffin, M. A. (2004). Integrating expectations, experiences, and psychological contract violations: A longitudinal study of new professionals. *Journal of Occupational and Organizational Psychology, 77* (4), 493-514.

鈴木竜太 (2002).『組織と個人：キャリアの発達と組織コミットメントの変化』白桃書房.

Teakleab, A. G., & Taylor, M. S. (2003). Aren't there two parties in an employment relationship? : Antecedents and consequences of organization-employee agreement on contract obligations and violations. *Journal of Organizational Behavior, 24* (5), 585-608.

Tekleab, A. G., Takeuchi, R., & Taylor, M. S. (2005). Extending the chain of relationships among organizational justice, social exchange, and employee reactions: The role of contract violations. *Academy of Management Journal, 48* (1), 146-157.

Thomas, H. D., & Anderson, N. (1998). Changes in newcomers' psychological contracts during organizational socialization: A study of recruits entering the British Army. *Journal of Organizational Behavior, 19* (1), 745-767.

Turnley, W. H., Bolino, M. C., Lester, S. W., & Bloodgood, J. M. (2004). The effects of psychological contract breach on union commitment. *Journal of Occupational and Organizational Psychology, 77* (3), 421-428.

Turnley, W. H., & Feldman, D. C. (1998). Psychological contract violations during corporate restructuring. *Human Resource Management, 37* (1), 71-83.

若林直樹・山岡徹・松山一紀・本間利通 (2006).「成果主義的人事制度改革と組織帰属意識の変化：関西電機メーカー3社調査に於ける組織コミットメント変化と心理的契約の分析」京都大学大学院経済学研究科 Working Paper, J-51.

Wanous, J. P., Poland, T. D., Premack, S. L., & Davis, K. S. (1992). The effects of met expectations on newcomer attitudes and behaviors: A review and meta-analysis. *Journal of Applied Psychology, 77* (3), 288-297.

山岡徹 (2006).「個人の心理的契約が組織コミットメントに及ぼす影響について」『横浜経営研究』*26* (3・4), 73-86.

横田絵理 (1998).『フラット化組織の管理と心理：変化の時代のマネジメント・コントロール』慶應義塾大学出版会.

横田絵理 (2004).「日本企業の業績評価システムに影響を与えるコンテクストについての一考察」『管理会計学』*13* (1・2), 55-66.

Zagenczyk, T. J., Gibnry, R., Kiewita, C., & Restubog, S. L. (2009). Mentors, supervisors and role models: Do they reduce the effects of psychological contract breach? *Human Resource Management Journal, 19* (3), 237-259.

Zhao, H., Wayne, S. J., Glibkowski, B., & Bravo, J. (2007). The impact of psychological contract breach on work-related outcomes: A meta-analysis. *Personnel Psychology, 60* (3), 647-680.

4 Comment: 今，心理的契約研究にとって必要なこと

守島 基博

1. 服部論文の貢献

　服部論文は，1960年代からの心理的契約研究を，大がかりな文献展望と丁寧な解釈にもとづき検討したものであり，これだけの文献展望に著者が費やした時間は多大であろうし，その点だけでも十分称賛に値するが，同時に緻密な解釈にもとづき，この分野の発展経緯を明らかにし，研究発展上の問題を指摘し，さらに将来への課題を示した貢献は大きい．

　具体的に服部論文の成し得たことは，大きく3点に集約される．第1は過去50年間の心理的契約（Psychological Contract；PC）研究を，Denise Rousseauによる概念再定義以前までさかのぼって展望し，その中からEdgar SchainやChris Argyrisなどが指摘していた重要な論点が，Rousseau以降の研究で見逃されてきてことを発見した点である．たとえば，服部論文で「企業特殊性」の問題として言及される，PCの分散や収斂に関する議論であり，さらには時間が経過するなかでPCが調整され，再設定されていくプロセスに関する議論などである．

　第2が，1989〜2012年の前半までに行われた膨大な数の論文をレビューし，大まかな傾向として，PCの内容や内容に影響を与える要因に関する研究（服部が内容志向研究と呼ぶタイプ）よりも，契約履行・不履行，中でも契約の不履行（breach）・違反（violation）などの影響に関する研究（筆者が評価志向研究と呼ぶタイプ）が圧倒的に多いことを示した点である．後で述べるように，これはある意味では，社会がPCという概念に大きな期待をかけていることを示す結果だと思われる．

　そして第3が，こうした議論にもとづき，PC研究が進むべき方向性を示したことである．具体的な例をあげれば，筆者が2011年に出版した著書で試みたような形で，企業特殊性を生起させる要因やPCの調整過程などの研究である．筆者は，本論文の最後を「成熟化した分野であるがゆえに，研究トピックが固定化し，心理的契約という概念が本来持っていたはずの様々な

側面が捨象され［ており］……中略……さらなる研究の展開を行うためのヒントは，一見逆説的であるが，初期の研究者たちが投げかけた古典的な問題設定の中にあるのではないだろうか」と結んでいる．この提案の意義は大きい．

言いかえると，服部論文は，PC 研究の発展史を，いわば研究内部の視点から評価し，見過ごされてきた点を明らかにし，将来への方向を示した論文なのである．その意味で，PC 概念の内部妥当性（internal validity；理論概念としての成立の度合いや整合性）を明らかにした論文だと言えるのである．その点で大きな貢献を行う展望論文である．

2. 服部論文がなしえなかったこと

ただ，逆に本論文には，PC 概念の外部妥当性（external validity）についての議論はあまり見られない点も指摘できる．一般的に，社会科学・行動科学における概念の評価やアセスメントには，その分野の発展の内部妥当性と外部妥当性に関する検討がありうる．内部妥当性（internal validity）とは，概念の論理的整合性や研究方法の変化など，研究自体の特徴に焦点をあてた評価であり，それに対し，外部妥当性とは，その分野が研究分野として社会的にどういう意義や意味を持つのかに関する評価である．端的に言えば，その概念が何の役にたつのかという視点からの評価だともいえる．どちらかと言えば，本論文は内部妥当性に焦点を置いた議論となっている．

ただ，私は経営学のような実践的含意が求められる研究分野においては，理論概念は，内部妥当性のみならず，外部妥当性からも評価されるべきだと考える．特に PC のようなある程度研究の蓄積があり，関心をもつ研究者数も増えてきた概念については，この概念が経営の実践や社会における重要な事象のよりよい説明のためにどの程度役にたつのか，という視点からの評価も必要なように思われる．

残念ながら，本論文において，著者は，こうした視点からの概念の評価をほとんど行っていない．もちろん論文においては，PC と組織行動論で用いられる結果変数（たとえば，組織市民行動や離職行動）などとの関連についても少し触れられているが，本格的な外部妥当性についての議論はなされておらず，その意味でやや物足りない．

私の考えでは，仮に心理的契約概念が，不履行や違反が起こったときの，従業員態度や行動の変化を説明するだけの概念であれば，その有用性には限界があり，その意味で組織行動における重要な進展とは言えないと考える．

したがって，筆者には外部妥当性の観点からの評価をもっと積極的に行ってほしいと考える．いやこれは筆者だけへのお願いではなく，私もふくめて，PC 研究者全体が担うべき責務であろう．これまでの組織コミットメントなど数多くが提案されてきた組織と人との関係（employee-organization linkages）に，PC 概念は何をつけ加えうるのか．心理的概念という考え方を持ち込むことで，研究者と実務家には，今まで見えてこなかった何が見えるようになったのか．

3. 今後の方向性

そこでこうした議論をするための概念的な整理をしておこう．

PC 概念は，他の組織と人との関係に関する概念と比較して，以下の 2 点が特徴的であり，そのために組織行動論の他の概念に加えて，新たな付加価値を提供できる可能性があると考えられる．

第 1 の特徴は，PC が，マーチとサイモン（March & Simon, 1958）やバーナードにまでさかのぼる組織行動論の長い伝統である組織と人との交換関係（exchange relationship）を前提として，組織と人との関係を捉える枠組みであることである．言いかえると，マーチとサイモンが主張したように，義務（obligations；マーチとサイモンの用語では貢献 contributions）と誘因（inducements）の交換から組織と人の関係がなりたつと捉えている理解がPC 概念の基盤にある．PC とは，組織と人との交換関係に関する，働く人の認知（cognition）なのである．特に Rousseau 革命以降は，働く人がもつこの交換関係についての認知が PC の内容であるとの主張が強くなった．

そのため，組織と人との関係を，働く人の態度や心理的状態から把握する組織コミットメント（organizational commitment）や組織アイデンティティ（organizational identity）などとは一線を画す．たとえば，組織コミットメントは，働く人が組織に対して抱く態度や感情を基盤として組織と人との関係を捉える概念であり，交換関係の結果や結果に関する感情ではあっても，交換そのものについての認知ではない．また近年研究の多い組織アイデン

189

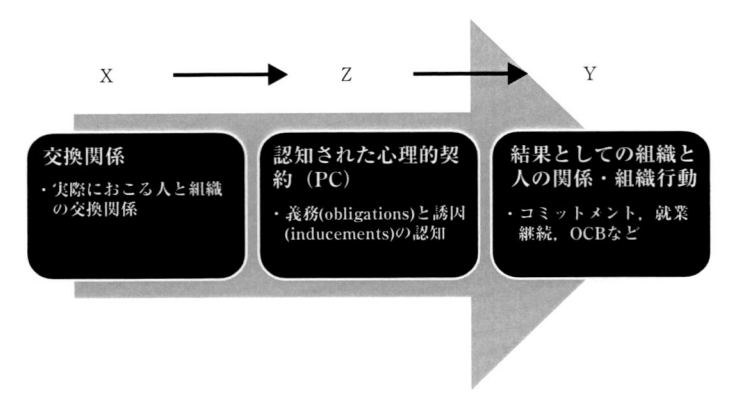

図1 PC 概念の位置づけ

ティティの考え方は，組織のもつ価値と働く人自らの価値との一致や同一化がその基盤となっており，いずれも交換関係から組織と人との関係を捉えようとする枠組みではない．この関係を図で表すと，PC 概念は図1のような位置づけだと考えることができる．

となると，1つの方向性としては，こうした組織と人との関係を交換関係で考える枠組みが，他の態度や価値観の一致などの枠組みに比べて，組織行動をよりよく説明するかを検討する研究がありうる．たとえば，離職行動や組織市民行動の説明枠組みとして，交換関係を前提とする心理的契約の枠組みが，他の枠組みと比較して，どれだけ有効なのかを検討する研究である．つまり，組織コミットメントなどの態度的概念と，交換関係の認知から発生する心理的契約概念とを比べることになる．

第2の特徴が，この概念は，その根幹には時間的な要素がふくまれていることである．服部論文でも指摘されているように，これまでも心理的契約の成立過程や違反または不履行後の調整過程など，PC 概念には動的な要素が前提とされてきた．だが，服部論文でも述べられているように，こうした動的要素は，近年の研究では，あまり光があたってこなかったのである．

事実，心理的契約の不履行（breach）・違反（violation）に多くの研究者が関心をよせたのも，単に不履行や違反を測定する尺度が開発されたと言うだけではなく，PC が変化することを前提としているという概念自体のもつ

特徴が，働く人と組織との関係における客観的な世界での変化による影響を明らかにできる可能性を示唆したからであると考えられる．だが，服部論文も指摘するように，不履行研究も，不履行の発生と退職やモチベーションの低下などの結果変数との単純な相関を検討したものが多く，その間のメカニズムについての議論までおよんだ研究は少ない．

さらに，心理的契約にふくまれるダイナミックな側面を活用するという意味で重要なテーマは，個人側からみて組織との交換関係に関する認知が成立することを通じて心理的契約が生起し，その結果，組織と人との関係が安定的になる過程を明らかにする可能性である．具体的な組織行動論のテーマで言えば，たとえば個人の組織への社会化過程の研究である．また服部論文も述べているように，この過程はキャリアを通じて，何度も再調整される可能性がある．いうなれば，個人の組織への社会化，再社会化がどういうプロセスで起こっていくのかについての研究を，PC 概念を使って行うのである．

つまり，PC 研究のもう１つの方向性は，組織と人との関係に関するダイナミックな変化を，この概念を使って明らかにすることである．たとえば，働く人がもつ組織へのコミットメントがなぜ変化するのかを考えるための基盤としての心理的契約の変化，といったタイプの研究である．動的な色彩を強くもっている枠組みとして，組織と人との関係における変化を記述し，そこにあるプロセスを明らかにするためには有効な概念なのかもしれない．

いずれにしても，1960 年代から研究が始まった PC は，服部論文での述べられているように，組織行動論で明確な市民権を得たと言える．今後その概念の有効性を強く主張していくためにも，内的妥当性のみではなく，外的妥当性を立証する研究が望まれるのである．

【参考文献】［服部論文に書誌情報のあるものは除く］

March, J. G., & Simon, H. A. (1958). *Organizations*. New York: Wiley（土屋守章訳『オーガニゼーションズ』ダイヤモンド社, 1977).

5 組織成員のアイデンティフィケーション[1]

高尾 義明

5-1 はじめに

　近年，欧米の組織（行動）論に関係する主要なジャーナルで組織アイデンティフィケーション[2]をめぐる研究を多く見かけるようになっている．*Academy of Management Review*（2000）を皮切りに，*Group Processes and Intergroup Relations*（2001），*Journal of Organizational Behavior*（2006），*British Journal of Management*（2007）で相次いで，アイデンティフィケーションに関連したテーマの特集号が編まれ，組織アイデンティティ概念とともに現代の組織や組織行動を捉えるために有用な概念セットとして定着しているといえる．その一方で，日本で組織アイデンティフィケーションをまとまって取り上げた近年の研究はごくわずかなもの（金，2010；小玉，2011a, 2001b；小玉・戸梶，2010；間嶋，2008；佐藤・山田，2004；山田，1993, 1996）にとどまっている．

　もちろん，欧米で盛んに研究されているからといってその潮流に棹さすことが妥当であるとは必ずしもいえない．日本企業の昨今の状況や，そこでの組織と個人の関係の変化を踏まえるとともに，日本における組織（行動）研究の蓄積も考慮するならば，日本で組織アイデンティフィケーションの研究

---

[1] 本研究は，科研費（22530368）による研究成果の一部である．
[2] これまでの日本における組織（行動）論では，アイデンティフィケーション（identification）に対して同一化，同一視，一体化といった訳語が当てられてきた．しかし，そうした訳語を用いることでアイデンティフィケーションとアイデンティティとの関わりが不明確になることから，本稿ではアイデンティフィケーションとカタカナ表記している．

をこれから展開していくことに対して，以下のような2つの疑問が想定される．

　第1の疑問は，類似概念との重複に関するものである．端的にいい表すならば，組織アイデンティフィケーションは組織コミットメントと何が違うのかという問いになる．日本企業の強みの源泉の1つが従業員の組織に対する高い忠誠心にあるという見方がかつてなされてきたこともあり，日本では組織コミットメント論の研究蓄積が相対的に大きい．後述するように欧米の組織アイデンティフィケーション研究でもこれら2つの概念間の関係が問題になってきたが，日本においてはこれら2つの概念間の差異や関係を明確にする必要性がとりわけ高いと考えられる．

　第2の疑問は，組織アイデンティフィケーションに今なぜ注目する必要があるのかについてである．組織へのアイデンティフィケーションを組織への忠誠心や愛社精神といった組織に対する愛着を捉える概念の1つと捉えてしまうと，現在の組織においてそれを詳しく検討する意味がどの程度あるのかという疑問が生じるかもしれない．日本企業の国際競争力が全般的に低下している中で，かつては強みの源泉とされた組織への忠誠心といった要素が，むしろ企業や個人を縛るように作用し，競争力に負の影響をもたらしているという見方がなされることもある．そうした見解もある中では，組織アイデンティフィケーションに注目する意義をどのようなところに求められるのかという疑問に対する回答を用意する必要があるだろう．

　以上のような疑問を想定しつつ，以下では次のような流れで組織に対するアイデンティフィケーションを中心に組織成員のアイデンティフィケーション研究のレビューを行う．まず，第2節では組織アイデンティフィケーションとは何かについて，理論基盤となっている社会的アイデンティティ理論および自己カテゴリー化理論を踏まえて説明した上で，類似概念の代表としての組織コミットメント概念との対比を行う．続いて，第3節では，組織アイデンティフィケーションの先行要因や結果要因を取り上げた実証研究を紹介する．第4節および第5節では，昨今の環境変化を踏まえた組織アイデンティフィケーション研究の動向について，概念の拡張や多重性への注目を中心に取り上げる．最後に，第6節で先ほどあげた2つの疑問に回答を与えるとともに，組織コミットメント研究との連携や補完という観点から今後の有

望な研究領域を示す．

5-2 組織アイデンティフィケーション研究の再興

第2節では，組織アイデンティフィケーション概念の確立過程を取り上げる．古典的研究における概念規定の問題点を最初に確認した後，社会的アイデンティティ理論や自己カテゴリー化理論に依拠した概念化が提唱され，そうした問題点が克服されてきたことを紹介する．さらに，再定義された組織アイデンティフィケーション概念と組織コミットメント概念との対比を行う．

5-2-1 古典的研究における定義

組織成員による組織へのアイデンティフィケーションは，いわゆる近代組織論の誕生の頃から注目されてきた．Simon（1947）では決定の心理的環境における重要な要素としてアイデンティフィケーションが取り上げられ，March & Simon（1958）でも個人の集団に対するアイデンティフィケーションが強いほど，彼が知覚した集団の規範と彼の諸目標が合致する傾向が強くなるという命題があげられていた[3]．こうした議論を踏まえて，Hall, Schneider, & Nygren（1970）やSchneider, Hall, & Nygren（1971）は，アイデンティフィケーションを個人の目標と組織の目標の統合と捉え，March & Simon（1958）でアイデンティフィケーションの先行要因の1つにあげられていた在職期間などの先行要因との関係を検討している．

ほぼ同じ頃に組織へのアイデンティフィケーションに注目した研究がいくつかなされているが，問題関心は Hall et al.（1970）や Schneider et al.（1971）と類似している．Brown（1969）は，Kelman（1958）を踏まえながら，組織の魅力，個人と組織の目標の一致，忠誠心，組織成員性の自己への参照という4つの次元から組織アイデンティフィケーションが構成されると捉えた．Lee（1969, 1971）は，帰属，忠誠心，共有された特徴という要素を

---

[3] アイデンティフィケーション研究の原点の1つとして Barnard（1938）があげられることもある（Ashforth, Harrison, & Corley, 2008）．

ふくむとし，Patchen（1970）や Rotondi（1975）は，組織メンバー間の共有された特徴の知覚，組織との連帯感，組織支持という3つの側面からなるものとした．

　これらの研究における組織アイデンティフィケーションの定義は類似しているが，いずれも理論的な基礎づけが十分になされないまま，関連する心理学的概念を広範に取り込んでいる（Edwards, 2005）．そのために概念規定があいまいとなり，組織コミットメントや忠誠心といった類似概念との弁別が難しくなっている．そうした難点に加え，組織コミットメント研究が Mowday らによる OCQ 尺度の確立とともに盛んになったことなどにより，組織アイデンティフィケーションへの注目は薄れていった（西脇, 2001）．

5-2-2　概念の再定義

(1)　理論基盤としての社会的アイデンティティ・アプローチ

　組織アイデンティフィケーションに再び焦点が当てられるようになる転換点は，Ashforth & Mael（1989）が社会的アイデンティティ理論（social identity theory）および自己カテゴリー化理論（self-categorization theory）に依拠し，成員性についての認知と自己概念の結びつきから組織アイデンティフィケーションを捉える枠組みを提示したことであった．1990年代以降の組織アイデンティフィケーション研究は程度の差はあれ，それらの社会的アイデンティティ・アプローチ[4]に依拠している．そこで，組織アイデンティフィケーションの再定義の説明に先立って，現在の組織アイデンティフィケーション研究の理論基盤ともいえる社会的アイデンティティ理論および自己カテゴリー化理論についてそれぞれ簡単に紹介しておくことにする．

　タジフェル（Henry Tajfel）らによって集団間行動を説明する枠組みとして確立された社会的アイデンティティ理論は，個人が個人的アイデンティティ（personal identity）とともに社会的アイデンティティ（social identity）を持ち，ポジティブな社会的アイデンティティを維持・獲得しようという自己高揚（self-enhancement）動機を持っていることを仮定している

---

[4]　社会的アイデンティティ理論と自己カテゴリー化理論を合わせて社会的アイデンティティ・アプローチと呼ぶことが少なくない（e.g., van Dick, 2001）．

(Taylor & Moghaddam, 1994). タジフェルの定義によれば, 社会的アイデンティティとは,「価値や感情的な意味づけを伴う, 1つ(あるいは複数)の社会集団のメンバーであるという知識から得られる, 個人の自己定義の一部」[5] (Tajfel, 1978) である.

社会的アイデンティティ理論は, カテゴリー化(categorization)過程と社会的比較(social comparison)過程を理論レベルでの前提としている. すなわち, 社会環境を秩序化するためにカテゴリーを用いた単純化がなされるとともに, カテゴリーの社会的比較を通じて自己高揚を図ろうとする. ある集団のメンバーである/ないということは, まさにそうした社会的カテゴリーであり, 自らの所属する内集団と外集団との比較において自集団に有利な比較を行い, ポジティブな社会的アイデンティティを達成しようとする. 社会的アイデンティティ理論は, そうした内集団と外集団の比較において, 内集団やその成員を好意的に扱う内集団びいき(in-group favoritism)の発生といった集団間行動に焦点を当て, 最小条件集団実験にもとづく研究[6]を通じて, 単なるラベルにすぎないようなカテゴリーによってすら内集団びいきが生じることを示した.

それに対して, ターナーらによって提唱された自己カテゴリー化理論は, 社会的アイデンティティ理論から発展したものであるが, 人がある集団[7]の一員として自己をカテゴライズする認知過程に注目し, 個人がいかに集団の一員として行動するかを説明している (Turner, Hogg, Oakes, Reicher, & Wetherell, 1987). まず, 複数の様々なカテゴリーや準拠集団のうちどれに自己をカテゴリー化するかは, 時々の状況を反映したメタ・コントラスト比[8]の原理によってなされると捉えられている. さらに, カテゴリーの顕現性(category salience)の強さによっても影響を受け, 個人の認知レパートリーにおけるアクセス可能性(cognitive accessbility)および状況との適合

---

5 Taylor & Moghaddam (1994) の邦訳の訳文 (p.59) をそのまま採用した.
6 最小条件集団については柿本 (1997) や Taylor & Moghaddam (1994) による解説を参照.
7 ここでいう集団は, 数名から構成されるいわゆる小集団だけでなく国家や人種といった心理的集団も含んでいる (Turner et al., 1987).
8 メタ・コントラスト比とは,「カテゴリー刺激とそのカテゴリーには属さない他の刺激の知覚された平均的差異(カテゴリー間差異の平均)と, そのカテゴリーに属する刺激同士の知覚された平均的差異(カテゴリー内差異の平均)との比率である」(Turner et al., 1987:邦訳, p.61).

性（situational fit）がカテゴリーの顕現性を左右するとしている．そうしたメカニズムによって自己をある心理的集団（psychological group）の一員としてカテゴリー化し，集団のプロトタイプを引き受ける脱個人化が生じることが集団行動の基礎にあると主張している．

　社会的アイデンティティ理論はもともと集団間現象を解明するアプローチとして定式化され，主に欧州の社会心理学界において発達してきた．そうした社会的アイデンティティ理論およびその展開としての自己カテゴリー化理論からなる社会的アイデンティティ・アプローチが Ashforth & Mael（1989）によって組織に適用されることによって，組織アイデンティフィケーション研究は新たな展開を迎えた[9]．

(2)　成員性の認知に焦点を当てた再定義

　以上で説明したような社会的アイデンティティ・アプローチに依拠した組織アイデンティフィケーション研究を提唱した Ashforth & Mael（1989）は，組織との一体性（oneness）や帰属していること（belongingness）に対する認知として組織へのアイデンティフィケーションを再定義した．古典的研究とのもっとも重要な相違は，認知に焦点を絞ってアイデンティフィケーションを捉えたことである．Ashforth & Mael（1989）は，忠誠心といった組織に対する情緒的態度や組織が掲げる価値に合致した行動などをアイデンティフィケーションに含めず，アイデンティフィケーションの結果要因もしくは先行要因として位置づけている．

　こうした認知への注目は社会的アイデンティティ・アプローチに由来するものだが，価値の内面化や忠誠心といった関連概念との区別を図るために，後ほど言及するように，理論基礎としている社会的アイデンティティ・アプローチ以上にアイデンティフィケーションの認知的側面を強調している．Ashforth & Mael（1989）に続く初期の代表的な研究（Dutton, Dukerich, & Harquail, 1994；Rousseau, 1998）においても，組織成員であるという認知／知覚と自己概念・自己定義との統合過程であるとアイデンティフィケーションが定義され，成員性についての認知が組織アイデンティフィケーショ

9　社会的アイデンティティ・アプローチに依拠せず独自の発達を遂げた Cheney らの研究（e.g., Cheney, 1983）については，古典的研究の難点が解消されていないため，注12と注14で言及する以外には取り扱わない．

ンの定義の核とされるようになった.

　成員性についての認知は社会的アイデンティティ・アプローチにもとづいているが，社会的アイデンティティ理論の祖ともいえる Tajfel（1978）は，先に紹介した社会的アイデンティティの定義で「価値や感情的な意味づけを伴う」としていたように，認知的次元のみならず情緒的次元や価値的次元もふくめていた．価値的次元とは成員性について肯定的な評価（evaluation）を与えるものであり，社会的アイデンティティ理論の前提である自己高揚動機と深く関わっている．それに対して，Ashforth & Mael（1989）は，そうした情緒的および価値的次元を組織アイデンティフィケーションにふくめないという点でタジフェルの定義と異なっていることを標榜していた.

　しかし，その後の研究では Tajfel の定義を参照し，認知的次元を軸としつつも情緒的・価値的次元を加えてアイデンティフィケーションを捉える研究が増えている（e.g., Bergami & Bagozzi, 2000；Ellemers, Kortekaas, & Ouwerkerk, 1999；Meyer, Becker, & van Dick, 2006；van Dick, 2001）．さらに行動的次元もふくめて組織アイデンティフィケーションを捉えることを提唱する研究（e.g., van Dick, Wagner, Stellmacher, & Christ, 2004）も現れるなど，組織アイデンティフィケーション概念の定義について議論が収束したわけではない．Ashforth, Harrison, & Corley（2008）による包括的な先行研究レビューにおいても，アイデンティフィケーションの定義があいまいな集合（fuzzy set）と紹介されているように，組織アイデンティフィケーションの定義は一意に定まったとはいえない．もっとも，成員性の認知およびそれにともなう情緒的・価値的要素をアイデンティフィケーションの核であると位置づけることは大半の研究者が認めており，その意味では社会的アイデンティティ・アプローチおよび Ashforth & Mael（1989）の定義が継承されているといえる.

(3)　組織アイデンティティとの関係づけ

　概念の再定義後の研究と古典的研究との重要な相違点として認知への焦点化とともにあげることができるのは，組織アイデンティティとの関係づけである．Ashforth & Mael（1989）の少し前に Albert & Whetten（1985）は，情報や確率にもとづいた定量的な手法では解決できない論争が組織でなされている時に，「我々とは何者か」といった問いかけがなされ，それによって

論争への答えが導かれることに注目し,組織アイデンティティ概念を提唱した.このように,組織アイデンティティ概念は,組織全体としてのアイデンティティを問題とするものであり,組織成員の組織へのアイデンティフィケーションとは分析レベルが異なっている.

しかし,組織アイデンティフィケーションの議論においては,個々の組織成員による組織アイデンティティの認知に注目し,組織へのアイデンティフィケーションによって,知覚された組織アイデンティティ(perceived organizational identity)の特徴が自己概念に取り込まれると捉えることで,両者の接合が図られている(e.g., Dutton et al., 1994).このように,組織アイデンティティという構成概念を踏まえることで,成員性の認知に定義を限定しつつも組織的特徴が組織成員が取り込まれる根拠を示していることも古典的研究との大きな違いといえる.

概念の確立以降も組織アイデンティフィケーション研究と組織アイデンティティ研究は緩やかに連携しながら研究の展開が図られてきた.たとえば,本稿の冒頭であげたアイデンティフィケーションに関連するジャーナル4誌の特集号のうち,2誌(*Academy of Management Review* および *British Journal of Management*)については組織アイデンティティとアイデンティフィケーション両方に関する特集号であった.なお,両者の関係については,第4節で組織アイデンティフィケーションの複雑性という観点から改めて取り上げる.

5-2-3 組織コミットメント概念との関係

(1) 組織コミットメントとの差異

組織アイデンティフィケーション論では研究の独自性を確立すべく,類似概念との相違や関係が,比較的最近に至るまで検討されてきた.ここでは,もっともよく対比がなされており,弁別が容易とはいえない組織コミットメントとの対比を中心に検討する[10].

両概念の差異の検討に進む前に,組織コミットメント,特に愛着的コミッ

---

[10] 価値の内面化や個人—組織適合(person-organization fit)などとの差異については,Mael & Ashforth (1992) や Pratt (1998) を参照.

トメントの定義を確認しておく．Mowday, Steers, & Porter（1979）は，組織コミットメントを「組織とのアイデンティフィケーション（identification）および関与（involvement）の相対的な強さ」と定義している．愛着／存続／規範という3つの次元から組織コミットメントが構成されるとして組織コミットメント研究に大きな影響を与えたAllenとMeyerの一連の研究では，愛着的コミットメントは，「組織への情動的愛着（emotional attachment），アイデンティフィケーション（identification）と関与（involvement）」（Meyer & Allen, 1991）と定義されている．AllenとMeyerの愛着的コミットメントの定義はMowday et al.（1979）の延長線上にあり，こうした愛着的コミットメントの定義は日本の組織コミットメント研究でも概ね踏襲されている．

以上のような愛着的コミットメントの定義にもとづけば，アイデンティフィケーションはコミットメントに包含されるようにも思われる．そのため，組織アイデンティフィケーション理論を再興したAshforth & Mael（1989）以来，組織アイデンティフィケーション論では組織コミットメントとの差異や関係が繰り返し問題となってきた．

もっとも重大な差異として何度も指摘されてきたのは（Ashforth et al., 2008；Pratt, 1998；van Dick, 2004），組織と個人の関係を把握する基本スタンスが両者で異なっていることである．組織コミットメント論では，心理的に分離された存在（entity）である組織と個人の結びつき（binding）を問題としている．一方，組織アイデンティフィケーション論では組織は個人の社会的アイデンティティの1つを構成するものとされ，組織との知覚された一体性（perceived oneness）に焦点を当てている．Pratt（1998）は，こうした視点の相違について，組織コミットメント論は，「私はこの組織にいてどのくらい幸せであり，満足しているか」という問いに関わるのに対して，組織アイデンティフィケーション論では「この組織との関係から自分自身のことをどのように知覚しているか」を問題にしていると述べている[11]．この対比によって，組織コミットメント論が組織と個人の社会交換的な側面を

---

[11] 原文では前者が，"How happy or satisfied am I with my organization?" であり，後者が "How do I perceive myself in relation to my organization?" である．

201

取り上げているのに対して，組織アイデンティフィケーション論では個人の自己概念との関わりに注目しているという違いが明確に表現されている．

このような構成概念としての核の違いをもとに，社会的交換を考慮した選択にもとづくコミットメントが意識的かつ安定的とされる一方，組織メンバー自身の自己概念に関わるアイデンティフィケーションはコミットメントと比べると意識的とはいえず，状況に応じて変化しやすいと捉えられている．また，関連する諸変数との関係について，社会交換的な組織コミットメントは職務満足，知覚された組織サポート（perceived organizational support）や転職意思などとの関連が強いのに対して，組織アイデンティフィケーションは知覚された組織アイデンティティや組織との共有された運命などと関わるとされている．

以上のような理論的整理を踏まえて両概念の弁別的妥当性についての実証研究も進められ，確証的因子分析の結果などを踏まえて，組織コミットメントと組織アイデンティフィケーションは相関が高いものの，異なった概念として捉えることが妥当であることが示されている（Bergami & Bagozzi, 2000；Cole & Bruch, 2006；Gautam, van Dick, & Wagner, 2004；Herrbach, 2006；Mael & Tetrick, 1992：高尾, 2013；van Knippenberg & Sleebos, 2006）．さらに，Riketta（2005）は，先行研究のメタ分析によって両者が異なる概念として識別でき，組織コミットメントの方が仕事関連の態度・行動変数との相関が高いことを示している[12]．

(2) 関係性を整理する試み

このように組織アイデンティフィケーションを組織コミットメントと異なった概念として確立するための議論が継続的になされてきたが，近年では両概念が区別できることを前提として両者の関係を整理しようとする試みがなされるようになっている（e.g., 小玉・戸梶, 2010；van Dick, 2001）．さらに，*Journal of Organizational Behavior* Vol.27（2006）の組織コミットメン

---

[12] ただし，もっとも使用されている Mael 尺度（Mael & Ashforth, 1992）を用いた研究ではなく，Cheney（1983）による OIQ（organizational identification questionnaire）尺度を用いた研究では，組織コミットメントの代表的な尺度（AOC 尺度：Allen & Meyer, 1990；OCQ 尺度：Mowday et al., 1979）との相関がきわめて高く，組織コミットメントと弁別的妥当性が確保されていないことを Riketta（2005）は指摘している．

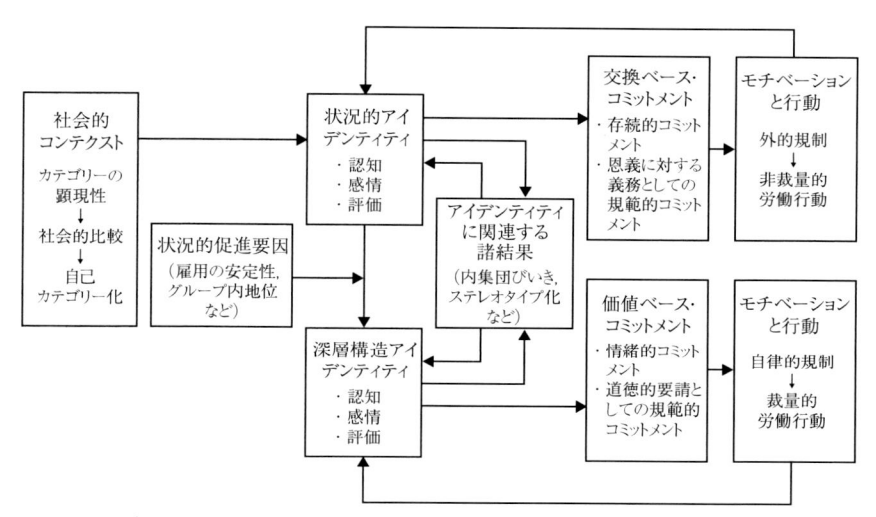

図1 アイデンティティとコミットメントの統合プロセスモデル

出所：Meyer, Becker, & van Dick (2006) p.669をもとに筆者作成

トと組織アイデンティフィケーションの関係についての特集号では，組織コミットメント研究の第一人者であるMeyer，組織アイデンティフィケーション研究の代表的な研究者の一人であるvan Dickらの共著によって両概念を統合するプロセスモデルが提出されている（Meyer et al., 2006）．

図1のように，Rousseau（1998）の状況的アイデンティティ（situated identity）と深層構造アイデンティティ（deep structure identity）という区別[13]を導入しつつ，アイデンティフィケーションがコミットメントの発達に影響を与えるという関係性が，Meyer et al.（2006）では提示されている．さらに，行動やモチベーションとの関係については，アイデンティフィケーションがコミットメントを媒介して行動やモチベーションに影響を与えるとともに，そうした行動をとることがアイデンティフィケーションの創発や上昇につながるというフィードバック・ループがそのモデルには組み込まれて

---

13 状況的アイデンティティとは，状況的手がかりによって喚起される，一時的で不安定な集合体への所属の感覚であるのに対して，深層構造アイデンティティは，役割や時間，状況にかかわらず維持される認知スキーマとして形成された，自己概念に関わる集合体との深い結びつきをさしている（Rousseau, 1998）．

いる.

　Meyer et al.（2006）の両概念を統合しようとする理論モデルについては，彼ら自身も述べているように今後の検証が必要である．それ以上に重要な点は，彼らがコミットメント研究とアイデンティフィケーション研究が連携する必要性を提起していることである．本稿でも第6節にて両者の連携が望ましい研究テーマをあげることにする．

5-3　組織アイデンティフィケーション研究の基本モデル

　第2節で紹介したような概念の確立とともに，実証研究が進められることによって組織アイデンティフィケーション研究の展開が図られてきた．そこで，本節では組織アイデンティフィケーションの先行要因および結果要因を検討した研究を紹介する．

5-3-1　測定尺度

　第2節で取り上げてきたような概念の確立と並行して，組織アイデンティフィケーションの先行要因（antecedents）や結果要因（consequences）に関する実証研究も進められてきた．そうした実証研究を進めていくためにはアイデンティフィケーションを操作化し，個々の組織成員のアイデンティフィケーションの程度を測定できる尺度の開発が不可欠である．これまでにいくつかの尺度が開発されたが，中心的な研究者たちによって開発された尺度が早期に公開されたことが実証研究の活性化に寄与したと考えられる．

　その尺度とは，Mael & Ashforth（1992）による，いわゆるMael尺度である．「誰かが（組織の名称）を批判した時に，個人的に侮辱されたように感じる」などの6項目から構成されているこの尺度は幅広く用いられ，事実上の標準的な尺度とみなされている（Edwards, 2005；Riketta, 2005）[14]．

　ただし，Mael尺度についての問題点も指摘されている．Bergami & Bagozzi（2000）やEdwards（2005）は，Maelらの研究（Ashforth & Mael,

---

[14] Mael尺度ほどではないもののよく用いられてきたCheney（1983）によるOIQ尺度の問題点については注12を参照．

1989；Mael & Ashforth, 1992）がアイデンティフィケーションの概念化において認知的側面に焦点を当てているにもかかわらず，Mael 尺度には認知的側面に対応する項目よりも愛着的側面を取り上げた項目が多くふくまれているという内容妥当性（content validity）の問題があると論じている．

実証研究の促進には誰もが納得できる標準的な尺度が確立されることが望ましいが，先に述べたように組織アイデンティフィケーション概念そのものが1つに定まっていない中では，測定尺度を単一のものに絞り込むことは不可能といえる．今後実証研究を行っていく場合には，上記の問題点を踏まえつつ先行研究との比較を可能とするために Mael 尺度を参照し，同時に近年開発された尺度（Bergami & Bagozzi, 2000；Edwards & Peccei, 2007；小玉，2011b）を導入することや新たな尺度開発を行うことで，自らが依拠するアイデンティフィケーション概念に即した測定を試みていくことが望ましいと考えられる．

5-3-2　先行要因

組織アイデンティフィケーションの先行要因は，社会的アイデンティティ・アプローチの枠組みを踏まえた変数が主に検討されてきた．Ashforth & Mael（1989）は，社会的アイデンティティ理論の最小集団実験などを念頭におき，集団の相互作用や凝集性，相互依存性などに必ずしも拠らなくても集団へのアイデンティフィケーションが生じることを踏まえて，成員性の認知を強化するという観点から組織アイデンティフィケーションの先行要因を取り上げた．具体的には，集団の価値や慣習の独自性（distinctiveness），集団の威信（prestige），外集団の顕現性（salience）を主要な先行要因として取り上げている．組織の価値や慣習の独自性が強いことや，集団間の競争が激しいことなどによって外集団の顕現性が高いことは，比較対象となる他の集団との区別や境界を明確にするために，組織成員性が意識されやすくなる．それに対して，組織の威信が高ければ，社会的比較を通じて自尊心の維持・高揚がなされることから，組織へのアイデンティフィケーションを強化すると考えられている．

実証研究では，独自性は Mael & Ashforth（1992）などによって支持されたが，外集団の顕現性に関わる組織間競争については Mael & Ashforth

(1992) では有意な関係が見出されず，それ以降はほとんど取り上げられていない．一方，自尊心と関わる威信については，多くの実証研究で支持されてきた（e.g., Fuller, Hester, Barnett, Frey, Relyea, & Beu, 2006；M. D. Johnson, Morgeson, & Hekman, in press；Mael & Ashforth, 1992）．

　組織の威信と同様に，自己概念との関連性から先行要因を検討したDutton et al. (1994) は，Ashforth & Mael (1989) による認知的側面の強調を踏まえながら，組織成員が抱く組織についてのイメージが組織へのアイデンティフィケーションに与えるインパクトに注目している．ここでは2種類の組織のイメージが取り上げられており，第1のイメージは組織メンバー自身が知覚している組織のイメージである．もう1つは，外部者が抱いていると組織メンバーが信じている組織のイメージ（organization's construed external image）である．組織に強くアイデンティファイすることは，個々の組織メンバーが組織アイデンティティと捉えている属性を組織メンバー自身の自己定義に取り込むことにほかならない．したがって，組織メンバーが抱くいずれのイメージについても，それらが組織成員にとって魅力的であるほど自尊心が高められるために組織アイデンティフィケーションが強化されるという関係性が成り立つとされた．こうした組織イメージの影響は，Dukerich, Golden, & Shortell (2002)，Kreiner & Ashforth (2004) やWan-Huggins, Riordan, & Griffeth (1998) によって検証されている．

　さらに，そうした組織の威信やイメージへの知覚に影響を与える要因を，アイデンティフィケーションの先行要因として取り上げる研究もいくつか見られる．Carmeli, Gilat, & Waldman (2007) は，組織の威信や評判（reputation）と関連するものとして組織のパフォーマンスを取り上げ，財務的業績に対する知覚ではなく，社会的責任や人材開発に関わる業績の知覚がアイデンティフィケーションと有意な関係にあることを示した．Kim, Lee, Lee, & Kim (2010) も，企業のCSR活動への関与が威信を経由してアイデンティフィケーションを高める一方，従業員自身によるCSR活動への参加が直接的にアイデンティフィケーションを強化することを示している．後者のCSR活動への参加に関連するが，Bartel (2001) は，地域交流活動（community outreach efforts）への参加を契機とした組織外との社会的比較が，集合的自尊心（collective self-esteem）を高めることを通じて組織アイデン

ティフィケーションを強化していることを示している．

　以上のような組織のイメージや威信への認知といった先行要因と組織アイデンティフィケーションとは循環的な関係にあることが指摘されている（Ashforth & Mael, 1989；Dutton et al., 1994；March & Simon, 1958）．すなわち，組織アイデンティフィケーションが高まることで，自己概念に取り入れている組織アイデンティティが一層魅力的に知覚されるようになり，さらに外部からのイメージの知覚についてのバイアスが強化されるようになる．

　ここまでにあげた社会的アイデンティティ・アプローチの枠組みに依拠した先行要因以外にも，組織内部での尊敬（Fuller et al., 2006），役割のあいまい性やコンフリクト（Wan-Huggins et al., 1998），知覚された組織の支援（Sluss, Klimchak, & Holmes, 2008），手続き的公正（Cho & Treadway, 2011），心理的契約への違反（Epitropaki, in press）といった組織関連および職務関連の変数が取り上げられるとともに，個人特性に関しても検討がなされている（Johnson et al., in press；Kreiner & Ashforth, 2004：Mael & Ashforth, 1995）．

　このように多くの先行要因が検討されてきたものの，大半の研究ではアイデンティフィケーションを安定的な状態として捉えることが暗黙の前提とされており，組織アイデンティフィケーションがどのように変化するのかというダイナミクスがほとんど扱われていない．いい換えれば，アイデンティフィケーションのプロセスを解明しようとする試みは，これまでにごくわずかしかなされておらず，今後の重要な検討課題の１つである（Ashforth et al., 2008）．そうしたアイデンティフィケーションの変化プロセスを捉えていくにはこれまでに多くなされてきた定量的調査だけでは限界があり，定性的かつ縦断的な調査も行う必要があるだろう（Pratt, 2000；Pratt, Rockman, & Kaufmann, 2006）．

5-3-3　結果要因

　組織アイデンティフィケーションへの研究関心が徐々に高まってきた背景の１つとして，それが組織的な成果に関わる変数の予測に有効であることが着実に示されてきたことがあげられる．先行研究で比較的多く検証されてき

た結果変数として，協同行動（cooperative behavior）や組織市民行動といった組織を支持する態度・行動および離職（または残留）についての意図や行動をあげることができる[15]．

協同行動や組織市民行動については，Dutton et al. (1994) による仮説提示を踏まえて，Dukerich et al. (2002)，Bartel (2001)，van Dick, Grojean, Christ, & Wieseke (2006)，Cho & Treadway (2011) などによって検証が重ねられてきた．また，より積極的な行動として，自発的学習活動（Walumbwa, Cropanzano, & Hartnell, 2010），建設的な変革志向行動としての発言行動（Fuller et al., 2006）や変革提案行動（Lipponen, Bardi, & Haapamaki, 2008）との関係についても有意な関係が示されている．

離職行動や離職意図については，多くの研究で有意な負の関係が示されている．たとえば，Mael & Ashforth (1995) は軍隊への新規入隊者を対象としたパネルデータを用いて実際の離職との関係を分析している．Randsley de Moura, Abrams, Retter, Gunnarsdottir, & Ando (2009) や van Dick, Christ, Stellmacher, Wagner, Ahlswede, Grubba, Hauptmeier, et al. (2004) は，職務満足と組織アイデンティフィケーションが転職意図に与える影響について有意な負の関係を示している．Wan-Huggins et al. (1998) は残留意図との関係を取り上げ，有意な正の関係を見出している．

組織アイデンティフィケーションがもたらす影響についての研究は，以上であげた変数をより精緻に検証していくことや新たな変数を取り上げることによって今後もなされていくと思われるが，結果変数の候補として取り上げるものを適切に選択していくことが重要である．なぜなら，Albert, Ashforth, & Dutton (2000) が指摘するように，アイデンティフィケーションは，アイデンティティとともに根底的概念（root constructs）であり，広範な変数との間に有意な関係を見出せると予想されるからである．

まず，組織アイデンティフィケーション概念の独自性を踏まえることが選択の基準としてあげられる．具体的には，組織アイデンティティの自己概念への取り込みといった，自己概念との関わりを重視することである．たとえ

---

15 その他にも，創造的行動，内発的動機づけ，情報共有，組織への肯定的評価，組織の防衛，職務満足，業務調整などとの関連についての実証がなされている（cf., Ashforth et al., 2008）．

ば，顧客指向との関係性を取り上げた研究はいくつかなされているが（Johnson & Ashforth, 2008；Thakor & Joshi, 2005），その場合にはWieseke, Ullrich, Christ, & van Dick（2007）のように顧客指向性が組織アイデンティティにふくまれていることを確認する必要がある．そうした組織アイデンティティの自己概念への取り込みという観点を踏まえると，企業が公式的な組織アイデンティティとして掲げる経営理念の浸透と関係づけることは，有望な研究の1つであるように思われる（高尾・王, 2012）．

　もう1つの基準として，結果変数の予測の有効性を意識することも重要である．たとえば，これまでによく取り上げられてきた転職意図（行動）との関係性については，その予測を目的とするならば組織アイデンティフィケーションから検討するよりも，社会交換的な側面を捉える組織コミットメントから検討する方が適切であることが多いように思われる（cf., Riketta, 2005）．このように結果変数の候補を慎重に選択して研究を進めていく方が，むやみにたくさんの結果変数をあげて検証していくよりも，組織アイデンティフィケーションの研究を充実させることになるだろう．

　これまでの実証研究では，結果変数として組織にとって望ましい行動や態度が取り上げられてきたが，組織にとって望ましくない態度や行動との関係性を検証していくことも今後取り組むべき重要なテーマといえる．Dukerich, Kramer, & McLean Parks（1998）では過剰なアイデンティフィケーション（overidentification）が招きうる問題として，組織成員への過剰な信頼，批判の抑圧やそれらに起因する学習や適合障害に加えて，組織のために不正行為（wrongdoing）を働いたり，他の組織成員の不正行為を見逃したりする可能性が指摘されている．最近になって，後者の不正行為との関係性についての注目が高まっているものの（Umphress, Bingham, & Mitchell, 2010；Vadera & Pratt, in press），実証研究は十分とはいえない．こうした過剰なアイデンティフィケーションがもたらす影響を捉える場合には，先行変数のところで言及した，組織アイデンティフィケーションの高揚が先行要因の強化につながるという循環的な関係も視野に入れた検討が望ましいと考えられる．

5-4 組織アイデンティフィケーションの複雑性

本節および次節では，近年の経営環境・社会環境の急激な変化を踏まえた組織アイデンティフィケーション研究の新たな展開を取り上げる．まず，本節では組織アイデンティフィケーションの複雑性を捉えようとした研究を紹介する．

5-4-1 研究の展開の方向性

第2節および第3節で示したように，社会的アイデンティティ・アプローチに依拠することによって組織アイデンティフィケーション概念にふくまれる要素の絞り込みがなされた．それによって，古典的研究における概念規定のあいまいさからの脱却がなされ，組織コミットメントなどの関連概念との区別も明確化された．こうした概念の確立を契機として組織アイデンティフィケーション研究が活性化されてきたが，初期の研究では組織と個人の関係性やそれにもとづく組織アイデンティフィケーションが安定的であることが暗黙の前提とされるとともに，組織成員のアイデンティティを単純化して捉える傾向があった．

だが，最近の研究では，先行研究によって確立されたアイデンティフィケーションの定義を概ね共有しつつ，組織をめぐるアイデンティフィケーションの複雑性やそれに起因するダイナミクスを捉えようとした展開がなされている．非常におおざっぱな区切りでいえば，2000年前後にそうした展開に関わるアイディアが提示され，それらを踏まえた実証研究が次第になされるようになってきた．

このような展開がなされるようになった背景には，近年の経営環境・社会環境の急激な変化によって，組織そのものや組織と個人の関係性における流動性がいちじるしく増大しているという認識がある（Albert et al., 2000；Rousseau, 1998；van Dick, 2004）．たとえば，環境への適合を図るための組織変革はしばしば組織アイデンティティの変化をともない，その結果として組織成員のアイデンティフィケーションにも影響を与えると考えられる．また，雇用関係の流動化をはじめとして組織と個人の関係性が以前よりも不安

定になったことを踏まえると，組織成員のアイデンティティの複雑性や多重性に着目することが必要となっている．

以下では，激変する環境のもとで顕在化してきた組織をめぐるアイデンティフィケーションの複雑性やそれによって生じるダイナミズムへアプローチするために特に重要と思われる研究動向を3つに絞って取り上げる．

第1に，アイデンティフィケーションが低いという意味とは異なる，ディスアイデンティフィケーション概念の提示である．後ほど紹介するように，ディスアイデンティフィケーションとは，組織との距離をとることを通じて，自らのアイデンティティを構築しようとするものである．

第2に，組織へのアイデンティフィケーションによって組織成員の自己概念に取り込まれることになる組織アイデンティティの多重性への注目である．以上の2つは，組織アイデンティフィケーションの複雑性に対する新たなアプローチと捉えることができる．

第3に，組織的コンテキストにおけるアイデンティフィケーションの対象の多重性を取り上げる．現代の組織を取り巻く状況を踏まえると，組織成員のアイデンティフィケーションの対象は組織だけではなく，様々な集団やカテゴリーも同時にアイデンティフィケーションの対象となっている．このような多重的アイデンティフィケーションに着目することで，より複雑な個人アイデンティティ，さらには組織と個人の関係を探求しようとする研究が近年多くなされていることから，次節（第5節）でまとめて取り上げることにする．

5-4-2 ディスアイデンティフィケーション

多くの先行研究では，組織と自己の肯定的な関係性を捉えたものとして組織アイデンティフィケーションを位置づけてきた．しかし，組織と個人との間において肯定的な関係性のみ想定するのは必ずしも現実的とはいえない．そこで，組織と同じ属性を持っていないことや，組織からの分離によって自己定義を図るというディスアイデンティフィケーション（disidentification）概念が提起された（Dukerich et al., 1998, Elsbach, 1999）．

すでに述べたように，組織へのアイデンティフィケーションが組織と自己の一体性の認知によって構成されるのに対して，組織へのディスアイデン

```
                     アイデンティフィケーション
                     低              高
      ┌──────────────────┬──────────────────┐
  低  │  ニュートラル    │  強アイデンティ  │
ディ  │  アイデンティ    │  フィケーション  │      個人   組織
スア  │  フィケーション  │                  │
イデ  │      ◌ ●         │      ◌●          │       ◌    ●
ンテ  ├──────────────────┼──────────────────┤
ィフ  │ 強ディスアイデン │  アンビバレント・│
ィケ  │ ティフィケーション│ アイデンティ    │
ーシ  │                  │  フィケーション  │
ョン  │   ◌       ●      │      ◖◗          │
  高  └──────────────────┴──────────────────┘
```

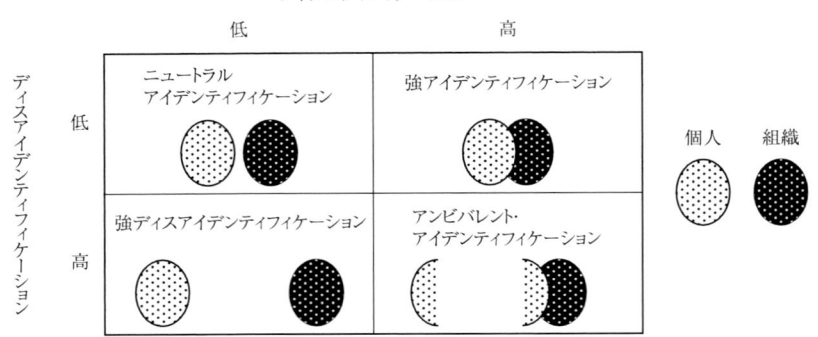

図2 アイデンティフィケーションの拡張モデル

出所：Kreiner & Ashforth (2004) p.6

ティフィケーションは組織と自己が結びついていないという認知によって成り立つ．Elsbach & Bhattacharya (2001) は，ディスアイデンティフィケーションを，①自身のアイデンティティと組織のアイデンティティに対する自身の知覚との間の認知的分離（cognitive separation）と，②自分と組織の否定的な関係的カテゴリー化（negative relational categorization）にもとづく自己知覚と定義している．こうしたディスアイデンティフィケーションは，組織へのアイデンティフィケーションが弱い（ない）といったアイデンティフィケーションの対極に位置づけられるものではなく，別の次元を構成するものである．

そこで，図2のように，アイデンティフィケーションとディスアイデンティフィケーションが同時に成立することを仮定したアンビバレント・アイデンティフィケーション[16]，さらにどちらも弱いニュートラル・アイデン

---

[16] アイデンティフィケーションとディスアイデンティフィケーションの同時成立について最初に問題提起した Dukerich et al. (1998) や Elsbach (1999) は，スキゾ・アイデンティフィケーション (schizo identification) と称している．しかし，Vadera & Pratt (in press) は，スキゾ (schizo) という概念は，しばしば精神分裂症 (schizophrenia) と関連づけられるが，精神分裂症の症状とここで問題としているアイデンティの混乱 (disorder) が無関係であることを指摘している．そうした理由から，本稿では，Vadera & Pratt (in press) と同様にアンビバレント・アイデンティフィケーションという用語を選択した．

ティフィケーションといった概念も提示されている（Dukerich et al., 1998；Elsbach, 1999；Kreiner & Ashforth, 2004）．すなわち，組織に対してアイデンティファイすると同時に，組織から認知的に距離をおくことが生じる可能性が示されている．

　ディスアイデンティフィケーション，さらにはアンビバレント・アイデンティフィケーションは組織的コンテキストにおける個人のアイデンティティの複雑性を捉えるための重要な視角であり，その後の組織アイデンティフィケーション研究でよく参照されるものの，実証研究はあまりなされていない．数少ない実証研究の1つである Elsbach & Bhattacharya（2001）はアメリカライフル協会を対象組織として，銃や銃に対する法律に関する価値観や信念，組織の評判などが組織へのディスアイデンティフィケーションを規定するとともに，ディスアイデンティフィケーションが組織への反対行動や批判を導くことを示した．また，Kreiner & Ashforth（2004）は，図2の4類型の操作化を図り，卒業した大学を対象とした調査によってそれらの識別性とともに，先行要因との関係から基準関連妥当性の検証を行っている．しかし，雇用先の企業などを対象とした組織成員のディスアイデンティフィケーションやアンビバレント・アイデンティフィケーションおよびその影響についての研究はほとんどなされていない．

　Kreiner & Ashforth（2004）は，組織がディスアイデンティフィケーションを望ましくないとみなす傾向があることを指摘している．その理由として，ディスアイデンティフィケーションが離職を招くために組織にとってコスト負担になる一方で，離職しない場合には組織に対して否定的な見方を持つ組織成員の扱いが難しいためであるとしている．同時に，すべてのディスアイデンティフィケーションが組織にとって有害ではなく，ディスアイデンティフィケーションが内部通報やイノベーション，良心的異議（conscientious dissent）といった，長期的に組織にとって有益な行動を導きうる可能性も指摘している．組織成員のディスアイデンティフィケーションがこうした影響をもたらしうるのかどうか，今後検証がなされていくことが期待される．

5-4-3　組織アイデンティティの多重性

　組織アイデンティフィケーション論が，Albert & Whetten (1985) を嚆矢とした組織アイデンティティ論と接合を図ることで再活性化されてきたことは先に指摘した通りである．組織へのアイデンティフィケーションによって，個人の自己概念が組織アイデンティティと同じ属性を持つようになると考えられてきたが，両者に同じ属性が見出されるがゆえに組織へのアイデンティフィケーションが強化されることも指摘されている (Pratt, 1998)．このように，組織アイデンティティと組織成員の組織アイデンティフィケーションは密接に関わっていることから，組織アイデンティフィケーションをより精確に検討しようとすれば，組織成員の自己概念に対応する組織のアイデンティティに改めて目を向ける必要がある．

　Albert & Whetten (1985) は，組織アイデンティティ概念の提唱とともに，組織の本質 (essence) とみなされる中核的性質 (central character)，比較対象となる他の組織と当該組織を区別する性質である独自性 (distinctiveness)，時間的継続性 (temporal continuity) という組織アイデンティティの3要件を示した[17]．もっとも，組織は複雑であり，何が本質的とされるかは問題や問いによって異なるとして，組織アイデンティティの多重性についても詳しく述べていた．

　組織アイデンティフィケーション論の初期の研究では，あたかも組織アイデンティティが一枚岩であるかのように扱われ，組織アイデンティティの多重性は取り上げられていなかった．だが，組織アイデンティティの多重性が組織成員に与える影響を捉えようとした研究が徐々になされるようになってきた．Pratt & Rafaeli (1997) は大病院のリハビリテーション部門を調査し，適切な服装をめぐる論争には，リハビリテーション・アイデンティティと急患治療アイデンティティという，両立が難しいハイブリッド・アイデンティティ (hybrid identity) が関わっており，服装がそれらのアイデンティティを象徴するものとなっていることを示した．また，Golden-Biddle & Rao

---

17 これらの3要件は，組織アイデンティティ概念の定義に関する論争の中でその妥当性について議論が続けられているものの (e.g., Corley, Harquail, Pratt, Glynn, Fiol, & Hatch, 2006)，現在でも組織アイデンティティを把握する基軸とされている．

(1997) は，医療関係の大規模 NPO において，「ボランティア中心組織（volunteer-driven organization)」というアイデンティティと「友人の家族（family of friends）」という2つのアイデンティティのどちらを組織アイデンティティと捉えているかによって，役員が予算をめぐる問題でとった行動が異なっていたことを明らかにしている．また，Glynn (2000) はアトランタ交響楽団のストライキを，楽団員が認識する規範的（normative）組織アイデンティティと経営管理者の認識する功利的（utilitarian）組織アイデンティティの対立に起因するものとして捉えた．

これらの研究では，組織成員ごとにハイブリッド・アイデンティティのどちらの側面を組織アイデンティティと捉えるのかが異なっていることに焦点を当てており，組織アイデンティティの多重性と組織アイデンティフィケーションの関係は直接的に取り上げられてはいなかった．それに対してForeman & Whetten (2002) は，典型的なハイブリッド・アイデンティティを持つ組織として農村協同組合（rural cooperatives）を対象に取り上げ，個々の成員がハイブリッド・アイデンティティのそれぞれについてどのように認識しているかが組織アイデンティフィケーションに与えている影響を検討している．そこでは，規範的アイデンティティと功利的アイデンティティのそれぞれについて，組織成員が望ましいと思う程度と実際とのギャップが大きければ，組織への愛着的・存続的コミットメントが低下するという結果が示されている．

また，Pratt & Corley (2007) は，複数の組織アイデンティティへの経営者・管理者による対処（Pratt & Foreman, 2000）が組織成員の組織アイデンティフィケーションに負の影響を与える可能性に関わる仮説を提示している．一方，Anteby & Wrzesniewski (2007) は，複数のアイデンティティを持つボランティア組織において，上位階層がアイデンティティの複数性を認識し，それをマネジメントしようと試みているのに対して，下位階層の成員は組織への参加時点に知覚していた単一の組織アイデンティティの認識から変化しない傾向が強く，そのために時間の経過とともに組織アイデンティフィケーションの低下を招いていることを報告している[18]．

---

[18] Corley (2004) も組織階層によって，組織アイデンティティの捉え方が異なっていることを示している．

このように，組織成員個人における複数の組織アイデンティティの認識と組織アイデンティフィケーションの関係が次第に検討されるようになってきたが，十分な検討がなされていない点は少なくない．たとえば，組織の多重的アイデンティティに対する経営者・管理者の対処が組織成員の組織アイデンティフィケーションに与える影響に関して，ほとんど実証がなされていない．また，組織アイデンティティの多重性が，先にあげたアンビバレント・アイデンティフィケーションを招く可能性が考えられるが，そうした探求はこれまでになされていない．

　さらに，先行研究での調査対象が，研究者にとって複数の組織アイデンティティの存在が把握しやすいNPOに集中しており，企業組織についてほとんど取り上げられていないことも問題といえる．企業組織において複数の組織アイデンティティを有していることは，決して少なくないと考えられる．典型例として第6節で言及するM&A後の組織があげられるが，M&Aを経験していなくても組織変革にともなって組織アイデンティティが変化する（Corley & Gioia, 2004；Jacobs, Christe-Zeyse, Keegan, & Polos, 2008）プロセスにおいて，組織アイデンティティが多重的になることは十分起こりうる．

　また，組織が意図的に掲げている組織アイデンティティとみなすことができる経営理念（高尾・王，2012）の内容を見れば，企業自身が組織アイデンティティの複数性を自ら指向していると考えることもできる．このように，一般的な企業においてもアイデンティティの複数性を想定して，組織へのアイデンティフィケーションへの影響を捉える研究を行う必要性が高まっているように思われる．

　そうした研究を進展させていくためには，組織アイデンティティの変化と組織成員のアイデンティティの変化がどのようにリンクしうるのかというクロスレベル・ダイナミクスについての理論的考察を進めていくことも必要である．そうした試みは最近になってようやく始まったところであり（Ashforth, Rogers, & Corley, 2011；Brickson, in press），今後の進展が期待される．

5-5 アイデンティフィケーションの対象の多重性

　本節では，組織以外にも下位集団や職業などについてもアイデンティフィケーションの対象と捉えた多重的アイデンティフィケーションを取り上げる．まず，様々な対象へのアイデンティフィケーションに関する研究を紹介した上で，それらへのアイデンティフィケーションと組織アイデンティフィケーションとの関係およびその変化について検討する．

5-5-1 アイデンティフィケーションの対象の多重性への注目

　初期の研究では，古典的研究と同様に組織へのアイデンティフィケーションに焦点を当てた研究が多くなされてきたが，組織的コンテキストにおける多様なカテゴリーや集団をアイデンティフィケーションの対象と捉えた研究が近年増加している．組織アイデンティフィケーション研究の理論基礎の1つである自己カテゴリー化理論において，集団やカテゴリーの顕現性などによってアイデンティフィケーションの対象が切り替わることが前提とされていたことを踏まえれば，複数のアイデンティフィケーションの対象を想定した研究が次第になされるようになったことは妥当な展開といえる[19]．それとともに，先ほど述べたような組織をめぐる環境変化によって，組織がもっとも重視されるアイデンティフィケーションの対象であると必ずしもいえなくなっていることも，複数の対象への多重的なアイデンティフィケーションの研究が盛んになった背景としてあげられる．

　以下では，多重的アイデンティフィケーションに関する研究の進展を3つにわけて説明する．最初に取り上げるのは，組織内の下位集団に対するアイデンティフィケーションに光を当てた研究である．次に，職業に対するアイデンティフィケーションといった，その他のカテゴリーに対するアイデンティフィケーションに関する研究を紹介する．その上で，それらのアイデンティフィケーションと組織へのアイデンティフィケーションとの関係を検討

---

[19] 組織アイデンティフィケーション研究再興のきっかけとなったAshforth & Mael (1989)，さらには古典的研究（March & Simon, 1958；Lee, 1969, 1971；Rotondi, 1975）でもアイデンティフィケーションの対象の多重性について言及がされていた．

217

する.
(1) 入れ子構造のアイデンティティ

　Ashforth & Johnson(2001)は,組織的コンテキストにおける社会的アイデンティティについて,図3のような,入れ子構造のアイデンティティ(nested identity)と横断的アイデンティティ(cross-cutting identity)という分類を示している.入れ子構造のアイデンティティとは,目的―手段連鎖にもとづく公式構造に対応した下位集団へのアイデンティフィケーションをふくんだものである.具体的には,組織全体だけでなく,チーム・部署・事業部といった下位集団を対象としたアイデンティフィケーションが取り上げられる.一方,横断的アイデンティティは,タスクフォースや部門横断的な委員会などの公式的な集団にもとづくものだけではなく,友人のサークルや同じ趣味や関心を持つグループ,同族企業における親族のつながり,さらには性別,人種といったデモグラフィックなカテゴリーなど,組織にとって非公式的な集団やカテゴリーとされるものもふくまれる.

　両者のうち入れ子構造のアイデンティティをまず取り上げるが,その中でももっとも身近な下位集団である課業集団(work group)と組織全体へのアイデンティフィケーションの関係に注目する.初期の研究の1つであるvan Knippenberg & van Schie(2000)は,組織へのアイデンティフィケーションに加えて課業集団に対するアイデンティフィケーションを取り上げ,

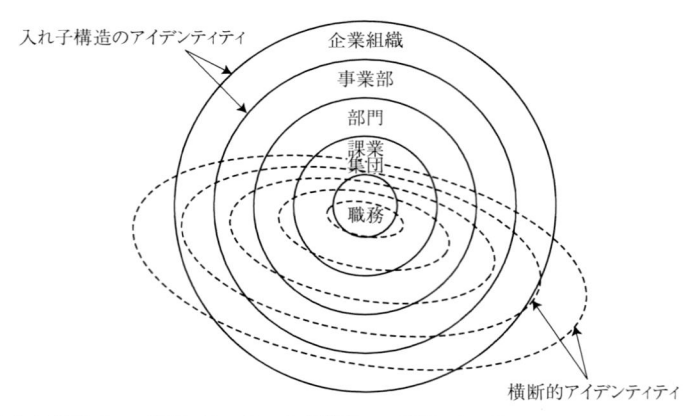

図3　入れ子構造のアイデンティティと横断的アイデンティティ

出所:Ashforth & Johnson(2001)p.33

地方自治体の職員および大学教員を対象とした調査を行っている．両者の比較および職務満足などとの関係について，課業集団へのアイデンティフィケーションが組織へのアイデンティフィケーションよりも高い水準にあり，課業集団へのアイデンティフィケーションの方が職務満足などの職務に対する態度変数と強い関係にあるという仮説が検証されている．

　課業集団に代表される下位集団へのアイデンティフィケーションと組織全体とのアイデンティフィケーションを同時に調査した研究はその後も行われ（e.g., Millward & Postmes, 2010；Olkkonen & Lipponen, 2006；Riketta & Nienaber, 2007；Ullrich, Wieseke, Christ, Schulze, & van Dick, 2007），組織全体に対してよりも下位集団に対して強いアイデンティフィケーションを示す傾向が見られた（例外として，Bartels, Pruyn, Jong, & Joustra, 2007；van Dick, Wagner, Stellmacher, & Christ, 2004）．職務関連の諸変数との関係についての検討も同時に続けられ（e.g., Christ, van Dick, Wagner, & Stellmacher, 2003；Riketta & van Dick, 2005；van Dick, Wagner, Stellmacher, & Christ, 2004），Ullrich et al. (2007) が「アイデンティティ適合原則（identity matching principle）」と呼ぶような，特定の対象へのアイデンティフィケーションは同一の対象を指向した成果関連変数と強い関連性が見出されることが示されてきた．たとえば，顧客指向行動は店舗へのアイデンティフィケーションと強い関連がある一方，組織全体を指向した組織市民行動は組織全体へのアイデンティフィケーションと関連しているといった傾向が見出された．

　アイデンティフィケーションの先行要因についても同様の関係が見出されている．たとえば，Olkkonen & Lipponen (2006) は，相互作用公正と課業集団に対するアイデンティフィケーションとの間に有意な関連性が見出されるのに対して，分配的公正や手続き的公正は組織アイデンティフィケーションとの間に有意な関連性が確認されたことを示している．

　もっとも，最近になって，van Dick, van Knippenberg, Kerschreiter, Hertel, & Wieseke (2008) は多重的アイデンティフィケーションの交互作用効果を検討する必要性を提起している．銀行および旅行代理店の従業員を対象とした彼らの調査では，組織アイデンティフィケーションと課業集団へのアイデンティフィケーションがともに高い場合に，職務満足や組織市民行動が

219

一層高くなるという結果が得られている．また，Richter, West, van Dick, & Dawson (2006) は，境界連結者の組織アイデンティフィケーションとグループ・アイデンティフィケーションがともに高い場合にグループ間生産性が高まることを指摘している．以上のような研究を踏まえると，アイデンティティ適合原則がある程度成立することを踏まえつつ，対象となる変数の特徴などを踏まえた，より詳細な検討を行うことが必要であると考えられる．

(2) 他のカテゴリーへのアイデンティフィケーション

以上のような入れ子構造にはふくめられない対象に対するアイデンティフィケーションが取り上げられることも増えつつある[20]．その重要さに比して十分な研究蓄積がなされてこなかったのが，職業（profession/occupation）に対するアイデンティフィケーションである．その中で比較的よく取り上げられてきたのは，いわゆる古典的プロフェッショナルに該当する組織成員のプロフェッショナル・アイデンティフィケーションであった．

その背景の1つには，プロフェッショナル論で長らく問題とされてきたプロフェッショナルと組織との緊張関係への注目がある．Bamber & Iyer (2002) は，当時のビッグ5会計事務所に所属する会計士を対象にして，組織アイデンティフィケーションとプロフェッショナル・アイデンティフィケーションが一貫しているのか，それとも矛盾しているのかを検証している．彼らの調査では両者に正の相関が見られ，さらに組織アイデンティフィケーションが高いと組織―プロフェッショナル間のコンフリクト（Aranya & Ferris, 1984；Sorensen & Sorensen, 1974）が縮小するという関係が見出されている．Apker & Fox (2002) も看護師を対象に組織アイデンティフィケーションとプロフェッショナル・アイデンティフィケーションが強い正の相関が見られたことを示している．さらに，Loi, Hang-yue, & Foley (2004) は，法律事務所の弁護士を対象とした調査で，プロフェッショナル・アイデンティフィケーションが組織コミットメントと正の関係にあるという結果を報告している．

---

20 本稿では紙幅の関係等で，性別や人種といったデモグラフィックなカテゴリーについて扱わないが，ダイバーシティと関連づけた多くの研究がなされている（e.g., Brickson, 2000；Randel, 2002；Rink & Ellemers, 2007）．

一方，Johnson, Morgeson, Ilgen, Meyer, & Lloyd（2006）は，獣医の組織アイデンティフィケーション，プロフェッショナル・アイデンティフィケーションと課業集団へのアイデンティフィケーションのパターンが，プロフェッショナル組織に所属しているかどうかやそこでの職位の違いによって異なるという結果を提示している．また，Hekman, Bigley, Steensma, & Hereford（2009）は，組織アイデンティフィケーションのみが高い医師とプロフェッショナル・アイデンティフィケーションのみが高い医師では，POS（perceived organizational support）といった組織と個人の交換関係とパフォーマンスの関係性が逆転していたことを示している．

以上で紹介したいわゆる古典的プロフェッショナル以外の職業（occupation）を対象とした実証研究は，学校の教師を対象とした van Dick, Wagner, Stellmacher, & Christ（2004），「汚れ仕事（dirty work）」と称される職業に従事する組織成員がポジティブなアイデンティティを維持していることに注目した Ashforth, Kreiner, Clark, & Fugate（2007）など，ごく少数にとどまっている．

このように，組織的コンテキストにおいて複数のカテゴリーが組織成員のアイデンティフィケーションの対象となっていることが取り上げられるようになってきたが，そこで取り上げられてきたのは，現在関わっている組織や職業などに関わるものが大半であった．だが，Rousseau（1998）やIyer, Bamber, & Barefield（1997）が過去に所属していた組織に対するアイデンティフィケーションについて取り上げていたように，個人の仕事関連のアイデンティティをより包括的に捉えようとするならば，自己とのつながりを認知するアイデンティフィケーションの対象をその時点で関わっている組織などに限定しなくて良いかもしれない．組織成員の成員資格が以前よりも安定的ではなくなっている現実を踏まえると，過去に所属した組織や以前就いていた職業などへのアイデンティフィケーションも視野に入れることによって，現在の組織的コンテキストにおけるアイデンティフィケーションの複雑性をより深く理解する手がかりを見つけることができると思われる．

5-5-2 複数のアイデンティフィケーション間の関係とその変化

以上であげたような様々な対象に対するアイデンティフィケーションは，

組織へのアイデンティフィケーションと両立するのか，また，両立するとすればどのような関係になっているか．そうした問いへの回答として，多くの先行研究で見出された次の2つの傾向を示すことができる．

第1に，複数のアイデンティフィケーション間で正の関連性が見られることである．入れ子構造での下位単位へのアイデンティフィケーションと上位単位である組織へのアイデンティフィケーションの場合だけでなく（Christ et al., 2003；Lipponen, Helkama, Olkkonen, & Juslin, 2005；Olkkonen & Lipponen, 2006, Riketta & Nienaber, 2007；Ullrich et al., 2007；van Knippenberg & van Schie, 2000），プロフェッショナル・アイデンティフィケーションなどについても組織アイデンティフィケーションと正の関連性が見られることが多い（Apker & Fox, 2002；Bamber & Iyer, 2002；George & Chattopadhyay, 2005；Johnson et al., 2006；Johnson & Ashforth, 2008；Lui, Ngo, & Tsang, 2001）．複数の対象へのアイデンティフィケーションの間に正の関連性が見られることは，アイデンティティ間のコンフリクトの可能性は潜在的にはあるとしても，重大なコンフリクトが頻繁に生じずに双方へのアイデンティフィケーションが成り立っていることを含意している（Ashforth et al., 2008）．

第2に，入れ子構造では下位単位に対するアイデンティフィケーションが組織全体へのアイデンティフィケーションよりも強い傾向が見られる（Bartels et al., 2007；Lipponen et al., 2005；Riketta & van Dick, 2005；Ullrich et al., 2007；van Knippenberg & van Schie, 2000）．そうした関係性や傾向を踏まえつつ，Bartels et al.（2007）やRiketta & Nienaber（2007）が，上位単位へのアイデンティフィケーションの先行要因として下位単位へのアイデンティフィケーションを捉えていたように，下位単位へのアイデンティフィケーションが高まることによって組織へのアイデンティフィケーションが高められることが期待されてきた．

しかし，昨今の急激な環境変化がもたらす影響によって，アイデンティフィケーション間の重みづけや関係性が変わっていく可能性がある．ここでは，組織アイデンティフィケーションに大きな影響を与えうる要因として成員資格の多様性の増大とプロフェッショナル化を取り上げ，多重的アイデンティフィケーションに注目していくことが今後一層重要となることを説明す

る．

　最初に，成員資格の多様性の増大に関して取り上げる．すでに述べたように成員性の認知は社会的アイデンティティの基礎であり，成員資格の多様化の進展は，成員性への認知を通じて組織アイデンティフィケーションや関連するアイデンティフィケーションに影響を与えることが予想される．たとえば，派遣社員は派遣先の組織と派遣元の組織双方の組織成員性を認知することになるが，どのような機会にどちらの成員性が認知されるかによって，それぞれの組織に対するアイデンティフィケーションが影響を受ける（George & Chattopadhyay, 2005）．また，いわゆる非正規社員と正社員の間でも成員性の認知が異なっていると予想される．そうした予想は，雇用期限の有無が組織アイデンティフィケーションに影響をおよぼすという，Johnson & Ashforth（2008）が示す調査結果によって裏づけられる．さらに，正社員においても勤務の形態などに応じて成員資格やそれにもとづく成員性の認知が多様化している（Bartel, Wrzesniewski, & Wiesenfeld, 2007；Wright, 2009）．

　成員資格の多様化は，一般的にいえば，より身近な下位単位へのアイデンティフィケーションを相対的に強くなるように作用すると考えられる．さらに，下位単位へのアイデンティフィケーションが組織全体へのアイデンティフィケーションにつながるという，Bartels et al.（2007）や Riketta & Nienaber（2007）が想定していた関係性が期待しにくくなることが予想される．しかし，成員資格およびそれにともなう成員性についての認知の違いについては，組織アイデンティフィケーションへの影響がいくらか取り上げられている程度であり，多重的アイデンティフィケーションへの影響を捉えた研究はほとんどなされていない．

　第2の影響要因は，職務の専門化やそれにともなうプロフェッショナル化である．プロフェッショナル・アイデンティフィケーションや職業（occupation）・アイデンティフィケーションを取り上げた先行研究の多くは，監査法人における公認会計士，病院における医師，学校における教員といった，プロフェッショナル組織に所属する古典的プロフェッショナルやそれに類する組織成員を調査対象としていた（Bamber & Iyer, 2002；Christ et al., 2003；Hekman et al., 2009；van Dick, Wagner, Stellmacher, & Christ,

2004).組織アイデンティティとプロフェッショナル・アイデンティティのコンフリクトがあまり見出されなかったのは，こうした調査対象の選択も影響していたと考えられる．

　しかし，組織内（企業内）プロフェッショナル（藤本，2001；宮下，2001）という用語が一般にも定着してきたように，職務の専門性の増大とともに，プロフェッショナル組織以外の組織でもプロフェッショナルという位置づけが認められるようになってきた．組織内プロフェッショナルは職能や専門性が様々に分化した組織で働いており，他のプロフェッショナルや異なった分野の専門家と組織内で日常的に接している．その結果，他のプロフェッショナルや専門家が社会的比較の対象となることで当該プロフェッショナルの独自性の認知が高まり，プロフェッショナル・アイデンティフィケーションが高められるとも考えられる（Johnson et al., 2006）．その一方で，組織内プロフェッショナルの場合には組織に所属しているという認知も意識されることから，プロフェッショナル組織を主たる調査対象とした先行研究でほとんど見出されなかったアイデンティティ間のコンフリクトが顕在化しやすいとも考えられる．だが，組織アイデンティフィケーション研究において，組織内プロフェッショナルを対象とした多重的アイデンティフィケーション研究は皆無といって良い．

　成員資格の多様化やプロフェッショナル化によって，組織全体に対するアイデンティフィケーションが相対的に低下することが見込まれるが，下位集団間での内集団バイアスの緩和（Lipponen, Helkama, & Juslin, 2003；Richter, West, van Dick, & Dawson, 2006）や変革への否定的な態度の回避（Jetten, O'Brien, & Trindall, 2002）という観点から，組織アイデンティフィケーションの重要性が改めて指摘されている．そうした中で，González & Brown（2003）が提唱するような，上位単位と下位単位双方へのアイデンティフィケーションをともに高めるという二元アイデンティティ方略（dual identity strategy）がどの程度必要となっているか，さらにはどのようにして可能になるのかを探索する必要性が生じているように思われる．

5-6 今後の研究に向けて

5-6-1 概念の定義と研究の意義の確認

本稿の冒頭にあげた2つの疑問のうち、組織アイデンティフィケーションと組織コミットメントとの違いについては、第2節で詳しく説明した。組織アイデンティフィケーションは成員性の認知が組織成員の自己概念に関わると捉えたところが概念の核であり、それと対比すれば、組織コミットメントでは自己とは切り離された主体としての組織との社会的交換関係が問題とされているところがもっとも重要な相違点である。

2つ目の疑問である組織アイデンティフィケーションに注目する意義は、第4節で紹介した近年のアイデンティフィケーション研究の問題意識から導出することができる。Albert et al.（2000）は、ポスト工業化を迎えた現代社会では、個人のアイデンティティの大半が所与のものではなくなり、自己（再）発明（[re]invention）のニーズすら生じていると述べている。そうしたマクロ的な変化とともに、「個人と組織の関係が希薄（tenuous）になっていくにつれ、仕事に根ざしたある種のアイデンティフィケーションへの個人の欲望（desire）が増大している」とAshforth et al.（2008）も指摘している。

日本では終身雇用が規範性を持つ相互期待と認識され、企業に「所属」する個人は、当該企業への所属によって自己を捉えることが当然視されてきた。しかし、環境の流動化とともに組織に絶えざる変革が求められる中で、組織と個人の関係性に関する期待も変化しており、必ずしも組織がアイデンティフィケーションの特別な対象とはいえなくなっている。それとともに、仕事関連のアイデンティティを問いなおす必要性が生じていることが、個人の側から組織的コンテキストのアイデンティフィケーションに改めて注目する意義といえる。

組織の側の視点に立てば、組織アイデンティフィケーションは依然として重要であるといえる。まず、第3節で紹介したように職務関連の様々な変数と組織アイデンティフィケーションの間に有意な関係が認められており、一

般的にいえば組織成員の組織アイデンティフィケーションが組織に有益な結果をもたらすことが期待される．さらに，第5節で指摘したように，アイデンティフィケーションの対象の多重性が一層顕在化する中で，組織の統合を図るために組織全体へのアイデンティフィケーションを喚起する重要性がむしろ増しているとも考えられる．それは，強い文化論などが提唱していた共有価値による組織統合が困難になっている状況において，組織が存立する基盤として，組織成員による組織に対する自己カテゴリー化の重要性が増しているという山田（1996）の見方と呼応するものといえる．

5-6-2　有望な研究領域

最後に，組織アイデンティフィケーション研究で示された概念枠組みを用いて今後検討することが期待される研究をあげておくことにしたい．ここでは，第2節から第5節でのレビューにおいて提示したいくつかのリサーチ・クエスチョンを再確認するのではなく，日本において組織コミットメント研究の蓄積が多いことを踏まえて，組織コミットメント研究との連携や補完という観点から有望な2つの領域をあげる．

第1に，第2節であげた組織アイデンティフィケーション研究による組織コミットメント研究の補完である．Meyer et al.（2006）が注意を促していたように，組織以外の集団やカテゴリーへのアイデンティフィケーションが組織コミットメントに影響を与える可能性があるならば，組織における多重的なアイデンティフィケーションを検討することが組織コミットメントの的確な把握に寄与すると考えられる．

雇用状況等の変化を踏まえると，そうした研究の対象には，組織コミットメントや組織アイデンティフィケーションの主な研究対象だった正社員のみならず，近年比重が高まっているパート社員，アルバイト社員，契約社員や派遣労働者といった，いわゆる非正規社員もふくめることが望ましいと考えられる．その際に，組織からの分離によって自己を定義する組織へのディスアイデンティフィケーションに注目することや，組織アイデンティティの多重性に関する研究で示唆されたように，雇用形態によって認知する組織アイデンティティが異なっている可能性も踏まえることによって，組織コミットメントへの影響やその変化をより精緻に検討できると思われる．

第2に，M&Aを経験した組織を対象とした研究である．PMI（post-merger integration）でしばしば問題となる従業員の離職行動については組織コミットメントに依拠して検討する方が妥当と考えられるが，組織と個人の関係性の変化といった，離職意図に限定されない広範な影響を捉えるには組織アイデンティフィケーションからアプローチすることが有効であると思われる．

　まず，組織アイデンティティと個人のアイデンティティとの結びつきに焦点を当てている組織アイデンティフィケーション研究に依拠することで，M&Aに随伴する組織アイデンティティの変化の影響を捉えやすいと考えられる（cf., Empson, 2004；Kovoor-Misra & Smith, 2008）．また，PMIにおいて問題となる合併前組織への自己カテゴリー化にもとづく内集団バイアスや集団間競争などの集団間コンフリクトの発生について統一的な視点から扱うことができる（Terry, Carey, & Callan, 2001；Terry & O'Brien, 2001）．さらに，合併前組織と合併後組織双方への多重的アイデンティフィケーション（van Dick, Wagner, & Lemmer, 2004）や合併後組織へのディスアイデンティフィケーションに注目するなど，組織的コンテキストにおけるアイデンティフィケーション／アイデンティティの複雑性やダイナミズムを捉えようとした多くの視点を取り入れて検討することもできる．近年M&Aが増えつつある日本においてM&Aに関する組織行動論的研究が非常に少ないことから，以上のような視点からの研究の意義は大きいと考えられる．

【参考文献】

Albert, S., Ashforth, B. E., & Dutton, J. E. (2000). Organizational identity and identification: Charting new waters and building new bridges. *Academy of Management Review*, 25 (1), 13-17.

Albert, S., & Whetten, D. A. (1985). Organizational identity. *Research in Organizational Behavior*, 7, 263-295.

Allen, N. J., & Meyer, J. P. (1990). The measurement and antecedents of affective, continuance and normative commitment to the organization. *Journal of Occupational Psychology*, 63, 1-18.

Anteby, M., & Wrzesniewski, A. (2007). Focusing on lone trees in the forest: Members' experience of a multiple identity organization. *Best Paper Proceedings of the Academy of Management*.

Apker, J., & Fox, D. H. (2002). Improving RNs' organizational and professional identification in managed care hospitals. *Journal of Nursing Administration*, 32 (2), 106-

114.

Aranya, N., & Ferris, K. R. (1984). A reexamination of accountants' organizational-professional conflict. *Accounting Review, 59* (1), 1-15.

Ashforth, B. E., Harrison, S. H., & Corley, K. G. (2008). Identification in organizations: An examination of four fundamental questions. *Journal of Management, 34* (3), 325-374.

Ashforth, B. E., & Johnson, S. A. (2001). Which hat to wear? : The relative salience of multiple identities in organizational contexts. In M. A. Hogg & D. J. Terry (Eds.), *Social identity processes in organizational contexts* (pp. 31-48). Philadelphia: Psychology Press.

Ashforth, B. E., Kreiner, G. E., Clark, M. A., & Fugate, M. (2007). Normalizing dirty work: Managerial tactics for countering occupational taint. *Academy of Management Journal, 50* (1), 149-174.

Ashforth, B. E., & Mael, F. (1989). Social identity theory and the organization. *Academy of Management Review, 14* (1), 20-39.

Ashforth, B. E., Rogers, K. M., & Corley, K. G. (2011). Identity in organizations: Exploring cross-level dynamics. *Organization Science, 22* (5), 1144-1156.

Bamber, E. M., & Iyer, V. M. (2002). Big 5 auditors' professional and organizational identification: Consistency or conflict? *Auditing, 21* (2), 21-38.

Barnard, C. I. (1938). *The functions of the executive*. Cambridge, MA.: Harvard University Press (山本安次郎・田杉競・飯野春樹訳『経営者の役割』ダイヤモンド社, 1968).

Bartel, C. A. (2001). Social comparisons in boundary-spanning work: Effects of community outreach on members' organizational identity and identification. *Administrative Science Quarterly, 46* (3), 379-413.

Bartel, C. A., Wrzesniewski, A., & Wiesenfeld, B. (2007). The struggle to establish organizational membership and identification in remote work contexts. In C. A. Bartel, S. L. Blader, & A. Wrzesniewski (Eds.), *Identity and the modern organization* (pp.119-133). Mahwah, NJ.: Lawrence Erlbaum.

Bartels, J., Pruyn, A., Jong, M. D., & Joustra, I. (2007). Multiple organizational identification levels and the impact of perceived external prestige and communication climate. *Journal of Organizational Behavior, 28*, 173-190.

Bergami, M., & Bagozzi, R. P. (2000). Self-categorization, affective commitment and group self-esteem as distinct aspects of social identity in the organization. *British Journal of Social Psychology, 39*, 555-577.

Brickson, S. (2000). The impact of identity orientation on individual and organizational outcomes in demographically diverse settings. *Academy of Management Review, 25* (1), 82-101.

Brickson, S. (in press). Athletes, best friends, and social activists: An integrative model accounting for the role of identity in organizational identification. *Organization Science*.

Brown, M. E. (1969). Identification and some conditions of organizational involvement. *Administrative Science Quarterly, 14*, 346-355.

Carmeli, A., Gilat, G., & Waldman, D. A. (2007). The role of perceived organizational performance in organizational identification, adjustment and job performance. *Jour-

nal of Management Studies, 44, 972-992.
Cheney, G. (1983). On the various and changing meanings of organizational membership: A field study of organizational identification. *Communication Monographs, 50*, 342-362.
Cho, J., & Treadway, D. C. (2011). Organizational identification and perceived organizational support as mediators of the procedural justice-citizenship behaviour relationship: A cross-cultural constructive replication. *European Journal of Work and Organizational Psychology, 20* (5), 631-653.
Christ, O., van Dick, R., Wagner, U., & Stellmacher, J. (2003). When teachers go the extra mile: Foci of organisational identification as determinants of different forms of organisational citizenship behaviour among schoolteachers. *British Journal of Educational Psychology, 73*, 329-341.
Cole, M. S., & Bruch, H. (2006). Organizational identity strength, identification, and commitment and their relationships to turnover intention: Does organizational hierarchy matter? *Journal of Organizational Behavior, 27*, 585-605.
Corley, K. G. (2004). Defined by our strategy or our culture? : Hierarchical differences in perceptions of organizational identity and change. *Human Relations, 59* (7), 1145-1177.
Corley, K. G., & Gioia, D. A. (2004). Identity ambiguity and change in the wake of a corporate spin-off. *Administrative Science Quarterly, 49*, 173-208.
Corley, K. G., Harquail, C. V., Pratt, M. G., Glynn, M. A., Fiol, C. M., & Hatch, J. (2006). Guiding organizational identity through aged adolescence. *Journal of Management Inquiry, 15* (2), 85-99.
Dukerich, J. M., Golden, B. R., & Shortell, S. M. (2002). Beauty is in the eye of the beholder: The impact of organizational identification, identity, and image on the cooperative behaviors of physicians. *Administrative Science Quarterly, 47*, 507-533.
Dukerich, J. M., Kramer, R., & Mclean Parks, J. (1998). The dark side of organizational identification. In D. A. Whetten & P. C. Godfrey (Eds.), *Identity in organizations: Building theory through conversations* (pp. 245-256). Thousand Oaks, CA.: Sage.
Dutton, J. E., Dukerich, J. M., & Harquail, C. V. (1994). Organizational images and member identification. *Administrative Science Quarterly, 39*, 239-263.
Edwards, M. R. (2005). Organizational identification: A conceptual and operational review. *International Journal of Management Review, 7* (4), 207-230.
Edwards, M. R., & Peccei, R. (2007). Organizational identification: Development and testing of a conceptually grounded measure. *European Journal of Work and Organizational Psychology, 16* (1), 25-57.
Ellemers, N., Kortekaas, P., & Ouwerkerk, J. W. (1999). Self-categorisation, commitment to the group and group self-esteem as related but distinct aspects of social identity. *European Journal of Social Psychology, 29*, 371-389.
Elsbach, K. D. (1999). An expanded model of organizational identification. *Research in Organizational Behavior, 21*, 163-200.
Elsbach, K. D., & Bhattacharya, C. B. (2001). Defining who you are by what you're not: Organizational disidentification and the national rifle association. *Organization Science, 12*, 393-413.
Empson, L. (2004). Organizational identity change: Managerial regulation and member

identification in an accounting firm acquisition. *Accounting, Organizations and Society, 29*, 759-781.

Epitropaki, O. (in press). A multi-level investigation of psychological contract breach and organizational identification through the lens of perceived organizational membership: Testing a moderated-mediated model. *Journal of Organizational Behavior*.

Foreman, P., & Whetten, D. A. (2002). Members' identification with multiple-identity organizations. *Organization Science, 13* (6), 618-635.

藤本昌代 (2001).「ローカル・マキシマムによる企業内プロフェッショナルの組織準拠性―多元的ヒエラルキーでの地位差からの考察―」『組織科学』*35* (1), 96-107.

Fuller, J. B., Hester, K., Barnett, T., Frey, L., Relyea, C., & Beu., D. (2006). Perceived external prestige and internal respect: New insights into the organizational identification process. *Human Relations, 59* (6), 815-846.

Gautam, T., van Dick, R., & Wanger, U. (2004). Organizational identification and organizational commitment: Distinct aspects of two related concepts. *Asian Journal of Social Psychology, 7*, 301-315.

George, E., & Chattopadhyay, P. (2005). One foot in each camp: The dual identification of contract workers. *Administrative Science Quarterly, 50* (1), 68-99.

Glynn, M. A. (2000). When cymbals become symbols: Conflict over organizational identity within a symphony orchestra. *Organization Science, 11* (3), 285-298.

Golden-Biddle, K., & Rao, H. (1997). Breaches in the boardroom: Organizational identity and conflicts of commitment in a nonprofit organization. *Organization Science, 8* (6), 593-611.

González, R., & Brown, R. (2003). Generalization of positive attitude as a function of subgroup and superordinate group identifications in intergroup contact. *European Journal of Social Psychology, 33*, 195-214.

Hall, D., Schneider, B., & Nygren, H. T. (1970). Personal factors in organizational identification. *Administrative Science Quarterly, 15* (2), 176-190.

Hekman, D. R., Bigley, G. A., Steensma, H. K., & Hereford, J. F. (2009). Combined effects of organizational and professional identification on the reciprocity dynamic for professional employees. *Academy of Management Journal, 52* (3), 506-526.

Herrbach, O. (2006). A matter of feeling? : The affective tone of organizational commitment and identification. *Journal of Organizational Behavior, 27*, 629-643.

Iyer, V. M., Bamber, E. M., & Barefield, R. M. (1997). Identification of accounting firm alumni with their former firm: Antecedents and outcomes. *Accounting, Organizations and Society, 22*, 315-336.

Jacobs, G., Christe-Zeyse, J., Keegan, A., & Polos, L. (2008). Reactions to organizational identity threats in times of change: Illustrations from the German police. *Corporate Reputation Review, 11*, 245-261.

Jetten, J., O'Brien, A., & Trindall, N. (2002). Changing identity: Predicting adjustment to organizational restructure as a function of subgroup and superordinate identification. *British Journal of Social Psychology, 41*, 281-297.

Johnson, M. D., Morgeson, F. P., & Hekman, D. (in press). Cognitive and affective identification: Exploring the links between different forms of social identification and personality with work attitudes and behavior. *Journal of Organizational Behavior*.

Johnson, M. D., Morgeson, F. P., Ilgen, D. R., Meyer, C. J., & Lloyd, J. W. (2006). Multiple professional identities: Examining differences in identification across work-related targets. *Journal of Applied Psychology, 91* (2), 498-506.

Johnson, S. A., & Ashforth, B. E. (2008). Externalization of employment in a service environment: The role of organizational and customer identification. *Journal of Organizational Behavior, 29,* 287-309.

柿本敏克（1997）.「最小条件集団状況を用いた集団研究」『組織科学』*31* (1), 60-71.

Kelman, H. C. (1958). Compliance, identification, and internalization: Three processes of attitude change. *Journal of Conflict Resolution, 2,* 51-60.

金倫廷（2010）.「組織アイデンティティ研究における2つの視点」『商学研究科紀要』（早稲田大学）*72,* 35-48.

Kim, H., Lee, M., Lee H., & Kim, N. (2010). Corporate social responsibility and employee-company identification. *Journal of Business Ethics, 95* (4), 557-569.

小玉一樹（2011a）.「組織同一視と職務態度・行動との関連性―組織コミットメントとの弁別性に着目して―」『人材育成研究』*6* (1), 55-67.

小玉一樹（2011b）.「組織同一視尺度の開発と信頼性・妥当性の検討」『広島大学マネジメント研究』*11,* 55-67.

小玉一樹・戸梶亜紀彦（2010）.「組織同一視の概念研究―組織同一視と組織コミットメントの統合―」『広島大学マネジメント研究』*10,* 51-66.

Kovoor-Misra, S., & Smith, M. A. (2008). In the aftermath of an acquisition: Triggers and effects on perceived organizational identity. *The Journal of Applied Behavioral Science, 44* (4), 422-444.

Kreiner, G. E., & Ashforth, B. E. (2004). Evidence toward an expanded model of organizational identification. *Journal of Organizational Behavior, 25,* 1-27.

Lee, S. M. (1969). Organizational identification of scientists. *Academy of Management Journal, 12* (3), 327-337.

Lee, S. M. (1971). An empirical analysis of organizational identification. *Academy of Management Journal, 14* (2), 213-226.

Lipponen, J., Bardi, A., & Haapamaki, J. (2008). The interaction between values and organizational identification in predicting suggestion-making at work. *Journal of Occupational and Organizational Psychology, 81,* 241-248.

Lipponen, J., Helkama, K., & Juslin, M. (2003). Subgroup identification, superordinate identification and intergroup bias between the subgroups. *Group Processes & Intergroup Relations, 6,* 239-250.

Lipponen, J., Helkama, K., Olkkonen, M., & Juslin, M. (2005). Predicting the different profiles of organizational identification: A case of shipyard subcontractors. *Journal of Occupational and Organizational Psychology, 78,* 97-112.

Loi, R., Hang-yue, N., & Foley, S. (2004). The effect of professional identification on job attitudes: A study of lawyers in Hong Kong. *Organizational Analysis, 12* (2), 109-128.

Lui, S. S., Ngo, H. Y., & Tsang, A. W. (2001). Interrole conflict as a predictor of job satisfaction and propensity to leave: A study of professional accountants. *Journal of Managerial Psychology, 16* (6), 469-484.

Mael, F., & Ashforth, B. E. (1992). Alumni and their Alma Mater: A partial test of the reformulated model of organizational identification. *Journal of Organizational Behavior, 13,* 103-123.

Mael, F. A., & Ashforth, B. E. (1995). Loyal from day one: Biodata, organizational identification and turnover among newcomers. *Personnel Psychology, 48*, 309-333.

Mael, F. A., & Tetrick, L. E. (1992). Identifying organizational identification. *Educational and Psychological Measurement, 52*, 813-824.

間嶋崇 (2008).「組織アイデンティティと組織不祥事」『専修大学経営研究所報』*174*, 1-28.

March J. G., & Simon, H. A . (1958). *Organizations*. New York: Wiley（土屋守章訳『オーガニゼーションズ』ダイヤモンド社, 1977）.

Meyer, J. P., & Allen, N. J. (1991). A three component conceptualization of organizational commitment. *Human Resource Management Review, 1*, 61-89.

Meyer, J. P., Becker, T. E., & van Dick, R. (2006). Social identities and commitments at work: Toward an integrative model. *Journal of Organizational Behavior, 27*, 665-683.

Millward, L. J., & Postmes, T. (2010). Who we are affects how we do: The financial benefits of organizational identification. *British Journal of Management, 21*, 327-339.

宮下清 (2001).『組織内プロフェッショナル―新しい組織と人材のマネジメント―』同友館.

Mowday, R. T., Steers, R. M., & Porter, L. W. (1979). The measurement of organizational commitment. *Journal of Vocational Behavior, 14*, 224-247.

西脇暢子 (2001).「コミットメント研究における OCQ の役割と意義」『京都産業大学論集（社会科学系列）』*18*, 12-28.

Olkkonen, M., & Lipponen, J. (2006). Relationships between organizational justice, identification with organization and work unit, and group-related outcomes. *Organizational Behavior and Human Decision Processes, 100*, 202-215.

Patchen, M. (1970). *Participation, achievement and involvement in the job*. Englewood Clifs, NJ.: Prentice-Hall.

Pratt, M. G. (1998). To be or not to be: Central questions in organizational identification. In D. A. Whetten & P. C. Godfrey (Eds.), *Identity in organizations: Building theory through conversations* (pp. 171-207). Thousand Oaks, CA.: Sage.

Pratt, M. G. (2000). The good, the bad, and the ambivalent: Managing identification among Amway distributors. *Administrative Science Quarterly, 45*, 456-493.

Pratt, M. G., & Corley K. G. (2007). Managing multiple organizational identities: On identity ambiguity, identity conflict, and members' reactions. In C. A. Bartel, S. L. Blader, & A. Wrzesniewski (Eds.), *Identity and the modern organization* (pp.99-118). Mahwah, NJ.: Lawrence Erlbaum.

Pratt, M. G., & Foreman, P. O. (2000). Classifying managerial responses to multiple organizational identities. *Academy of Management Review, 25* (1), 18-42.

Pratt, M. G., & Rafaeli, A. (1997). Organizational dress as a symbol of multilayered social identities. *Academy of Management Journal, 40* (4), 862-898.

Pratt, M. G., Rockman, K. W., & Kaufmann, J. B. (2006). Constructing professional identity: The role of work and identity learning cycles in the customization of identity among medical residents. *Academy of Management Journal, 49* (2), 235-262.

Randel, A. E. (2002). Identity salience: A moderator of the relationship between group gender composition and work group conflict. *Journal of Organizational Behavior, 23* (6), 749-786.

Randsley de Moura, G., Abrams, D., Retter, C., Gunnarsdottir, S., & Ando, K. (2009). Identification as an organizational anchor: How identification and job satisfaction combine to predict turnover intention. *European Journal of Social Psychology, 39* (4), 540-557.

Richter, A. W., West, M. A., van Dick, R., & Dawson, J. F. (2006). Boundary spanners' identification, intergroup contact, and effective intergroup relations. *Academy of Management Journal, 49*, 1252-1269.

Riketta, M. (2005). Organizational identification: A meta-analysis. *Journal of Vocational Behavior, 66*, 358-384.

Riketta, M., & Nienaber, S. (2007). Multiple identities and work motivation: The role of perceived compatibility between nested organizational units. *British Journal of Management, 18*, 61-77.

Riketta, M., & van Dick, R. (2005). Foci of attachment in organizations: A meta-analytic comparison of the strength and correlates of workgroup versus organizational identification and commitment. *Journal of Vocational Behavior, 67*, 490-510.

Rink, F., & Ellemers, N. (2007). Diversity as a basis for shared organizational identity: The norm congruity principle. *British Journal of Management, 18*, 17-27.

Rotondi, T. Jr. (1975). Organizational identification: Issues and implications. *Organizational Behavior and Human Performance, 13*, 95-109.

Rousseau, D. M. (1998). Why workers still identify with organizations. *Journal of Organizational Behavior, 19*, 217-233.

佐藤郁哉・山田真茂留 (2004).『制度と文化―組織を動かす見えない力―』日本経済新聞出版社.

Schneider, B., Hall, D. T., & Nygren, H. T. (1971). Self image and job characteristics as correlates of changing organizational identification. *Human Relations, 24*, 397-416.

Simon, H. A. (1947). *Administrative behavior.* New York: Macmillan.

Sluss, D. M., Klimchak, M., & Holmes, J. J. (2008). Perceived organizational support as a mediator between relational exchange and organizational identification. *Journal of Vocational Behavior, 73*, 457-464.

Sorensen, J. E., & Sorensen, T. C. (1974). The conflict of professionals in bureaucratic organizations. *Administrative Science Quarterly, 19* (1), 98-106.

Tajfel, H. (1978). Social categorization, social identity and social comparison. In H. Tajfel (Ed.), *Differentiation between social groups: Studies in the social psychology of intergroup relations* (pp.61-76). London: Academic Press.

高尾義明 (2013).「組織アイデンティフィケーションと組織コミットメントの弁別性―日本における組織アイデンティフィケーション研究に向けた予備的分析―」『経営と制度』*11*, 65-80.

高尾義明・王英燕 (2012).『経営理念の浸透―アイデンティティ・プロセスからの実証分析―』有斐閣.

Taylor, D. M., & Moghaddam, F. M. (1994). *Theories of intergroup relations: International social psychological perspectives* (2nd. ed.). New York: Praeger (野波寛・岡本卓也・小杉考司訳『集団間関係の社会心理学―北米と欧州における理論の系譜と発展―』晃洋書房, 2010).

Terry, D. J., Carey, C. J., & Callan, V. J. (2001). Employee adjustment to an organizational merger: An intergroup perspective. *Personality and Social Psychology Bulle-*

tin, *27* (3), 267-280.
Terry, D. J., & O'Brien, A. T. (2001). Status, legitimacy, and ingroup bias in the context of an organizational merger. *Group Processes & Intergroup Relations, 4* (3), 271-289.
Thakor, M. V., & Joshi, A. W. (2005). Motivating salesperson customer orientation: Insights from the job characteristics model. *Journal of Business Research, 58,* 584-592.
Turner, J. C., Hogg, M. A., Oakes, P. J., Reicher, S. D., & Wetherell, M. S. (1987). *Rediscovering the social group: A self-categorization theory.* Oxford: Basil Blackwell（蘭千壽・磯崎三喜年・内藤哲雄・遠藤由美訳『社会集団の再発見―自己カテゴリー化理論―』誠信書房, 1995）.
Ullrich, J., Wieseke, J., Christ, O., Schulze, M., & van Dick, R. (2007). The identity-matching principle: Corporate and organizational identification in a franchising system. *British Journal of Management, 18,* 29-44.
Umphress, E. E., Bingham, J. B., & Mitchell, M. S. (2010). Unethical behavior in the name of the company: The moderating effect of organizational identification and positive reciprocity beliefs on unethical pro-organizational behavior. *Journal of Applied Psychology, 95* (4), 769-780.
Vadera, A. K., & Pratt, M. E. (in press). Love, hate, ambivalence, or indifference: A conceptual examination of workplace crimes and organizational identification. *Organization Science.*
van Dick, R. (2001). Identification in organizational contexts linking theory and research from social and organizational psychology. *International Journal of Management Review, 3* (4), 265-283.
van Dick, R. (2004). My job is my castle: Identification in organizational contexts. *International Review of Industrial and Organizational Psychology, 19,* 171-203.
van Dick, R., Christ, O., Stellmacher, J., Wagner, U., Ahlswede, O., Grubba, C., Hauptmeier, M., et al. (2004). Should I stay or should I go? : Explaining turnover intentions with organizational identification and job satisfaction. *British Journal of Management, 15,* 351-360.
van Dick, R., Grojean, M. W., Christ, O., & Wieseke, J. (2006). Identity and the extra mile: Relationships between organizational identification and organizational citizenship behaviour. *British Journal of Management, 17,* 283-301.
van Dick, R., van Knippenberg, D., Kerschreiter, R., Hertel, G., & Wieseke, J. (2008). Interactive effects of work group and organizational identification on job satisfaction and extra-role behavior. *Journal of Vocational Behavior, 72,* 388-399.
van Dick, R., Wagner, U., & Lemmer, G. (2004). The winds of change: Multiple identifications in the case of organizational mergers. *European Journal of Work and Organizational Psychology, 13,* 121-138.
van Dick, R., Wagner, U., Stellmacher, J., & Christ, O. (2004). The utility of a broader conceptualization of organizational identification: Which aspects really matter? *Journal of Occupational and Organizational Psychology, 77,* 171-191.
van Knippenberg, D., & Sleebos, E. (2006). Organizational identification versus organizational commitment: Self-definition, social exchange, and job attitudes. *Journal of Organizational Behavior, 27,* 571-584.
van Knippenberg, D., & van Schie, E. C. M. (2000). Foci and correlates of organization-

al identification. *Journal of Occupational and Organizational Psychology, 73*, 137-147.
Walumbwa, F. O., Cropanzano, R., & Hartnell, C. A. (2010). Organizational justice, voluntary learning behavior, and job performance: A test of the mediating effects of identification and leader-member exchange. *Journal of Organizational Behavior, 30* (8), 1103-1126.
Wan-Huggins, V. N., Riordan, C. M., & Griffeth, R. W. (1998). The development and longitudinal test of a model of organizational identification. *Journal of Applied Social Psychology, 28* (8), 724-749.
Wieseke, J., Ullrich, J., Christ, O., & van Dick, R. (2007). Organizational identification as a determinant of customer orientation in service organizations. *Marketing Letters, 18* (4), 265-278.
Wright, C. (2009). Inside out? : Organizational membership, ambiguity and the ambivalent identity of the internal consultant. *British Journal of Management, 20* (3), 309-322.
山田真茂留 (1993).「組織アイデンティティの現代的変容」『組織科学』*27* (1), 15-25.
山田真茂留 (1996).「価値統合モデルを超えて：組織統合の社会学的メカニズム」『組織科学』*29* (4), 20-29.

5 Comment：
根底的に深くかつ大きなテーマに導く欧州発の知

金井 壽宏

　組織コミットメントは，主として米国発の研究で，したがって米国経営学会（アカデミー・オブ・マネジメント）でもなじみのテーマであり，よく目に触れる組織行動論の鍵概念であるため，わが国でも研究蓄積が豊かである．それに対して，欧州発のH.タジフェル，A.C.ターナーによる社会的アイデンティフィケーション理論とそのペアとなる自己カテゴリー化理論，それらを踏まえた組織アイデンティフィケーション理論については，最近まではあまりなじみがなく，わたしもふくめ，もっと詳しく知りたいと思い始めていた研究者や実務家も多いだろう．組織コミットメントの研究にも詳しいレビュアーの高尾氏自身が，K.レヴィンにも漂う欧州の知性という香りが溢れる組織アイデンティフィケーションという分野の水先案内人となってくださった．

　このレビュー論文における2つの問いは，そのままこのレビュー論文の課題でもあるが，第1には，類似の概念との違いを明らかにするという意味で，弁別妥当性に関わる，「組織アイデンティフィケーションとは何か」という問いであり，第2には，今なぜ，我々がこの概念に注目するのかという問いである．

　第1の点については，組織コミットメントに限らず，組織忠誠心，組織社会化等に関心を持ち，すでに実績のある研究者は，まずこの論文で紹介される概念の独自性を理解することが重要であろう．そのため，ここでは，本論文で高尾氏があげているのと違う例示として，古典的実験S.ミルグラムの『服従の心理』を使わせてもらおう．

　よく知られている実験なので，詳細な実験手順の説明は省くが，学習の実験をしているという偽装のもとに，生徒役の被験者（本当はサクラ）が回答を間違えるたびに，教師役（本当は被験者）が生徒役に電気ショックを加える．この教師役というのは，残酷なことに，生徒役がまちがえる度に，電圧を15ボルトずつ上げていく．まちがえる度に電気ショックを受ける生徒役は，（ほんとうに電気ショックを受けているわけではないが）電圧が上がる

度に，(あらかじめ録音された) 苦痛の声を荒げていく．教師役 (本当の被験者) の6割以上が，最大ボルト (偽装の計器上450ボルト) まで電圧を上げた．

　この古典的実験では，服従の心理という書名の通り，本当の被験者は科学の進歩のために，権威あるイエール大学の心理学者の「権威に服従した」と解釈されてきた．しかし，ソーシャル・アイデンティフィケーション理論では，被験者は，イエール大学の心理学者にアイデンティファイしたという解釈になる．自分らしさには，ソーシャル・アイデンティティ (社会的カテゴリーのメンバーシップ，どこに属するかという観点からの自己定義) とパーソナル・アイデンティティ (個人として独特に持つ属性の観点からの自己定義) の両面があるが，前者の面は，自分がどういうグループに属すると知覚するかに関わっている．たとえば，正社員でなく，派遣社員であるという自己カテゴリー化のせいで，派遣社員と言われる人たちが，たとえば正社員と異なる (集団としての) 行動を取るようになる．ミルグラム実験の被験者は，学習の実験をする心理学者と同じカテゴリーに属すると思うから，ショックのレベルを上げるという行動を取るという解釈をすれば，それは，権威への服従というのとは異なる説明原理となる．

　なぜ，この問題にあらためて注目すべきかという第2の点について高尾氏は，今の日本社会のおかれた状況がこのような概念による分析を要請していると示唆する．派遣社員を先に例にあげたが，このレビュー論文でも適切に指摘されている通り，経済環境の厳しさが増す中，正規社員だけでなく，非正規社員が増え，後者にもパート，アルバイト，契約・派遣社員のバラエティが増え，自分がどのカテゴリー (グループ) に属するかという自己認識と，その特定のグループへのアイデンティフィケーションの機微を知る必要に迫られている．正規雇用が減って，派遣社員などに依存する度合いが高まっているのが，今の日本の産業社会の特徴である．また，高尾氏が紹介する組織成員のアイデンティフィケーションの度合いを測定する尺度として定評あるMael尺度の項目を検討すればわかる通り，組織への帰属を，これまで強く意識してきた日本的な組織への関わり方を照射しているような項目が目立つ．もう一度，レビュー論文の中の具体的項目をご覧いただきたい．たとえば，このわたしを例にとれば，「誰かが神戸大学 (さらにそのサブカテ

ゴリーの神戸大学経営学部）を批判すると自分が侮辱されたように感じる」ところが自分にもある．わたし自身はあまり使わないが，学部学生のときから生え抜きでずっと神戸大学に居続けている同僚は，「神戸大学について話すときに，『うちの大学』と言う」．日本人の回答者に適した意訳をされているせいもあり，これらの項目例からは組織生活の日本的特性を照射している尺度だとわたしも感じた．

変貌しつつある日本の組織で起こっている事象を，個人の組織への関わり方から炙り出し，さらに，それをこれまでの組織コミットメントの概念や尺度よりも，きめ細かく分析したいと思う研究者には，アイデンティフィケーションの概念には，同一化する対象の多重性が想定されているので，適しているであろう．わたしは，神戸大学，大学の部局としては経営学部，学科としては経営学科，担当科目ではOB/HRMに属し，プロフェッショナル・アイデンティティとしては，「おまえ，それでも経営学か？」と言われるように，「心理学や社会学の組織への応用」をしているという多重的アイデンティフィケーションがある．愛着のある母校（わたしの場合には，中学・高校や学部生であった大学，さらに留学先の大学）など過去の所属した組織に対するアイデンティフィケーションもある．このような多重性や複雑性という機微は，この組織アイデンティフィケーションの概念を上手に扱うことを研究者に要請するが，この多重性や複雑性をうまく扱うことができれば，より魅力的に，我々が生きるままの組織生活に肉薄する可能性を秘めている．

さて，最後になるが，高尾氏のレビュー論文では扱われていないが，わたしには興味深いと思われる応用分野をいくつかあげてみたい．

1つは，組織アイデンティフィケーションの病理学である．たとえば，カテゴリーによる差別や，逆に特定のカテゴリーに属する人の横柄な行動（虎の威を借りるひと），その逆のスティグマ（聖痕）を帯びた自己カテゴリー化による自分の矮小化など，ややネクラなテーマであるが，これも組織の現実という意味では，このアプローチにもとづく派遣労働者，ニート，フリーターなどの研究などと同等に重要なトピックになりうるであろう．どこから病理的となるかは微妙な問題であるが，高尾論文が紹介する，D.ルソーの状況的アイデンティティと深層構造のアイデンティティという区別が，病理の解明に役立つのではないかとも思われる．

もう1つは，リーダーシップ現象そのものを，社会的アイデンティティ理論で説明してみせることである．これについて，Hogg（2001）の先駆的研究がある．リーダーシップの帰属理論にも，萌芽的にはそのような傾向があったので，わたしのようにリーダーシップの研究に従事するものにも，注目すべき視点を提供するであろう．フォロワーたちにリーダーと認識される人たちのソーシャル・カテゴリーと自分をそう認識する自己カテゴリー化が，潜在的リーダーには見られるであろう．

　第3には，すでに示唆してきたことではあるが，日本的な組織の特徴をこの理論にもとづいて解明する，あるいは診断するというより大きなテーマである．

【参考文献】［高尾論文に書誌データのあるものは除く］
　　Hogg, M. A. (2001). A social identity theory of leadership. *Personality and Social Psychology Review, 5*, 184-200.

■**執筆者紹介**（執筆順）

大木清弘（おおき・きよひろ）　第1章
現在　東京大学大学院経済学研究科准教授
東京大学大学院経済学研究科博士課程単位取得退学．博士（経済学）
関西大学商学部助教，東京大学大学院経済学研究科講師を経て，現在に至る
［主要業績］
「知識集約型マザー――量産活動をもたない本国拠点による海外拠点の量産活動への支援――」『赤門マネジメント・レビュー』11 (9)，2012
「海外工場の能力構築における本国人トップの強み：本国工場に頼らない能力構築の促進」『組織科学』44 (3)，2011
「多国籍企業における本国拠点の優位再構築：国際的な機能配置選択に伴う拠点間競争の効果」『組織科学』45 (2)，2011

内藤陽子（ないとう・ようこ）　第2章
現在　東海大学政治経済学部准教授
北海道大学大学院国際広報メディア・観光学院博士課程修了．博士（学術）
［主要業績］
"Factors related to readjustment to daily life: A study of repatriates in Japanese Multi-National Enterprises,"（分担執筆），*Handbook of research on human factors in contemporary workforce development*, IGI Global, 2017
"Multiple aspects of readjustment experienced by international repatriates in multinational enterprises: A perspective of 'changes occurring over time' and 'changes due to cultural differences',"（分担執筆），*Global talent management and staffing in MNEs (International Business and Management, Volume 32)*, Emerald Group Publishing Limited, 2016
「組織再社会化における情報入手行為と組織適応：海外帰任者を対象としたモデルの構築と検証」『組織科学』45 (1)，2011

西脇暢子（にしわき・のぶこ）　第3章
現在　日本大学経済学部教授
京都大学大学院経済学研究科博士後期課程修了．博士（経済学）
東京都立大学助手，京都産業大学専任講師，日本大学専任講師を経て，現在に至る
［主要業績］
『日系企業の知識と組織のマネジメント――境界線のマネジメントからとらえた知識移転メカニズム――』白桃書房，2018年
「プロフェッショナルの職責と職域――監査の失敗は会計士の失敗か――」『企業会計』69 (2)，2017
「プロフェッショナル組織における協働関係形成と昇進の関係――会計監査法人の事例研究からの一考察――」『日本経営学会誌』23，2009

服部泰宏（はっとり・やすひろ）　第4章
現在　神戸大学大学院経営学研究科准教授
神戸大学大学院経営学研究科博士課程後期課程修了．博士（経営学）
滋賀大学経済学部専任講師，准教授，横浜国立大学大学院国際社会科学研究院准教授を経て，現在に至る
［主要業績］
"Investigating the effect of idiosyncratic deals in Asian countries: A cross cultural analysis in Singapore, Thailand and Japan." *International Journal of Cross Cultural Management*, 21(2), 2021
『組織行動論の考え方・使い方：良質のエビデンスを手にするために』有斐閣，2020（第38回組織学会高宮賞）
『日本企業の採用革新』中央経済社，2018（第19回日本労務学会学術賞）

高尾義明（たかお・よしあき）　第5章
現在　東京都立大学大学院経営学研究科教授
京都大学大学院経済学研究科博士後期課程修了．博士（経済学）
流通科学大学助教授などを経て，現在に至る
［主要業績］
「組織アイデンティフィケーションと組織コミットメントの弁別性―日本における組織アイデンティフィケーション研究に向けた予備的分析―」『経営と制度』11, 2013
『経営理念の浸透―アイデンティティ・プロセスからの実証分析―』（共著）有斐閣，2012
「エコシステムの境界とそのダイナミズム」（共著）『組織科学』45(1), 2011

■コメンテーター紹介
吉原英樹（よしはら・ひでき）　神戸大学名誉教授・2022年没（第1章）
浅川和宏（あさかわ・かずひろ）　慶應義塾大学大学院経営管理研究科教授（第2章）
小林敏男（こばやし・としお）　関西学院大学国際学部教授・大阪大学名誉教授（第3章）
守島基博（もりしま・もとひろ）　学習院大学経済学部経営学科教授・一橋大学名誉教授（第4章）
金井壽宏（かない・としひろ）　立命館大学食マネジメント学部教授・神戸大学名誉教授（第5章）

■コーディネーター紹介
高橋伸夫（たかはし・のぶお）　東京大学大学院経済学研究科教授

■特定非営利活動法人組織学会の紹介

経営学，経済学，法律学，行政学，社会学，心理学，行動科学，工学，経営実務などの観点から総合的に組織の研究を行い，あわせて組織の改善に寄与することを目的として，1959年に設立された学術団体．2005年に特定非営利法人（NPO法人）となる．会員は，大学や各種研究機関に所属する研究者の他に，企業等の実務家から構成されている．
詳細は，組織学会のWEBサイトをご覧下さい．
https://www.aaos.or.jp/

組織論レビューⅠ
―組織とスタッフのダイナミズム―

発行日――2013年6月26日　初 版 発 行　　　〈検印省略〉
　　　　　2023年3月6日　第3刷発行

編　　者――特定非営利活動法人組織学会
発行者――大矢栄一郎
発行所――株式会社　白桃書房
　　　　　〒101-0021　東京都千代田区外神田5-1-15
　　　　　☎03-3836-4781　📠03-3836-9570　振替00100-4-20192
　　　　　http://www.hakutou.co.jp/

印刷・製本――藤原印刷株式会社

Ⓒ The Academic Association for Organizational Science 2013　Printed in Japan
ISBN978-4-561-26616-7　C3034

本書のコピー，スキャン，デジタル化等の無断複製は著作権法上での例外を除き禁じられています．本書を代行業者等の第三者に依頼してスキャンやデジタル化することは，たとえ個人や家庭内の利用であっても著作権法上認められておりません．

JCOPY　〈出版者著作権管理機構　委託出版物〉
本書の無断複写は著作権法上での例外を除き禁じられています．複写される場合は，そのつど事前に，出版者著作権管理機構（電話03-5244-5088，FAX03-5244-5089，e-mail: info@jcopy.or.jp）の許諾を得てください．

落丁本・乱丁本はおとりかえいたします．

好評書

金井壽宏・鈴木竜太編著
日本のキャリア研究
　―組織人のキャリア・ダイナミクス―　　　　　　本体価格 3800 円

金井壽宏・鈴木竜太編著
日本のキャリア研究
　―専門技能とキャリア・デザイン―　　　　　　本体価格 3200 円

高尾義明・森永雄太編著
ジョブ・クラフティング
　―仕事の自律的再創造に向けた理論的・実践的アプローチ―　　本体価格 3364 円

西脇暢子著
日系企業の知識と組織のマネジメント
　―境界線のマネジメントからとらえた知識移転メカニズム―　　本体価格 3500 円

服部泰宏著
日本企業の心理的契約〔増補改訂版〕
　―組織と従業員の見えざる約束―　　　　　　本体価格 4500 円

組織学会編
組織論レビューⅢ
　―組織人の中の個人と集団―　　　　　　本体価格 3000 円

組織学会編
組織論レビューⅣ
　―マクロ組織と環境のダイナミクス―　　　　　　本体価格 3000 円

東京　白桃書房　神田

本広告の価格は**本体価格**です。別途消費税が加算されます。